目次

索引

序章　人間存在の国際関係論

初瀬龍平

一　「人間存在」と国際関係

国際関係で「人間存在」を論じることに、どのような意義があるのか。ここでの「人間存在」とは何か。「人間存在」の概念について、定形衛（本書第一一章）は、つぎのように概念を規定し、その使用の意義を説明する。

「人間存在」は、国家の政治経済体制や国際環境、地政学的位置や民族の文化・歴史によって大きく規定され、人々は国家の内外政策のもとで、日々自らの生活を築き、社会生活をおくっている。どのような国家の成員か、いかなる民族の構成員か、さらに当該社会のいかなる社会的階層に位置するかなどによって、人間は、その意志やイデオロギーにかかわらず、社会的権利や経済生活、平均余命や健康状態、学校教育や情報伝達、さらには、自らの身体的安全や戦争への動員など生死に関わる問題に至るまで決定されている。（本書二八九頁）

人間存在は……内的、外的な要因に規定されつつ、また他者と自己の相互規定によって日々確認され、構築されているのである。日常性の継続と生活様式の維持の一方で、非日常性の到来と生存の危機への緊張感が襲いかかるのが今日の国際関係、グローバル化時代の人間存在である。個としての尊厳性の獲得と権利の保障、集団としての歴史認識にもとづく誇りのなかで、人間存在は人格として形づくられていくのではないか。その構図は国家についても同様であろう。国家の尊厳性と権利の保障、世界史にたいする国家の歴史認識にもとづいて形成される国家の品位、そうした国家からなる国際関係においてのみ、人間存在が生き生きとした活力ある生活を築けるものになるのではないだろうか。(本書三一二―三一三頁)

たしかに、ひとは、ある時代に、ある国家に、ある民族に、ある社会階層のもとに、生まれ落ちてくる。人々は、生まれつき慣れ親しんだ国家、民族や、社会、文化を自然なものと感じ、そのもとで生きていく。私たちの一人ひとりは、日常的に財、サービス、文化を生産し、子どもを産み、子どもを養育、教育し、また財、サービス、文化を消費している。これが、生活者としての「人間存在」である。日常生活では、生活の場、治安、労働、衣食住、生活用水、健康、病気・けがの治療や、災害の予防などの基本的社会価値の確保が、決定的に重要である。これらに加えて、今日では、情報通信系へのアクセスも、基本的社会価値となっている。しかし、この「人間存在」や、その基礎的条件が、外部からの異変によって、破られることがある。その外部とは、国家の外かもしれないし、国家の中だが日常生活圏の外かもしれない。あるいは国家そのものかもしれない。基本的社会価値が失われるとき、私たちは、不安、暴力、失業、貧困、病気、負傷、それらにともなう絶望感、さらに死の恐怖にもさらされる。

一国が対外戦争を選択すれば、職業軍人が参戦するだけでなく、一般の国民も、志願兵や徴兵、あるいは軍事関係者として、命の危険を冒して、戦闘に参加することになる。国民も一般的に、敵国からのミサイルや空爆の危険にさらされ、基本的生活物資の入手も困難になる。さらに、自分の生活圏が戦場になれば、自分の生命が危機にさらされ、日常生活とその基盤も失われる。それだけではない。兵士の家族は、夫（ときに妻）、息子（ときに娘）が長期間不在になることで、たとえ彼らが戦争で死なない場合でも、家族に亀裂が生じるかもしれない（第二章を参照）。戦争が国民に及ぼす被害は、戦争の段階・期間によっても異なるが、一般的には社会的・経済的な弱者から中間層へと、しだいに広がっていく。社会の上層部に被害が及ぶのは、戦況が決定的に不利になり、敗戦を間近にしたときである。内戦は、国家間の戦争ではないが、国内における政治的・軍事的勢力のあいだの武力対決である。内戦が民族紛争とからむ場合には、旧ユーゴスラヴィアの民族浄化のように、同じ民族か否かの認定をもとにして、生命を含む社会的価値の配分が行なわれる。この場合、外部からの異変は、直近の生活圏に起こっている（第一一章を参照）。

国際関係や世界経済が、私たちの日々の「人間存在」に影響を及ぼすとき、その影響は、個人に直接的に及ぶよりも、その人が属する国家の政治や経済の政策を通じて、間接的に及んでくる。ここで媒介役を果たす国家の役割が、重要である。自分の国家が、どこかの強国にたいして従属的関係にあるときは、その強国の政治的・経済的・軍事的な影響力が、直接に個人に及んでくる（たとえば、米軍の在外基地と周辺住民の安全剥奪）。自分たちの領土が他国の植民地となり、自分たちの国家が失われている場合には、宗主国の政治的・経済的・軍事的な支配が、長い期間にわたって、植民地の人々の生活を直撃し、その文化と伝統社会を破壊し、新しい日常性が外から注入される。今日では、米国の世界支配は、世界各地で、現地の政治に軍事的に介入して、現地の市民の日常の安全と生活を脅かすに至っている（たとえば、ヴェトナム戦争、アフガニスタン戦争、イラク戦争）（第一章を参照）。しかし戦争でも、開戦にともなう軍事需要の増大によって、強国側の軍事産業や国民経済は、好景気に向かうことがある。朝鮮戦争やヴェトナム戦争では、日本は参戦しなかったが、特需景気に与った。「人間存在」への影響は、被害ばかりとは限らない。

国家から議論を始めれば、個人への配慮は国家利益の議論のなかに埋没してしまう。しかし、個人から議論を始めると、「人間存在」としての個人が、浮かび上がってくる。たとえば、戦争を国家の安全保障から考えはじめると、戦闘で人を殺すことは、当然とされる。それだけなく、戦闘に付随して民間人を殺すことも、当然のように見逃される（米国では、これを“collateral damage（付随的損害）”と言う）。しかし、人々の安全から戦争を考えはじめると、戦争でも戦闘でも、人を殺さない努力が、要請される。結果として、両者の差がほんどないこともあろうが、無限大に開くこともあるであろう。

ここで、本論でいう「人間存在」が、一般にいわれる「人間主義」や、「人間の安全保障」とどのように違うのかについて、一言しておくと、一般に「人間主義」では、「神と人間」、「自然と人間」、「国家と人間」というように、他者との関係で人間を優先的に考える。これと同様に、本論の「人間存在」論も、「国際関係」に対して「人間存在」を優先的に考える。この意味で、両者の視点は共通している。しかし、「人間存在」は、「人間主義」のように当為の言葉ではなく、人間のあり方そのものにまず目を向けようとする実存の言葉である。また、「人間の安全保障」との関連でいうと、「人間存在」の視点は、国家安全保障に対して、「人間の安全」を重視する意味で、「人間の安全保障」と共通している。しかし、「人間存在」は、人間の「安全」だけでなく、人間の「存在」を全体的に問うている点で、「人間の安全保障論」とは、視角が異なっている。

二 「世界システム」と「人間存在」

長い歴史の視点に立って考えてみると、一六世紀以降の世界システムの形成は、世界各地の「人間存在」にどのような影響を及ぼしたであろうか。この時期は、政治的には西欧諸国がアメリカ、アジア、アフリカにおいて、植民地支配を確立していく時代であり、経済的には、世界資本主義システムが形成され、世界全体が経済的に一つにつながっていく時代であった。社会的にいえば、それは、産業革命と近代化が推進されていく時代であった。

一六世紀以来、ポルトガル、スペイン、オランダ、英国、フランスなど、西欧諸国は、世界経済システムを形成するなかで、南北アメリカやアジアの人々の生活を破壊した。このことについて、アダム・スミス『諸国民の富』（一七七六年）は、つぎのように述べている。

アメリカの発見（一四九二年、コロンブスのカリブ海域到着）と、喜望峰を経由する東インドへの航路の発見（一四九八年、ヴァスコ・ダ・ガマのカリカット到着）とは、人類の歴史に記録されたもっとも偉大なもっとも重要な二つの事件である。……これらの大事件は、世界のもっとも遠くはなれた諸地方を多少とも結合させるし、またこれらの地方がたがいに欠乏を緩和しあい、たがいに享楽を増加しあい、たがいに産業を奨励しあうことを可能にするから、一般的傾向としては有益であるように思われるであろう。ところが、東西両インドの原住民にとっては、これらの事件からもたらされるはずの商業上のいっさいの利益は、これらの事件によってひきおこされたおそるべき不幸のなかに沈没し、失われてしまった(1)。

同じことについて、マルクスとエンゲルスの『共産党宣言』（一八四八年）も、資本主義の勃興との関係で、つぎのように述べている。

アメリカの発見、アフリカの回航は、頭をもたげてきたブルジョアジ階級にあたらしい領域を作りだした。東インドとシナの市場、アメリカへの植民、諸植民地との貿易、交換手段やまた総じて商品の増大は、商業、航海、工業に、これまで知られなかったような飛躍をもたらし、それとともに、崩壊していく封建社会内の革命的要素に急激な発展をもたらした。……大工業は、すでにアメリカの発見によって準備されていた世界市場を作りあげた。世界市場は、商業、航海、陸上交通にはかり知れない発展をもたらした。この発展はまた工業に反作用して、それを大きく伸ばした。(2)

ヨーロッパ諸国は、新世界で砂糖、タバコ、綿花などの商品作物を作らせて、また新世界から金、銀などの資源を収奪して、旧世界を発展させた。新世界では、大幅に人口が減少し、西アフリカから奴隷(一二〇〇万—二〇〇〇万人)が導入された。これにともない、アフリカでも、人々の生命と生活圏が破壊されていった。新世界は、ヨーロッパの工業力の成長とともに、しだいにその商品市場としても、大きな意味を持つようになった。

アジア世界の破壊は、植民地支配を通じて、過酷に進められた。たとえば、英国は、かつてインドから綿製品を輸入していたが、産業革命によってこれを自ら製造するようになり、こんどは、英国の機械製の木綿製品が多量にインドに送られた。その結果として、インドの手工業は、破壊された。高度の技術をもつインドの木綿職人が、職を失った。インド総督の言葉によれば、「木綿織工の骨はインドの野をまっ白にしている」状態(一八三四—三五年頃)となった。(3)

他方で、新世界の発見によって、世界の人々の食糧が豊かになった。このことについても、アダム・スミスは、つぎのように述べている。

馬鈴薯やとうもろこし……この二つのものは、ヨーロッパの農業が、否おそらくはヨーロッパそのものが、その商業と航海業との偉大なる拡張のおかげで獲得したもっとも重要な改良である。(4)

ヨーロッパ人は、新世界でジャガイモ、サツマイモ、キャッサバ、トウモロコシ(コーン)、カボチャ、トマト、イチゴ、パイナップル、ピーナッツ、チリ、カカオ、ヴァニラ、タバコなど、新しい食べ物に出会った。このうち、ジャガイモ、サツマイモ、トウモロコシ、カボチャ、ピーナッツ（南京豆）、チリ（唐辛子）、タバコなどは、一六世紀から一七世紀に、ポルトガル人、オランダ人、あるいは中国人、朝鮮人を通じて、日本人に伝来した。私たち日本人の食材も、世界システムの形成を通じて、豊かになってきた（それらがどのように使われることになったかは、別の話である）。アイルランドではジャガイモが普及し、貧農の貴重な食糧となった。しかし、一八四五―四九年のジャガイモ飢饉で、一〇〇万人が死亡し、一〇〇万人ほどが海外へ移民することになった。その結果として、人口のおよそ四分の一が減少した。

このようにみると、私たちの日常そのものには、長い歴史のなかで、過去の非日常が常態化して定着した面もあるといえよう。日本でも、洋服と洋食は、明治初期の日本人にとって、非日常的生活様式であったが、大正期から昭和初期には定着し、いまでは、和服の方が非日常的衣服となり、和食も洋食と合体化して日本の家庭料理となっている。この変化は、近代日本が幕末以降、近代西欧主体の国際関係に取り囲まれ、政治、法律、軍事、経済、教育、文化などの運営面で、洋風（欧米流）を取り入れてきた結果である。これを「近代化」と呼ぶが、生活様式の変化は、世界システム、国際環境の変化の影響をもろに受けてきた。

三　現在のグローバル化

約五万前に人間がアフリカから世界各地に向けて動き出したのが、最初のグローバル化であったとすれば、一五世紀末にヨーロッパ人が新世界に乗り出したときに始まったのが、近代のグローバル化である。この流れのなかで、ヨーロッパ政治・経済・文化が世界的に伝播することになった。そのなかには、前述の「世界システム」の形成が含まれる。そして、現在のグローバル化は、一九九〇年代の情報通信革命によって呼び起こされたものである。

すでに一九七〇年代末から八〇年代に、英国のサッチャー首相、米国のレーガン大統領が、それまでのケインズ派的修正資本主義を否定して、新自由主義（neoliberalism）経済改革を始めていたから、現在のグローバル化は同時に、新自由主義改革としての性格を帯びることになった。それに加えて、一九八九年から九〇年代初期の冷戦の終焉と、ソ連・東欧の社会主義圏の崩壊によって、社会経済体制として資本主義が一人勝ちすることになり、それに合わせて、米国による世界支配の強化、あるいはアメリカニゼーションが進むことになった。このような意味で、現在のグローバル化には、新自由主義経済とアメリカニゼーションが、密接に付きまとってくる。それは、「人間存在」への影響に現われている。

米国のジャーナリスト、トマス・フリードマンは、著書『レクサスとオリーブの木』（一九九九年）で、自由市場資本主義（新自由主義経済）によるグローバル化を推奨して、各国は、つぎのような「黄金律（golden rules）」に従う必要がある、と述べる。すなわち、民間セクターの重視、国有企業・公益事業の民営化、官僚体制の縮小、政府腐敗・補助金・リベートの排除、国内での規制緩和・競争促進、国内の割当制・専売制の廃止、銀行・電気通信の民営化・競争化、インフレ率の抑制、物価の安定化、国家財政の健全化、通貨の変動制、輸出の促進、輸入関税の低減、資本市場の規制緩和、外国人投資の規制緩和、国内産業・株式市場・債券市場の対外開放、年金オプションの拡大、投資信託オプションの拡大などである。

彼は、このような黄金律に従うことを「黄金の拘束服（golden straighjacket）」を着衣すると表現するが、この結果として、各国で「経済の成長と政治の縮小」が起こることにも言及している。「政治の縮小」とは、政治経済面での政策の幅が、ペプシコーラかコカ‐コーラかの選択の程度に縮まることである。(5) 世界では、長期投資と短期投資の電脳投資家集団（electric herd）が活躍する（金融の国際的自由化）。経済格差については、多くの国で相対的貧困は増えたかもしれないが、貧困層の底辺は確実に上がってきている、というのが、彼の考えである。[6]

フリードマンは、次の著書『フラット化する世界』（二〇〇五年）で、世界はそれまでの指令と統制の垂直的な世界から、接続と共同作業の水平的な世界へと変化してきている、と主張する。その代表例が、プロトコルを標準化したインターネットの情報通信系である。そのおかげで、アップローディング（HPなど情報の対外発信）、アウトソーシング（仕事の一部外注）、オフショアリング（仕事場の丸ごと移転）、サプライチェイン（複数の企業間での統合的な物流システムの構築）、インソーシング（企業内調達）、インフォーミング（Googleのような、情報サービス）による共同作業が、世界的に可能となった。[7]このように情報系の技術革新によって、世界中の人々は接続し、競争し、共同作業をするようになっている。

フラット化が進む世界で、インドや中国は急速な経済成長を見せている。米国では、特殊な専門家と土着の職種の人々の仕事は保障されるが、世界中で新しい中間層が増えている影響で、古い中間層がもっとも打撃を受けている。彼らには、国際競争に勝てる技能の訓練を保障しなければならない。[8]米国政府がなすべきことは、㈠若い人をインターネット・ケイタイ・空港・道路に接続すること、㈡適切な教育、㈢フラット世界に適合した財政政策・法の支配・官僚の質などのガバナンス、㈣正しい環境政策である。[9]

環境政策については、フリードマンの著書『グリーン革命』（二〇〇八年）は、地球の温暖化が進み、世界のフラット化が進み、人口増加が急激に進むことで、エネルギー・白然資源（水・土地を含む）の争奪、石油産出国・独裁政権への富の移動、破壊的な気候変動、電力保有国・電力不足国の乖離、生物多様性の破壊を生んでいる現状と未来に対して、米国がグリーン革命のリーダーシップを取る必要を力説する。[10]彼は、米国がグリーン革命で世界をリードすれば、世界は当然のように変わっていく、と考えている。[11]ここでのキーワードのひとつが、プリウスである。『レクサスとオリーブの木』では、トヨタの高級車レクサスに希望を見いだしていたが、こんどの希望の車種はハイブリッドのエコ・カーのプリウスである。しかし、自由市場信奉は変わらない。彼は、グリーン革命でも、フラット・プラス・グリーンに期待している。

フリードマンは、新自由主義的なグローバル化推進の代表者だと思われており、また世界的な情報通信ネットワークの形成を高く評価している。しかし、彼も、これらによって米国の中間層が受ける打撃と、地球環境の破壊については、きわめて警戒的である。原著のタイトルは *The World is Flat* であるが、邦訳のタイトルの『フラット化する世界』の方が、著者の意図を示している。彼が注目しているのは、情報通信革命によって世界でデコボコがなくなりつつある（flattening）ことである。彼も、いまの世界が全面的にフラットになっているなどとは、言っていない。彼は「政治の縮小」についても、認識している。

このフリードマンの楽観的な観察と対照的なのは、米国の経済学者ジョセフ・スティグリッツ（ノーベル経済学賞受賞者）の分析である。彼は、新自由主義的グローバル化政策によって、途上国だけでなく、先進国の米国も大きな打撃を受けてきた、と主張する。

まず、スティグリッツの著書『世界を不幸にしたグローバリズムの正体』（二〇〇二年）は、国際通貨基金（ＩＭＦ）の途上国政策（新自由主義的構造調整策）による、途上国の人々への影響を憂慮する。[12]

第一に、市場原理主義の採用について、ＩＭＦは配分、公平、農地改革、社会変革、法的整備を無視しており、その自由化、安定化、民営化の促進は、拙速である。

第二に、資本の自由化について、銀行システムが成立していない途上国で、資本市場を自由化すると、投機的資金が流入するし、外国からの直接投資も政府の特権や汚職と結びつきやすくなる。とくに採鉱権に絡んだ汚職がみられる。

第三に、貿易の自由化について、外国製品が流入して、国産品が売れなくなり、失業者が増えるが、国民には、預金、失業保険や退職金などのセーフティ・ネットがない。

第四に、小さな政府（財政赤字の縮減）について、一方で増税、インフレ抑制、金利引き上げ、貿易赤字縮小を求め、他方で貧困層への政府補助金（燃料、食料、医療、教育）の削減を求めている。しかも、関税引き上げや、通貨切り下げを許していない。

第五に、民営化について、民営化は、公務員の解雇や国営企業の縮小で、雇用を破壊し、失業者を増やす。不正な民営化のプロセスのなかで、役人や政治家の腐敗が懸念される。

スティグリッツは、その近著『世界の99%を貧困にする経済』（二〇一二年）で、レーガン大統領以来の新自由主義経済が米国の国民生活に及ぼす深刻な影響を、つぎのように指摘する。

第一に、グローバル化では、情報通信革命と並んで、資本と貿易の自由化というゲーム・ルールの変更が重要である。市場経済の原理それ自体に問題はないが、新自由主義経済という国際的なルールの変更に問題がある。市場と国家と市民社会のバランスを取り戻す必要がある。

第二に、米国の新自由主義経済は、国内では「一パーセントの、一パーセントによる、一パーセントのため」の政策である。[13] 貧富間の格差は極度となり、しかも増大を続けている。政府は、特殊利益か政財界トップの利益を反映し、一般の人々の利益を代表しない。トップ企業は、政府に補助金、特別契約（たとえば軍事品調達）、実質減税措置、倒産した大企業の救済や、経済政策のルール変更を働きかけるなど、いわゆるレントシーキングを許されており、正当でない過剰利益に与っている。

第三に、米国の新自由主義経済は、労働者など中間層と底辺の人々にとっては、「底辺への競争」を意味する。モノと資本の国際的移動は推奨されるが、労働の国際移動は規制されている。このために、米国の労働者は、外国での低賃金労働の影響を受けて、賃金が上がらない。企業の空洞化とその脅しを前にして、労働者は、賃金引き上げの要求もできない。

第四に、失業は、経済格差の最大要因である。それは全体として購買力の低下を招き、国民経済の需要を縮小する。失業の増加によって、経済は、不安定で非効率的で低成長なものとなる。労働者の権利の回復と労働条件の改善が、求められる。

第五に、政治は、大統領選挙やロビイングのように、「一ドル、一票」システムとなっている。国民のあいだにあるべき信頼感、協力精神、公正感、社会資本が低下し、社会も不安定化しており、民主主義の危機である。政府は、教育、技術開発、インフラ整備への積極的投資と、金融と環境の規制強化を求められている。

グローバル化が民主主義にもたらす危機について、米国の経済学者ダニ・ロドリックは、世界経済と国際関係の構造と関連して、つぎのように論じている。

世界経済には、基本的な政治的トリレンマが付随する。民主主義と国家の決定権と経済のグローバル化の三つを同時に追求することは、不可能である。すなわち、グローバル化を推進しようとすれば、国民国家か民主的政治のどちらかを諦めねばならない。民主主義を維持し深化させようとすれば、国民国家と国際的経済統合のうちのひとつを選択せねばならない。国民国家と国家の決定権を保持しようとすれば、民主主義の深化か、グローバル化の深化かを選ばなければならない(14)。

一国の市場は、一般に国内の規制制度や政治制度によって、保持されているのに対して、世界市場の制度的枠組みは弱体である。たとえば、世界的な反トラスト機構、世界的な最後の貸し手、世界的な規制当局や、世界的セーフティ・ネットは、存在しない。もちろん世界的民主主義も存在しない。換言すると、世界の市場は、弱いガバナンスのもとで、不安定、非効率にさらされ、人々からは正当と認められることも少ない。各国政府の国内的管轄範囲と、市場の世界的性格は均衡しておらず、これがグローバル化の弱点となっている。世界経済システムが健全であるには、この二つのあいだで、微妙な妥協を必要とする[15]。

ロドリックが提唱するのは、一組の国際的制度（ＩＭＦ、ＷＴＯなど）や、経済の超大国などに取り仕切られたグローバル化ではなく、種々の国家が集合し、単純で透明で、常識的な交通ルールに沿って、相互交流を調整する世界である。健全で永続的な世界経済を目指すには、各民主主義体制が、自分たち自身の未来を決定する余地が必要である。それは、現在のグローバル化の「フラット」な世界や、ボーダーレスな世界経済ではない。

最後に、米国の経済学者のブランコ・ミラノヴィッチも、グローバル化にともなうトリレンマ論を展開する。それは、グローバル化の継続と、平均所得の国家間格差の拡大と、労働力の国際的移動の制限の三つは、いつまでも同時進行できるものでない、との考えである。そこでの解決策は、国際援助で国際的経済格差を縮小するか、あるいは今日の反移民政策を修正するか、である。いずれの日にか、労働力の国際移動は自由化されねばならない[16]。

四　現在のグローバル化と「人間存在」

現在のグローバル化によって、情報通信革命と新自由主義経済と米国の世界支配（アメリカニゼーション）をもとに、世界中で、人々の世界的・地球的な規模の活動が、きわめて活性化している。そのなかで、世界中の人々の距離が狭まり、生活スタイルも似通ってきている。世界を移動する人々の数も激増している。このような変化に応じて、国際関係の仕組みも調整されてきている。

現在のグローバル化が「人間存在」に与える影響について整理してみると、「光の面」と「陰の面」の二面がある。

「光の面」は、つぎのとおりである。

第一に、「一つになる」こと、すなわち、世界中の人々が、同じ人間として共感し合い、一つの地球を共有していることを自覚して、皆で一体感をもちはじめることである。これは、前述のフリードマンの「フラット化する世界」に対応している。

第二に、「近くなる」こと、すなわち、情報通信革命と輸送革命によって、世界中の人々の距離と生活が互いに「近く」なることである。多くの人が「ネット社会」に暮らしはじめる（第一〇章を参照）。情報通信革命は、「フラット化する世界」の中心的推進力である。

第三に、トランスナショナルな関係の発展、すなわち、世界中で国家の枠にとらわれず、国境を越えて活動する人々の関係が進展することである。これも「フラット化する世界」の一部である。

第四に、グローバル意識の誕生、たとえば、「ワールド・カップ」や、「地球市民」、「地球環境を守るため」のように、世界の人々は「一つ」であるとみる意識が、生まれることである。地球環境については、やはりフリードマンの「グリーン革命」の議論が、思い出される。さらに、人権思想の普及、すなわち、すべての人間は平等であるとの認識と、それへの国際的な法的取り組みが、確立してきている。しかし、「ヒューマン革命」の視点は、フリードマンの議論には見当たらない。

第五に、平和構築（第八章を参照）、少女買春防止（第九章を参照）、インターネット（第一〇章を参照）をはじめ、人権伸張、地球環境、保健医療（途上国の子ども向け予防接種）、難民保護などについて、国際機関、各国政府、国際NGOが各問題の解決に向けて、国際的に協力体制を立ち上げている（国際レジームの形成）。

「陰の面」は、つぎのとおりである。

第一に、グローバル化を推進しているのは、資本主義経済である。そのもとで、すべてのものが商品化され、日常的に消費が奨励される。世界中で、都会でも農村でも、人々は商品を買って暮らすようになっている。それは、大変に便利なことであるが、商品を買えないと、生活できないということでもある。多くの人々は、生きるために、家庭の外での労働の賃金や、家族内の商売の売上げを得なければならない。さらに、近代化のなかで、無数の人々が、農村共同体を捨てて、都会に出てきている。そのなかから、数少なくない人々がスラムの住民となるか、あるいは劣悪な労働・生活条件のもとで海外に働きに出ることになる。

第二に、新自由主義的経済政策の直接的な影響である。スティグリッツも述べているように、一九九〇年代以降、世界中で規制緩和、貿易の自由化、市場の対外開放、資本移動の全面的開放、小さい政府（公務員削減、国営企業の民営化、社会保障の切り捨てなど）、反労働者（法）の要求という新自由主義経済が、広がってきた。そのことは、途上国の人々に深刻な打撃を与えただけでなく、先進国の国内でも、中間層や労働者、底辺の人々を「底辺への競争」に追い込んできた。先進国でも、巨大な富の格差が生まれている（第四章、第五章、第六章を参照）。

第三に、米国の世界支配の影響である。新自由主義的グローバル化を推進する主体となっているのは、米国である。それに加えて、冷戦終了後の米国は、唯一の超軍事大国として、アフガニスタン、イラクで、戦争を仕掛け、体制変革（regime change）、「民主化支援」を試みて、現地の人々から日常の安全と政治的自立性を奪うようになった（第一章を参照）。国外だけではない。米国の戦争は、米国の市民の日常生活にも無視できない打撃を与えている（第二章を参照）。

第四に、グローバル化にともなうトリレンマの問題である。ロドリックが説くように、そもそも、経済のグローバル化と国家の決定権と民主主義の三つを同時に追求することは、不可能である。そのなかで、現実に民主主義的政治が犠牲にされることになる。また、ミラノヴィッチが説くように、グローバル化と、国家間の所得格差と、労働力の国際的移動の制限の三つは、いつまでも同時進行できるものでない。現状で国際移動を正式に認められているのは、国家間の所得格差を支えるような労働力の移動である。具体的には、専門職業人、技術者や技能習得者（看護師、介護労働者）などであるが、中間層の労働者には、国際移動は認められていない。これは、見えないかたちでの犠牲である。

第五に、本論では、これまで論じてこなかったが、グローバル化は、各国で、ナショナリズムや宗教的原理主義の反発を呼ぶ。たとえば、文化的アメリカニズムや米国の軍事的世界支配（とくに中東支配）に対するイスラーム原理主義の台頭である。それは世界的に九・一一（二〇〇一年）や、その後のインドネシア・バリ島（二〇〇二年一〇月）、スペイン・マドリード（二〇〇四年三月）、イギリス・ロンドン（二〇〇五年七月）での、対市民の無差別テロ活動となった。あるいは、東アジアでは、経済の地域構想や若者のポストモダン的カルチャー（アニメ、マンガ、ファッション、アート、ダンス、アジアン・ポップス）が進んでいるのに、日本、韓国、中国では、各国のナショナリズムが、領土問題や歴史認識問題に関連して目立つようになっている。グローバル化の進展が、かえって国際的な感情対立を深刻化させている面がある。このような対立をサミュエル・ハンチントンは、「諸文明の対立」と呼んでいる（第三章を参照）。

以下、本書では、各章でテーマを絞って、人間存在の国際関係論を議論していく。

五　本書の論点

本書は、第Ⅰ部と第Ⅱ部から構成される。

第Ⅰ部では、現在のグローバル化のなかで、アメリカニゼーションと新自由主義政策が、世界の人々の政治、経済や日常生活に、どのような影響を及ぼしているか、を考察する。そのうち、前半の三章はアメリカニゼーション、後半の三章は新自由主義政策を取り上げる。

第Ⅱ部では、現在のグローバル化のなかで、世界の人々の安全に向けて、国際関係の枠組みに、どのような変化が起きているか、を考察する。最終章では、民族紛争に関連して「人間存在」の内実を検証する。

第Ⅰ部の第一章から第三章までは、前述のとおりアメリカニゼーションに関連する論稿である。

第一章（菅英輝）は、海外における米国の「民主化支援」政策は、世界のアメリカ化（アメリカニゼーション）の一環であり、ウィルソン大統領以来の米国という「リベラル」な国家の「安全」意識のなかに位置づけられるものである、との基本認識に立つ。一九七〇年代のレーガン大統領のニカラグアでの反サンディニスタ・反革命介入工作、一九九〇年代のクリントン大統領の中南米・ロシア・東欧などでの民主化支援、さらに二〇〇〇年代のブッシュ大統領のイラク戦争での「民主化支援」が、いずれも新自由主義的政策の実施と並行しており、「民主化支援」は新自由主義的な「市場民主主義」の押しつけであること、とくにイラクでは「民主化支援」は、米国の「厳しい吟味」付きのものであったことを論証する。

第二章（市川ひろみ）は、二〇〇一年のブッシュ（子）大統領に始まる「対テロ戦争」が、米国内の社会的・経済的弱者に与える影響を、イラク、アフガニスタンで対テロ戦争の戦闘に従事した兵士のＰＴＳＤ（心的外傷後ストレス障害）やＭＴＢＩ（軽度外傷性脳損傷）、帰還兵の心の傷や失職、兵士の家族の精神的苦痛、兵士帰還後の子どもへの虐待、女性兵士に特有の軍隊内被害や子どもとの分離の苦痛などから考察する。そしてこの戦争によって、米軍兵士の家族や親しい人たちも、精神的苦痛を受けることを指摘し、また帰還後の兵士の反戦運動には、帰還兵自身の尊厳回復の意味があることを強調する。

第三章（森田豊子）は、一九九八年に当時のイラン大統領セイイェド・モハンマド・ハータミーが提唱した「文明間の対話」論とその終息について、ハータミーの言説は、一九九八年のサミュエル・ハンチントンの西欧的一元化による「文明の衝突」論を乗り越えようとする試みであったが、しかし、このイスラーム革命内改革派の主張は、イラン国内では保守派に押し潰され、国際的には米国のイラン敵視政策によって、イスラーム市民社会の多様性の発想を正しく理解されることなしに、葬り去られたことを論証する。

第I部の後半の三章は、新自由主義の経済政策に関連する論稿である。

第四章（松田哲）は、一九七〇年代末以降のサッチャー首相、レーガン大統領の新自由主義経済政策が、資本の国際移動の自由化や社会福祉政策の切り捨てなどで、第二次世界大戦後のブレトンウッズ体制のケインズ主義的福祉政策を切り崩すものであったことを説き、そのうえで、現実に先進国・英国と途上国・スリランカ（社会福祉政策が充実していた）で労働者や社会的弱者に、どのような社会的・経済的な打撃を与えることになったかを論証し、世界的に福祉政策を再建する方策を提唱する。

第五章（戸田真紀子）は、一九八〇年代に、IMFと世界銀行がアフリカ諸国に押しつけた構造調整政策が、その目的とする累積債務を削減したのか、またアフリカの人々の生活にどのような影響を与えたか、という問題関心のもとに、ケニア、タンザニアなどの事例について、植民地支配の歴史、独立後の新植民地主義、先進国の構造調整政策、および現代の国際経済関係の視点から、総合的に考察する。その上で、米国など先進国のアフリカ政策は、民活を唱えながら、アフリカ途上国国民への配慮が欠けていることを批判し、アフリカ援助政策の改善点を提言している。

第六章（土佐弘之）は、新自由主義満開のグローバルな債権関係（債権者／債務者）について、「負債の生政治」（全生活領域の金融化）として原理的な考察を展開する。具体的には、貨幣と戦争は国家が、中央銀行を介して債務（戦費の調達）を負うことで不可分につながっていることや、米国は同盟国の安全保障というクラブ財を国際公共財（非競合的かつ非排他的な財）と見せかけ、同盟国に基地の提供や米国国債の買い付けなど経費の負担をさせていること、また一九八〇年代の米国のための高金利政策が、中南米、アフリカ諸国に深刻な債務負担を強いることになったことなどが、論じられる。最後に、ジュビリー二〇〇〇、ＨＩＰＣＩ（重債務貧困国イニシアティブ）、ＨＩＰＣⅡなどの債務帳消し運動について、思想的検討が加えられている。

第Ⅱ部では、「人間の安全」など「人間存在」の確認に向けて、国際制度がどのように構想され、構築されてきたかについて、安全保障、平和構築、子ども、インターネット、民族紛争を事例として考察していく。最後の第一一章（定形衛）は、他の四章と若干性格を異にしており、本書を締めくくる終章という意味も持っている。

第七章（吉川元）は、二〇世紀以降の約一〇〇年間の安全保障パラダイムの変容について、国家安全保障戦略と国際安全保障戦略の二つの類型を提示し、前者が採用された時代・地域ではそれが「国家体制」の安全保障戦略となって、国際紛争の頻発や人民抑圧、民衆殺戮（デモサイド）につながったこと、また後者が採用された地域では人権尊重、民主主義、法の支配、および相互依存関係の進展によって日常生活レベルで人々の安全の確保に結びついたことを論じ、最近では国連が人間の存在を中心に据えた安全保障観に転換してきたことを論じる。

第八章（山田満）は、東ティモール独立移行期（一九九九年以降）に、国連ＰＫＯ史上で初めて国家の全権を委託された国連主導の平和構築レジーム（国連東ティモール暫定行政機構）が、平和構築の成功事例とみられながらも、二〇〇六年の騒擾事件（国防軍と国家警察の銃撃戦）と住民避難を予防できなかったことに関連して、再発予防のための治安部門改革や、移行期の正義回復の問題について多様な観点から解決策を探っていく。

第九章（勝間靖）は、国際関係における子どもの権利と安全について、子どもの権利レジームと「ミレニアム開発目標」レジームに分けたうえで、前者については子どもの権利条約、武力紛争における子どもの保護、性的搾取と人身売買からの子どもの保護を説明し、後者については貧困、飢餓、初等教育、乳幼児、妊婦、疾病（エイズ、マラリヤ）、ジェンダー問題などから説明する。国際社会における行為主体としては、ユニセフ、『子どもの権利条約』ＮＧＯグループや、国連専門家のリーダーシップなどに注目している。

第一〇章（筒井洋一）は、インターネットの国際的な管理の変遷を整理し、インターネットが軍事利用や商業利用に対しても「自律・分散・協調」型のネットワークを基盤にして運営されてきたことを確認したうえで、「ネット社会」の住民が、「時空間のコンバージェンス」という現象によって、最大限に自由で利己的な個人であるとともに、国際的な連帯・支援・公益の推進に向けて行動する存在にもなりうることを強調する。

第一一章（定形衛）は、一九九〇年以降に生じた旧ユーゴスラヴィア連邦の解体・終焉過程において、民族および民族紛争に関連して、どのような人間存在の変容が起こったか、を考察する。そもそも旧ユーゴスラヴィア連邦では、「民族の友好と統一」の標榜のもとで民族問題は封印されていた。しかし、冷戦終結前後の体制の転換と連邦国家の解体とともに諸民族の「対立と分断」が表面化し、これに続く内戦と民族浄化の時期には、諸民族の「排除と分割」が進むことになった。一九九〇年代末の国際社会による和平調停と平和構築も、「新たな境界線」による「分断の固定化」を民族間にもたらしただけであった。この間に「人間存在」は、民族意識に煽られて「民族存在」へと変貌し、民族紛争と民族浄化に結びついて「恐怖と憎悪」の「人間存在」となった。本稿は、このような人間存在そのものの危機、実存の危機の現代的背景を見つめ直している。

また第一一章は、序章の冒頭部分で引用したように、「人間存在」の概念を定義し、あらためて問題意識を整理することで、本書を締めくくる終章となっている。

（1）アダム・スミス『諸国民の富』第三巻（大内兵衛・松川七郎訳、岩波書店、一九六五年）、一二五頁。
（2）マルクス、エンゲルス『共産党宣言』（大内兵衛・向坂逸郎訳、岩波書店、一九五一年）、四二―四三頁。
（3）マルクス著、エンゲルス編『資本論』第二巻（向坂逸郎訳、岩波書店、一九六九年）、四二二頁。
（4）アダム・スミス『諸国民の富』第二巻（大内兵衛・松川七郎訳、岩波書店、一九六五年）、二〇三頁。ジャガイモは、アンデス山脈（インカの世界）で有毒の野生のものが品種改良されて、重要な食料源となったものである。

（5）Thomas L. Friedman, *The Lexus and the Olive Tree* (New York: Anchor Books, 1999), pp. 105–106〔トーマス・フリードマン『レクサスとオリーブの木』上巻、東江一紀・服部清美訳、草思社、二〇〇〇年、一四二—一四三頁〕.

（6）*Ibid.*, p. 351〔トーマス・フリードマン『レクサスとオリーブの木』下巻、東江一紀・服部清美訳、草思社、二〇〇〇年、一三八頁〕.

（7）Thomas L. Friedman, *The World is Flat* (London: Penguin Books, 2006), p. 93〔トーマス・フリードマン『フラット化する世界』上巻、伏見威蕃訳、日本経済新聞社、二〇〇六年、一三五頁〕.

（8）*Ibid.*, p. 282〔トーマス・フリードマン『フラット化する世界』下巻、伏見威蕃訳、日本経済新聞社、二〇〇六年、一四—一六頁〕.

（9）*Ibid.*, p. 408〔邦訳、下巻、一七四頁〕.

（10）Thomas L. Friedman, *Hot, Flat and Crowded: Why We Need a Green Revolution-and How It Can Renew America* (New York: Farrar, Straus and Giroux, 2008), pp. 26–27〔トーマス・フリードマン『グリーン革命——温暖化、フラット化、人口過密化する世界』上巻、伏見威蕃訳、日本経済新聞出版社、二〇〇九年、四四頁〕.

（11）*Ibid.*, p. 177〔邦訳、上巻、二六六頁〕.

（12）Joseph E. Stiglitz, *Globalization and Its Discontents* (London: Penguin, 2002)〔ジョセフ・E・スティグリッツ『世界を不幸にしたグローバリズムの正体』鈴木主税訳、徳間書店、二〇〇二年〕. なお、構造調整政策について、現在はポスト構造調整の時代に入っている（本書の第五章、第六章を参照）。

（13）Joseph E. Stiglitz, *The Price of Inequality* (New York: W. W. Norton, 2012), p. xxxix〔ジョセフ・E・スティグリッツ『世界の99％を貧困にする経済』楡井浩一・峯村利哉訳、徳間書店、二〇一二年、一五頁〕.

（14）Dani Rodrik, *The Globalization Paradox: Democracy and the Future of World Economy* (New York: W. W. Norton, 2011), pp. xviii–xix〔ダニ・ロドリック『グローバリゼーション・パラドクス——世界経済の未来を決める三つの道』柴山桂太・大川良文訳、白水社、二〇一四年、一七頁〕.

(15) *Ibid.*, p. xvi〔邦訳一四頁〕.

(16) ブランコ・ミラノヴィッチ『不平等について』(村上彩訳、みすず書房、二〇一二年)、一五〇―一五一頁。

第Ⅰ部　グローバル化と人間存在の変容

Ⅰ　アメリカニゼーションとアメリカの「民主化支援」

菅　英輝

一　所与としてのアメリカ型民主主義

民主主義という政治制度は、それぞれの国の文化的、歴史的特徴によって大きく規定される。それゆえ民主主義制度は国によって異なるというのが、政治学者のあいだの一般的な理解である(1)。しかし、アメリカ人の大多数にとって、民主主義のモデルといえば、アメリカ・モデルである。アメリカ社会では、民主主義とはアメリカ型民主主義のことであり、それ以外のモデルが存在するという認識はきわめて希薄である(2)。民主主義制度を所与のものとして議論が展開されていること自体、アメリカ型民主主義が民主主義のモデルとして想定されているからだといえよう。

アメリカが自由と民主主義の発祥の地であるというアメリカ人の国民感情は、それが国際社会におけるアメリカの使命感と結びついたとき、民主主義の世界への輸出というかたちをとることになる。トニー・スミスは、アメリカの使命感について研究した著書で、「アメリカ外交における一貫した伝統」として、「アメリカの安全は民主主義の世界的な普及によってもっともよく守られるという信念」の存在を指摘している(3)。また、アメリカ外交史家ロナルド・スティールは、アメリカの民主主義を世界に普及させるための運動の特徴として、自己のアイデンティティの確認という意味合いと、アメリカ型民主主義が広く受容される世界は、より安全で繁栄するという信念を挙げている。(4)

アメリカニゼーションとは、単純化していえば、世界のアメリカ化の試みである。アメリカの海外における「民主化支援」とは、そうした世界のアメリカ化の一環であり、歴史的にはウッドロー・ウィルソン大統領（一九一三―二一年在任）以来のアメリカの「リベラル」プロジェクトのなかに位置づけることができる。「リベラル」プロジェクトは、第二次世界大戦後の世界秩序形成にも反映され、アメリカは戦後も引き続き、民主主義や人権といったリベラルな諸価値を世界に普及させることを目指した。

その際、自由民主主義という用語に見られるように、自由と民主主義は一体のものであるかのように扱われてきた。しかし、ワシントンの政策形成者たちは、戦後の秩序形成において、かならずしも両者を不可分のものとして追求してきたのではない。政策目標において自由と民主主義・人権がトレード・オフ関係にある場合には、前者が優先されてきた。

アフリカにおける民主化支援を検討したジョージ・ソレンセンによると、自由民主主義モデルとして、㈠自由主義的要素、すなわち市場原理によって導かれ、国際貿易に対して経済が開放的で、国家が限定的な役割しか果たさない場合、㈡民主主義の政治的・参加的な側面を重視し、自由で公正な選挙の実施を強調する場合にくわえて、㈢強力な開発型国家の長所と国民のニーズへの反応がよい国家の長所とを組み合わせたようなケース（具体的には、日本、韓国、台湾がこれに含まれる）、㈣エリートが支配する民主主義、㈤大衆が支配する民主主義、の五つをあげている。(5)

本章は、ソレンセンが列挙する五つの自由民主主義モデルのうち、アメリカニゼーションと「民主化支援」は、㈠の「市場主義モデル」と㈡の「選挙モデル」を組み合わせた「自由民主主義」モデルであり、それはまた、「エリート民主主義」的な性格を強く帯びたものであったことを明らかにしようとするものである。アメリカの「リベラル」

プロジェクトでは、市場経済と民主主義・人権との関係において、前者が後者よりも高い優先順位を与えられてきた。そこで、本章では、戦後のアメリカの秩序形成における、前述のような特徴と問題点を念頭におきながら、ワシントンが推進するアメリカニゼーションと「民主化支援」の問題を考察してみたい。

二　レーガン政権の「民主化支援」とサンディニスタ政権

一九七〇年代は米ソ間にデタントが進展するなか、第三世界では、抑圧的な独裁政権に対抗する革命運動が高揚し、七四年から八〇年までの時期に、少なくとも一四カ国で革命政権が出現した。[6]第三世界の革命的状況に対処するために、レーガン政権は一九八四年に全米民主主義基金（ＮＥＤ）を設置するなどして、「民主化支援」を開始した。レーガン政権の「民主化支援」に論拠を提供したのが、ジーン・カークパトリックであった。

反デタント派が結集する「現在の危険委員会」のメンバーでもあり、ジョージタウン大学から国連大使としてレーガン政権入りすることになったカークパトリックは、一九七九年の論文で、カーター政権の人権外交を批判し、「権威主義」政権と「全体主義」政権を区別する必要性を説いた。前者は自由を抑圧しているが、自国経済を外国資本に開放し、親米的である。他方、後者は共産主義者によって構成され、資本主義を拒絶し、アメリカに敵対的である。したがって、アメリカは、共産主義政権や左翼政権に対抗するために、抑圧的な政権であっても、これを支援すべきだと主張した。[7]カークパトリックの主張は、共産主義政権や左翼政権に対抗して抑圧的な右翼政権を支援する第三世界介入政策の論拠を提供した。

中米のニカラグアでは、一九七九年七月、アメリカが支援してきたソモサ政権がサンディニスタ革命勢力によって打倒され、五〇年に及ぶソモサ独裁に終止符が打たれた。サンディニスタ政権は、保守的な反ソモサ支配者層及び、労働者、農民、貧困者層に支持基盤を有するサンディニスタ民族解放戦線（ＦＳＬＮ）から成る連合政権であった。一九八四年選挙は、左派、中道、右派から七つの政党が参加して実施されたが、ＦＳＬＮが勝利し、サンディニスタ派のダニエル・オルテガが大統領に就任した。

そうしたなか、レーガン政権は、反共や「安全保障」の名目で行なわれる抑圧的な右翼政権に対する支援では、第三世界の急進的な運動に効果的に対処できないと考えるようになった。レーガン大統領は、一九八五年二月の年頭教書で、「自由と民主主義」の推進をアメリカの使命だと宣言し、反共や「安全保障」に代わって、自由と民主主義の旗印のもとに、社会主義的なプログラムを掲げる革命政権に対抗する反政府右翼ゲリラ闘争を支援する政策を開始した。レーガンは、左翼政権に対してゲリラ闘争を行なっている右翼勢力を「自由の戦士」と呼び、第三世界の急進的運動に対抗するための「民主化支援」を開始した。レーガン・ドクトリンと呼ばれるようになる同政権の第三世界介入政策は、より直接的には、中米諸国への介入政策、なかでもニカラグアに対する反革命的介入政策を正当化するために打ち出されたものである(8)。

国際政治学者ロバート・タッカーは一九八五年にリアリストの立場から、レーガン・ドクトリンを批判する議論を展開した。第一に、同ドクトリンは、民主政府を打倒する権利は有しないが、民主的に選ばれていない政府を打倒する権利を有すると主張し、「民主革命」を後押しするという名目のもとに民族自決、主権、内政不干渉といった諸原則に挑戦し、既存の国際秩序を破壊するものだとの批判である。第二に、このドクトリンは、独裁政権と共産主義政権を区別し、前者とは協力すべきだと主張するが、非共産主義政権であれば、抑圧的な政権であってもこれを支持することの是非をタッカーは問題にする。とくにニカラグアの場合、サンディニスタ政権は、アメリカの死活的利益にとっての脅威となっていないし、外国の軍隊の干渉によって政権を獲得したわけでもない。また、ワシントンがこれまで支援してきたソモサ独裁政権のような残虐行為を行なっているわけでもないし、民主主義勢力による反政府運動が存在するわけでもない。タッカーは、こうした点を踏まえて、このドクトリンの中米諸国への適用の仕方を批判した。[9]

タッカーによる批判は、それ自体妥当ではあるが、アメリカの「民主化支援」に関するリアリストの批判には、重要な欠落がある。タッカーの批判は、民主主義支援と新自由主義的経済政策の関連を看過している。実は、カークパトリックは、「権威主義」政権と「全体主義」政権とを区別する必要性を説いたが、同時に前者は自由を抑圧しているが、自国経済を外国資本に開放し、親米的であること、他方で、後者の共産主義政権は、資本主義を拒絶し、アメリカに敵対的である、とも述べていた。彼女の主張で注目されるのは、アメリカが支援すべき基準として、親米で、開かれた経済システムを有していることを重視している点である。すなわち、「民主化支援」の基準として重視されたのは、政治的自由や民主主義に対するコミットメントというよりも、自国経済を外国資本に開放する親米政権であるかどうかであった。[10]

レーガン政権の「民主化支援」は、同政権によって着手されることになった「小さな政府」論や新自由主義的経済政策と密接な関連があった。すなわち、「民主化支援」を通して彼らが目指したのは、「資本主義的ポリアーキー」であった。それは、自由選挙という手続きに競争を限定することで、不平等の問題はもちろんのこと、「誰が社会の物質的・文化的資源を支配するのかという問題が民主主義をめぐる議論とは無関係になる」ような、形式的、エリート主義的民主主義であった。ウィリアム・ロビンソンは、そうしたアメリカ流民主主義を「低強度民主主義」または、「ポリアーキー」と呼んでいる。[11]

低強度民主主義概念を使ってグアテマラ、アルゼンチン、フィリピン、韓国における民主主義と自由選挙の関係を分析した研究は、「社会的改革をともなわない形式民主主義は経済的不平等を増大させ、その結果、社会における権力の不平等な配分を激化させる」との結論を導き出している。彼らによると、こうした「エリート民主主義」は現実には、軍事独裁とも共存する、という。[12] いいかえると、アメリカ流民主主義は、民主主義の促進とともに自由市場の促進も求める外交政策を展開するために、「民主主義推進政策がアメリカの安全保障上ならびに経済上の利益に反する場合には」、民主主義の優先順位はしばしば後退することになる。[13]

レーガン政権によるサンディニスタ政権に対する「低強度紛争」政策は、レーガンが「自由の戦士」と賞賛した右翼ゲリラ組織「コントラ（Contra）」への支援というかたちで展開された反革命的「民主化支援」であった。コントラは旧ソモサ政権の支配の手段であった「国家警備隊」の隊員を中心に再編成された反政府武装組織である。レーガン大統領は、一九八一年一一月には、コントラの軍事訓練に一九〇〇万ドルの資金を使用する権限をアメリカ中央情報局（ＣＩＡ）に与える文書に署名したが、一九八一年から九〇年までの期間にコントラに供与された資金は約四七〇〇万ドルにのぼった。くわえて、レーガン政権は、ホンジュラスに大規模な反革命基地を建設し、コントラはこれらの基地から政府軍を攻撃した。一九八三年からは、約三万の米軍兵士が、さまざまな反政府活動を展開した。経済制裁のほか、同年末、ＣＩＡはニカラグアの港湾に機雷を敷設し、さらに石油施設と空港を攻撃する作戦を実施した。[14]

しかし一九八〇年代末になると、レーガン政権は、コントラ支援によるサンディニスタ政権打倒から、つぎに予定されている一九九〇年選挙を睨んだ「民主化支援」政策にシフトした。それはつぎの三つの段階をたどった。第一段階は、支配エリートのあいだに反サンディニスタ勢力をつくりだすための政治的援助、第二段階は、一九九〇年選挙における反サンディニスタ勢力の勝利、第三段階は、反サンディニスタ勢力による政権掌握後の「民主化支援」である。

サンディニスタ政権の誕生後、ＣＩＡは一九七八年に開始された反ソモサ保守勢力に対する秘密支援計画を継続してきたが、レーガン政権になって、この計画は拡大された。一九八四年には民主化支援のための民間組織として全米民主主義基金（ＮＥＤ）が創設された。[15] ＮＥＤはＣＩＡに代わって、一九八八年から九〇年にかけて本格化する九〇年選挙での反サンディニスタ保守勢力への支援プロジェクトの中心的担い手となった。NEDは一九八四年から九二年にかけて一六〇〇万ドルの資金を使ったが、うち約一五〇〇万ドルは、コントラへの軍事支援に重きがおかれていた一九八四年から八七年までの期間に使用された。しかし、選挙活動が本格化する一九八八年から九〇年の時期になると、NEDの民主化支援も強化されることになり、この期間の資金援助は約一三〇〇万ドルにのぼった[16]。

一九八七年には、ニカラグア野党連合（UNO）が結成されたが、NEDはその傘下の組織を介して、支持層の掘り起こしのためのノウハウ、人材育成・募集など、さまざまな支援活動を行なった。また、その後、ワシントンは一九七八年一月、ソモサに暗殺された反ソモサ保守勢力の指導者ペドロ・チャモロの未亡人ビオレタ・チャモロ（Violeta Chamorro）をUNOの大統領候補として選出する工作を行なった。一九八九年一〇月、アメリカ議会はニカラグアに対する選挙支援資金として九〇〇万ドルの予算を承認し、うち五〇〇万ドルはUNOと他の反サンディニスタ政党や集団に、二九〇万ドルはNEDの自由裁量資金として、残りは選挙監視グループに供与された。そのほかにも、CIAは少なくとも一〇〇〇万ドルをUNOの活動資金として供与した。選挙に投入された民主化支援は、総額で三〇〇〇万ドルにのぼった[17]。

注目されるのは、反サンディニスタ勢力への政治的支援と並行して、経済制裁やコントラへの軍事支援も継続されたことである。一九八九年四月、アメリカ議会は新たにコントラ支援のための予算六七〇〇ドルを承認した。ジェームズ・ベーカー国務長官によると、それは選挙に敗北した場合の一種の保険としての意味をもっていた。この援助により、コントラは組織として存続しただけでなく、選挙が公示された一九八九年八月にホンジュラスの基地から八〇〇〇—一万二〇〇〇の部隊を送り込むことが可能になった。一九八八年には月およそ五〇回、八九年の前半には月三〇〇回の頻度でニカラグアへの侵攻作戦を展開した。その結果、サンディニスタ政権は、コントラとの戦闘に備えるために膨大な人的、財政的、物的な資源を割り当てることを余儀なくされた。一九七九年から八一年の三年間の国防支出は国家予算の一五パーセントに達し、一九八五年には国家予算の六〇パーセント、GNPの二五パーセントを占めた。[18]

レーガン政権によるニカラグアに対する「低強度紛争」政策は、ニカラグア経済に深刻な損害をもたらした。人口三五〇万人、GNP二〇億ドルの小国ニカラグアで五万人の犠牲者を出し、社会に及ぼした損失は一二〇億ドルにのぼるといわれる。この損失はGNP換算で六〇〇パーセント、年間輸出総額の四四〇パーセントと見積もられている。このため、ニカラグア経済は一九八八年には三万三〇〇〇パーセントのインフレを記録し、GNPは八四年から毎年低下したため、政府の福祉政策は崩壊し、政府に対する国民の不満は高まるばかりであった。[19]

このため、一九九〇年選挙はサンディニスタ勢力の敗北に終わり、同年四月にUNOのチャモロが大統領に就任した。チャモロ政権は、公共部門の職員の大量解雇、民営化、交通機関・電気・ガス・水道料金など公共事業部門の値上げ、福祉支出の削減、補助金の廃止など、広範な新自由主義的施策を発表した。ワシントンは、選挙後、二年間で五億四一〇〇万ドルの援助を承認したが、ニカラグア駐在の米国国際開発庁（USAID）のプログラムは世界最大規模となり、同国のアメリカ大使館は中米で最大規模のスタッフを擁するまでになった。[20]

ニカラグアにおける「資本主義的ポリアーキー」への移行は、不平等の劇的な拡大、社会の二極化、貧困の増大をもたらした。新政権が発足した初年度に実質賃金は五〇パーセントも低下し、一九九二年には人口の六九パーセントが貧困に落としいれられ、一九九〇年から九二年の期間の一人あたりの食料消費率は三一パーセントも低下した。[21] レーガン政権からブッシュ（シニア）政権誕生までにニカラグアで実施された「民主化支援」は、資本主義的ポリアーキーへの移行であり、ロビンソンによると、それは、「少数者からなる集団が支配しており」、「意思決定への大衆の参加が、互いに競い合うエリートたちによって慎重に管理された選挙で指導者を選出することに限られているシステム」であった。[22]

三　冷戦後のグローバリゼーションとアメリカの「民主化支援」

ブッシュ（シニア）政権は冷戦終結の処理に追われることになり、同政権が打ち出した「新世界秩序」構想は、政策によって実質的な裏づけをされることもなく、曖昧なままに終わった。その意味で、冷戦終結後の秩序形成に本格的に取り組むことになったのはクリントン政権だったといえよう。

冷戦後のグローバリゼーション論争においては、新自由主義的言説が支配的となった。この新自由主義的言説の担い手はアメリカ系の多国籍資本とその支持者たちであり、その意味で、現在進行中のグローバリゼーションはアメリカニゼーションとしての性格を強く持っている。

そうしたなか、クリントン政権は、「拡大と関与」戦略を打ち出した。「関与」とは孤立主義を排し、国際社会において積極的な役割を果たしていくという意思の表明であり、「拡大」とは、民主主義諸国から成る「共同体」の輪を拡大していくことを意味した[23]。

クリントンは大統領選挙中から、民主主義的な価値と制度が世界中の人々にアピールする魅力について繰り返し語った。一九九一年一二月のジョージ・ワシントン大学での演説では、冷戦後の「アメリカの安全保障に関する新たな契約」について説明するなかで、アメリカ外交の目的として、新時代に合った米軍の再編、経済分野でのアメリカのリーダーシップの再確立に加えて、「海外における民主主義の普及と強化」を挙げた。クリントンは大統領に就任した後も、これら三つの目標を追求し続けた。同政権の民主化支援は、「市場民主主義諸国の世界共同体」を拡大することが、アメリカの安全保障にもつながるという考えにもとづいていた[24]。こうした考えは、一九九五年二月に作成された『関与と拡大の国家戦略』および一九九七年五月に発表された『新しい世紀のための国家安全保障戦略』という二つの報告書にも盛り込まれた(25)。

「市場民主主義」という言葉に示されているように、クリントン政権が推進した民主化支援は、ネオ・リベラル国際主義の文脈で展開された。それは、自由主義、市場民主主義、民主化を推進しようとするもので、ウォーレン・クリストファー国務長官が述べているように、経済と同じく、人権や民主主義が戦略的意味合いを持つようになったことを意味した(26)。クリントン政権の拡大戦略はまた、アメリカに本拠を置くアメリカ系多国籍企業の利益を海外で促進するという性格を併せ持っており、その大義名分はグローバル化、自由化、規制緩和であった。一九九三年九月、ジョンズ・ホプキンス大学で行なわれた講演で、同政権の安全保障担当大統領補佐官アンソニー・レイクは、「拡大戦略」を発表したが、レイクによると、この戦略は第一に、「主要な市場民主主義諸国の共同体」（北米自由貿易協定（NAFTA）、欧州、日本）を強化すること、第二に、これらの国々を中核として、「新たに誕生した民主主義諸国ならびに市場経済」（ロシアや東欧諸国）を育成、強化することを目指した。また、第三に、その準周辺地域に軍事力を配置し、それに敵対する地域（イラン、イラク、北朝鮮など）の侵略に備え、ソマリアやボスニアなど紛争地域での平和維持活動を強化するとともに、民主主義と市場経済に敵対的な国々においても自由化を迫るとした。さらに第四に、人権の尊重を促進することを目標に掲げた(27)。

レイク演説に示されたクリントン政権の「拡大戦略」は、社会主義のイデオロギーが失墜し、代わって自由民主主義や市場経済が圧倒的に優位な状況に立つなか、旧社会主義諸国で誕生しつつある「市場民主主義」を支援し、さらには市場や民主主義に敵対的な国々においても自由化、民主化を積極的に推進していくことを目指す新自由主義的国際主義の戦略であった。レイク演説が強調するように、そこには、民主主義諸国同士は戦争をしないし、人権の尊重という点でも良い記録を残しているとの考えが支配的であった。それは、イラクや北朝鮮といった「ならず者国家」や、ソマリア、ボスニアなど「破綻国家」状況にある国々を自由主義的秩序に組み込むことで、安定と成長を求めるグローバル資本の要求に資する国際的枠組みを構築することを意図したものであった。それゆえ、クリントン政権の「拡大戦略」のもとに推進された「民主化支援」は、グローバル化時代の新たな国際環境に適応するヘゲモニー国家の戦略でもあった。

そうした観点から、クリントン政権は国防総省再編の一環として、レス・アスピン国防長官に指示して、民主主義・平和維持問題担当国防次官補のポストを新設した。また、人権問題に関心の高いマデレーン・オールブライトをアメリカ国連大使に任命したが、同大使は、一九九三年六月の下院外交委員会の国際安全保障・国際機構・人権小委員会における証言で、国連平和維持活動の重要性を確認すると同時に、「積極的な多国間主義」の必要性を強調した。

こうした考えはクリントン政権の地域主義政策に明確に現われた。中南米におけるワシントンのネオ・リベラルな地域主義政策は、ブッシュ（シニア）政権下で開始されており、すでに一九九〇年六月に中南米支援構想（ＥＡＩ）が発表されていた。同構想はラテン・アメリカ諸国が抱える深刻な債務問題に取り組むと同時に、投資の促進とそのための自由貿易協定の締結を目指した[28]。

ＥＡＩの発表によってＮＡＦＴＡの南への拡大方針が示されて以降、米州自由貿易地域（ＦＴＡＡ）形成に向けた協議は、一九九四年一二月にクリントン大統領の呼びかけで開催された第一回米州首脳会議（マイアミ）によって大きく前進した。キューバを除く米州地域三四カ国が出席したマイアミ・サミットは、二〇〇五年一月までに南北米州地域全域を含む自由貿易地域を創設する構想を提唱した。マイアミ・サミットで注目されるのは、民主主義の維持・強化が謳われたことである。この点は一九九八年四月の第二回米州首脳会議（サンティアゴ）でも確認され、さらに二〇〇一年四月にケベックで開催された第三回米州首脳会議では、共同声明に「民主主義条項」を盛り込み、民主主義の一層の強化を図ることで合意した。この条項は、クーデターといった違法な手段で民主体制を変更、停止した国にはＦＴＡＡ交渉への参加を禁止するとした。それはまさに、新自由主義的な政策を中心に据えた「市場民主主義」

であり、資本主義的ポリアーキーの推進であった。

　一方、アジア太平洋地域では、一九八九年にアジア太平洋経済協力会議（ＡＰＥＣ）が発足したが、クリントン政権はアジア太平洋をヨーロッパ並みに重視する姿勢を打ち出した。ウィンストン・ロード東アジア担当国務次官補は一九九三年春、上院での公聴会で、「今日、アジア太平洋ほど重要な地域はない」と述べたのに続いて、同年七月、東京サミットに出席するために来日したクリントン大統領は、早稲田大学で行なった講演で、「新太平洋共同体」構想を発表した。同構想は、日米パートナーシップの復活、より開かれた経済と貿易の拡大、それに民主主義への支持、という三本柱から構成されていた。クリントンは「民主主義諸国同士はよりよい隣人となる。彼らはお互いに戦争したり、テロを行なったり、難民を生み出したりしない」、「民主主義を実現しようとする運動は人権の最善の保障である」と述べて、デモクラティック・ピース論を展開した[29]。

　クリントンは大統領選挙中から民主主義的な諸価値の持つ強力な魅力について語り、「民主化支援」を任務とするＮＥＤを支援すると述べていたが[30]、ホワイトハウス入りするや、国務省と米国国際開発庁（ＵＳＡＩＤ）内にさまざまな民主化支援のポストと部局を設置し、民主化支援プログラムと政策を調整するためのいくつかの各省間グループも設けた。国際関係予算の組み替えも実施し、「民主化支援」の優先順位を高めた。ＮＥＤの設置（一九八四年）と「民主化支援」はレーガン政権によって開始されたが、クリントン政権の下で、民主化支援予算はレーガン政権当時の年間およそ一億ドルから七億ドルにまで増大した。およそ一〇〇カ国で、アメリカの政府機関、ＮＥＤやユーラシア基金といった準政府組織、それに政府資金を得て活動する非政府組織（ＮＧＯ）が、「自由で公正な選挙」、法整備支援、独立系メディア支援、地方分権、自立的なＮＧＯ支援など、さまざまな「民主化支援」に取り組んだ[31]。

　一九八〇年代の最初の数年間、ＮＥＤはおよそ予算の半分をラテン・アメリカに投入したが、冷戦が終焉を迎えた八〇年代の末には、東欧諸国とソ連に振り向けられるようになった。さらに、九〇年代に入ると、中国など東アジア、アフリカ、中東のイスラーム諸国に関心が移った。一九九〇年から九九年までの地域別予算配分を見ると、中・東欧が五八五〇万ドルで一位を占め、続いてラテン・アメリカとカリブ海地域が四八五〇万ドル、アジアが四六〇〇万ドル、旧ソヴィエト連邦諸国が四〇〇〇万ドル、アフリカが三五〇〇万ドル弱、中東と北アフリカが二〇五〇万ドルであった。[32]

NEDが発表した一九九二年度の「諸原則および目的に関する声明」によると、民主主義の基礎的条件として、表現や結社の自由、法の支配が重視されている。いいかえると、この声明は、労働権、教育を受ける権利、社会保障などの社会権への言及はなく、逆に「自由な社会における私的制度」が民主主義の発達には重要であるとされている。[33]NEDが目指した「民主化支援」とは、「アメリカ型民主主義」すなわち資本主義的ポリアーキーの促進を意図したものであった。

ロシアにおけるアメリカ流民主主義を分析したピーター・ラトランドは、クリントン政権がエリツィン政権に対して行なった民主化支援は、㈠国家社会主義的政治システムに代わる民主主義的政治システムの構築、㈡計画経済に代わる市場経済の構築、㈢主権国家としての新たな国民意識とアイデンティティの確立、という三つの移行に取り組むものであったとし、ロシアが第一、第二の課題には「部分的な進歩しか遂げておらず」、第三の課題については「ほとんど進歩していない」、と結論づけている。[34]興味深いことに、ラトランドは、クリントン政権がロシアへの「民主化支援」を実施していく過程で、「民主主義」と「市場」は両立できるものだとの単純な思い込みがあった、と指摘している。彼によると、「独裁主義から民主主義への転換には、公共政策における主体の、エリートから市民への転換がともなうべきである」が、ロシアではこのような転換は行なわれていない。[35]「自由で公正な選挙」が実施されれば、責任ある政党が自然発生的に登場し、有権者の票を求めて競い合う多元的政治が展開されるはずだと想定されていた。しかし、市民社会が十分成熟していないロシアで出現したのは、民主主義の原則を、建前として形式的に遵守するということであり、手続き的な民主主義のもとで、現実には、エリートが私利私欲に走り、国家の資産の略奪が行なわれた。ラトランドの研究は、ロシアにおけるクリントン政権の民主化支援は、「エリート民主主義」に終わり、実質的民主主義、参加民主主義とはほど遠い状況にあることを示している。

四　ブッシュ政権下の「民主化支援」と対イラク戦争

財務省や商務省が中心になって進めている経済のグローバル化は、国務省が推進する「民主化支援」とセットで展開されてきたが、自由化、規制緩和、「小さな政府」論にもとづく新自由主義政策は、格差と貧困の拡大を生み出し、その結果、世界各地で反グローバリズムの運動を巻き起こし、民主化支援とのあいだに矛盾を生み出している。また、発展途上諸国のなかには、グローバル化の衝撃に耐えることが困難となり、「破綻国家」、「崩壊国家」に転落する国が出てきた。このため、ワシントンの政財界では、機能不全に陥った国家は、テロリストや過激派の温床となり、世界を不安定にし、グローバル資本の活動にとって大きな障害になっているという認識が広がった。クリントン政権下でＣＩＡ長官に就任にしたネオ・コンの同調者ジェームズ・ウールジーは、一九九〇年代初めの公聴会の席で、「あたかも巨大なドラゴン〔ソ連〕をやっつけたものの、われわれはいまや驚くほど多種多様な、猛毒をもった蛇がうようよとうごめくジャングルに住むことになった感がある。そして、より強い猛毒を持った蛇の一つが、飢餓を武器として用いるような輩である」(36)と述べたが、冷戦後の世界においては、こうしたイメージは、ワシントンの外交・安保の担当者だけでなく、グローバル資本の代弁者である財務省や商務省にも広まっている。(37)

そうしたなかで注目されるのは、一九九〇年代に入って、「民主化支援」の推進者と経済のグローバル化推進者たちのあいだで、経済成長を実現するには、発展途上国の社会全体を改革する必要があるという考えが広まったことである。開発援助は、自由主義的経済政策の推進と結びつけられるだけでなく、ますます「民主化支援」とも結びつけられるようになった[38]。問題の原因は発展途上諸国の国内にあるとの見方に立っている点で、民主化支援論者とネオ・リベラルな経済政策の唱道者とのあいだには共通性がある。彼らは、紛争が発生する原因は、当該国の内政が政治的腐敗、不平等、貧困、人権抑圧、法制度の不備といった問題を抱えているためで、「民主化支援」の目的はこうした国内問題を改革することにあると考えている。他方、経済のグローバル化推進論者たちは、経済活動への政府の介入や多くの規制の存在など反自由主義的政策が問題だと考えている。国家改造論者らはまた、発展途上国の多くがこうした国内問題を抱えている状況での低開発は秩序の攪乱要因であり、安全保障上も危険であると考える点で問題関心を共有している[39]。

「民主化支援」と新自由主義的経済政策が結合し、開発にともなう国家の不安定化や紛争の発生原因を被援助国の国内に求め、その対処方法として、当該国の社会全体の改革が必要だとする考えは、ブッシュ（ジュニア）政権の対イラク戦争後のイラクの戦後復興政策と「民主化支援」に典型的に現われた。イラクの戦後復興への取り組みの過程では、マーク・ダッフィールドが「戦略的複合体」と呼ぶ状況が生まれた。すなわち、政府と非国家的アクター、公的機関と私的組織、軍事組織と民間部門が協力し合うかたちでイラクの戦後復興に携わることになった。

ブッシュ政権のイラク再建は、イラク戦争の目的に大きく影響されることになった。対イラク戦争は、EUがパワーとして台頭するなかで、EUに対するヘゲモニー支配を確保するには、中東における石油へのアクセスを保持し続ける必要があると考える人たちが主導した戦争であった。また、湾岸戦争のときと異なり、フセイン政権打倒（「体制転換」）が目標とされた背景には、サウジアラビアの政情不安の原因となっている要因のうち、サウド王家の腐敗、パレスチナ問題に加えて、湾岸戦争のときサウジに建設された米軍基地問題への対応があった。サウジにおける米軍基地の存在は、アルカイダの反米活動やサウド王家に対する反政府活動の原因になっていた。ポール・ウォルフォウィッツ国防副長官は、米軍基地をサウジから撤去しなければ、九・一一テロのようなことが再発しかねないと懸念していた。それゆえ、フセイン政権を打倒し、イラクに親米政権を樹立することで、米軍基地をイラクに確保することが可能となれば、サウジの米軍基地を撤去できると考えた。いいかえると、ブッシュ政権は当初、サウジに代えてイラクに恒久的な軍事基地を維持することを考えていた。[40]

民主化支援団体であるＮＥＤの有力メンバーで、コンドリーザ・ライス大統領補佐官とも親交のあったラリー・ダイアモンドは、ライスからの依頼もあり、イラク再建の任務を担う連合国暫定当局（ＣＰＡ）の顧問として「民主化支援」活動に従事した。彼は、イラク国民のあいだに反米感情が広がり、イラク情勢が内戦の危機に直面するなかで、イラクに恒久的な基地を設ける意図のないことを、なるべく早く宣言すべきだと進言した。ダイアモンドは、それによって占領に対するイラク国民の疑惑や反発をかなり緩和できるし、そうすれば反米感情をこれ以上悪化させないですむと考えた。ダイアモンドは、自らの進言が受け入れられなかったことに関して、イラクに恒久的な基地建設の意図があったからだと述べている。[41] 彼が指摘するように、米軍基地を恒久的に保持する意図がないことをイラク占領の早い段階で明言できなかったことは、ブッシュ政権が掲げたイラク民主化の大義に疑いを招き、イラク再建を困難にした。

ＣＰＡのブレマー行政官は、イラク再建に取り組むにあたって、ダグラス・マッカーサーが日本で行なった占領政策をモデルに採用し、イラクからフセイン色を一掃する改革に着手した。彼は着任早々、行政組織の脱バース党化を実施し、さらにイラク軍の解体を命じた。これらの決定は、イラクの国家改造を目指すものであったが、こうした措置は、バース党党員五万人と職を失ったイラク軍将兵三〇万人、それにお払い箱になったイラク指導者たちを敵に回すことになり、イラク社会の混乱に拍車をかけることになった。[42]

さらに悪いことに、ブレマーは主権を移管する時期をイラク側に明示せず、占領者として振る舞っているという印象をイラク国民に与えた。二〇〇三年九月『ワシントン・ポスト』紙に掲載されたブレマーの寄稿記事は、選挙名簿、選挙法、政党法もいまだ存在せず、選挙区の確定も行なわれていない状況では、早期の選挙はありえない、と述べていた。選挙よりもまず憲法制定が先決であり、その後選挙を実施し、権力の委譲とCPAの解体は最後になる、というのが彼のシナリオであった。くわえて、ブレマーは、反米勢力が復活するのを阻止するために、イラク統治評議会のメンバーの選出を自ら行ない、憲法制定準備にいたる手続きにおいても、そうした余地がないように政治過程を統制した。彼はまた、直接選挙を行なって当選者が憲法を制定するという手順にも反対していた。イラク全土の市町村で自発的に始まっていた選挙についても、ブレマーは中止指令を出し、地方自治体の指導者も占領当局が指名するという決定を行なった。イスラーム過激派勢力の台頭を怖れたのだ。このため、イラク国民の目には、イラク統治評議会は占領当局の傀儡に映り、CPAはアメリカに都合のいい人物を議会に送り込むよう目論んでいるとみなされた。(43)

実際、ブレマーの行動は、ブッシュ政権首脳の考えを反映していた。イラクでは二〇〇五年一二月一五日、任期四年の国民議会選挙が予定されていたが、その二日前に開催された国家安全保障会議（NSC）で、イラク新政府樹立に適用する一〇項目の指針が承認された。それによると、新政府の閣僚は、武装勢力はもちろんのこと、イランやシリアのような反米政権とも協力関係があってはならないとされた。また、石油相には石油産業の経験者を据えるべきである、とも記されていた。ブッシュ政権は、イラクに主権を委譲した後も、「その政府を厳しく吟味する」という方針を維持したのである。(44)

要するに、ブッシュ政権は、イラク再建に際して、かつての植民地主義国家とさほど変わらない振る舞いをした。同政権首脳はまた、イラク再建を新自由主義政策のモデル・ケースとみなした。イラクは世界第三位の石油埋蔵量を占める国であるだけでなく、イラクも含めて、中東諸国の経済は自由化されておらず、グローバル資本にとって、アラブ世界は最後のフロンティアであった。

それゆえ、ブッシュ政権は、イラクの戦後復興の機会を利用して、イラク経済の民営化計画に取り組んだ。カナダのジャーナリストで『ショック・ドクトリン』の著者ナオミ・クラインは、イラク侵攻の立案者たちはショック・ドクトリンの信奉者であるという。現地で取材したクラインは、「人々が目前の緊急事態に振り回されている間にさっさとイラクの国家資産を売り払い、あとから既成事実として公表するというのが彼らの手口」なのだが、ジャーナリストや活動家は、「最大の利益を得る連中はけっして戦場に姿をみせないということを忘れ、劇的な攻撃の光景にすっかり注意を奪われているのが実情だった」と述べている。(45)

ブッシュは二〇〇三年五月、イラク戦争の戦闘終結宣言からわずか八日後に「中東自由貿易圏構想」を発表した。そして、このプロジェクト担当者に任命されたのが、ロシア経済の民営化、民主主義支援に携わった経験を有するリズ・チェイニー（副大統領の長女）であった。(46) ブレマーは、就任後四カ月間は経済改革に専念し、就任翌月には、イラク経済を支えていた国営石油会社および二〇〇社にのぼる国営企業のうち、イラク国営石油会社の民営化には踏み切らなかったものの、二〇〇社すべてをただちに民営化すると発表した。しかも、国営石油会社の収益から二〇〇億ドル相当を差し押さえ、「イラク開発基金」を設置して、占領当局が自由に使えるようにした。その後、約四五パーセントだった法人税を一律一五パーセントに引き下げ、外国企業がイラクの資産を一〇〇パーセント保有することを可能にする法律を制定した。この法律によると、投資家はイラクであげた利益を一〇〇パーセント無税で国外に持ち出すことができたし、再投資の義務もなかった。(47)

イラク復興資金として、アメリカ議会は三八〇億ドルの予算を計上し、その他諸外国から五〇億ドル、イラクの石油収入からも二〇〇億ドルが拠出された。しかし、イラクの復興事業は国防総省が牛耳っていたことから、復興資金の大半は、ハリバートン、ベクテル、パーソンズなど、アメリカの企業が受注することになった。たとえば、コロラド州に本社を置くエンジニアリング建設会社ＣＨ２Ｍヒルは、カリフォルニア州に本社を置く巨大エンジニアリング企業パーソンズ社との合弁事業というかたちで、大手四社の契約事業の監督を二八五〇万ドルで受注した。イラクに「民主主義を根づかせる」任務さえも民営化され、ノースカロライナ州に本社を置くリサーチ・トライアングル・インスティチュート（RTI）に四億六六〇〇万ドルで発注された[48]。

イラク再建は国務省ではなく、国防総省を責任者として進められたこともあって、イラク復興計画は露骨な植民地主義的性格を持つことになった。その結果、イラク国民の強い反感を買い、イラクは内戦状態に陥った。正常な経済活動が続けられる状況ではなくなったため、ブッシュ政権がイラク復興と民主化支援に着手した三年後には、ほぼすべてのアメリカ契約企業大手はイラクから撤退することになった。

五　アメリカの民主化支援と「エリート民主主義」の促進

本章では、ソレンセンが列挙する五つの自由民主主義モデルのうち、アメリカニゼーションと「民主化支援」は、「市場主義モデル」と「選挙モデル」を組み合わせた「自由民主主義」モデルであり、それは「エリート民主主義」的な性格を強く帯びたものであったことを明らかにしようとした。すでに指摘したように、ロビンソンは、アメリカの中南米諸国に対する民主化支援を分析した結果、このようなタイプの民主主義支援を「資本主義的ポリアーキー」と呼んだ[49]。

『ニューズウィーク』誌の国際版編集長であったファリード・ザカリアは、西欧世界にとって、民主主義とは、自由民主主義を意味すると指摘したうえで、しかし自由主義と民主主義は必ずしも両立するものではない、と述べている。彼は、今日の世界では、両者は切り離されてきており、選挙で選ばれた政治エリートが基本的人権を無視するような国が出現しつつあるとし、これらの国を「反自由主義的民主主義（illiberal democracy）」と名づけている[50]。

ロバート・ダールの「ポリアーキー型デモクラシー」は、本章で扱ったアメリカ型民主主義とほぼ同義である。彼は、自由選挙が繰り返されることで、資本主義市場経済によって「不可避的に」生じる「政治的資源の不平等」を是正することが可能だと主張する。[51] しかし、ポリアーキーと平等の関係は、うまくいったとしても非常に流動的であり、前者は一定の不平等と共存可能であることを示している。その意味で、佐々木毅も指摘するように、民主主義のもとでは、平等が達成されるというのは神話であり、民主主義と平等の関係は常に流動的であるといえる。[52] むしろ、これまで検討してきたことから明らかなように、レーガン政権の誕生とともに開始された「民主化支援」という名のアメリカニゼーションは、アメリカ国内だけでなく、国際社会においても格差の拡大と貧困の増大をもたらしてきた。そして、冷戦後に加速した経済と金融のグローバリゼーションのもとで生み出される格差の拡大と貧困の増大は、発展途上諸国の経済基盤を揺るがし、政治的不安定化の重要な要因となり、多くの「破綻国家」や「崩壊国家」さえ出現させることになった。

そうした不安定な国際情勢のもとで、中東地域のなかでも石油資源に恵まれた国々は、深刻な債務危機に直面することがなかったため、世界銀行や国際通貨基金（ＩＭＦ）の「構造調整」プログラムの適用から免れてきた。いいかえると、イラク、イラン、サウジアラビアといった国の経済は、社会主義諸国の場合と同様に、国営企業が中心であり、民営化、規制緩和は進んでいなかった。それゆえ、フセイン政権の打倒を目指したブッシュ政権は、対イラク戦争終結後のイラク再建計画において、イラクを新自由主義的政策の実験場とみなしたのである。ブッシュ政権が掲げたイラクの「民主化」と中東の「民主化」は、このような脈絡で理解する必要がある。

グローバル資本にとっては、格差の拡大と貧困の増大がもたらす世界秩序の不安定化への取り組みは、冷戦後の最優先課題であり、「崩壊国家」や「破綻国家」は民主化支援を通して改革されるべき対象であった。また、イラクのような、石油資源を梃子に規制緩和や貿易の自由化に抵抗する「ならず者国家」は、必要ならば武力行使によって打倒されるべき対象とされた。ブッシュ政権がイラクの「体制転換」を目指したのは、フセイン政権の存在がイスラエルや中東の親米政権の安全保障にとって危険であるとみなされたことに加えて、同政権の経済ナショナリズムが、グローバル資本にとっても障害だとみなされたことによる。

本章で検討してきたように、アメリカの「民主化支援」は、経済的自由主義を優先する「市場民主主義」であり、そのような性格を持った「民主化支援」政策は、権威主義的体制や軍事独裁政権とも協調的な関係を維持してきたのである。その意味で、冷戦期におけるアメリカの世界秩序形成は、非民主主義的ないしは反自由主義的要素を包摂するものであったし、冷戦後においても、そのような性格は基本的に変わっていないように思われる。冷戦後の米中関係の展開を見ても、そういえるのではないか。すなわち、政治的には共産主義一党支配体制ではあっても、中国経済がグローバル資本に開放的である限り、米ソ冷戦のときのような関係に米中関係が発展するとは考えにくい。アメリカニゼーションと「民主化支援」には、そのような特徴があったことも看過されるべきではない。

(1)　たとえば、ヘルドは、民主主義には八つのモデルがあるとしている。この分類によると、自由民主主義の制度はそのうちのひとつにすぎないことになる。オランダの政治学者アーレンド・レイプハルトが、「多極共存型デモクラシー」という概念を提示したのも、民主主義にはいくつかの類型が存在することを示している。カナダ政治学会の会長を務めたマクファーソンは、自由民主主義の歴史を検討するなかで、四つのモデルの存在を指摘し、自由民主主義の現代的再生のモデルを参加民主主義に求めている。David Held, *Models of Democracy*, third edition (Stanford: Stanford University Press, 2006)〔デヴィッド・ヘルド『民主政の諸類型』中谷義和訳、御茶の水書房、一九九八年〕; Arend Lijphart, *Democracy in Plural Societies: A Comparative Exploration* (New Haven: Yale University Press, 1977)〔アーレンド・レイプハルト『多元社会のデモクラシー』内山秀夫訳、三一書房、一九七九年〕; C. B. Macpherson, *The Life and Times of Liberal Democracy* (Oxford: Oxford University Press, 1977)〔C・B・マクファーソン『自由民主主義は生き残れるか』田口富久治訳、岩波新書、一九七八年）。

（2）　Steve Smith, "US Democracy Promotion: Critical Questions," in Michael Cox, G. John Ikenberry, and Takashi Inoguchi, eds., *American Democracy Promotion*（Oxford: Oxford University Press, 2000）, p. 68; Thomas Carothers, "Taking Stock of Democracy Assistance," in *ibid.*, p. 194.

（3）　Tony Smith, *America's Mission: The United States and the Worldwide Struggle for Democracy in the Twentieth Century*（Princeton, N.J.: Princeton University Press, 1994）, p. 9.

（4）　Ronald Steel, *Temptations of a Superpower*（Cambridge: Mass.: Harvard University Press, 1995）, pp. 19–20. この点に関する詳細な議論としては、拙編著『アメリカの戦争と世界秩序』（法政大学出版局、二〇〇八年）の拙論（序論および第四章）を参照されたい。

（5）　Georg Sorensen, "The Impasse of Third World Democratization: Africa Revisited," in Cox, Ikenberry, and Inoguchi, eds., *American Democracy Promotion*, pp. 279–304.

（6）　Fred Halliday, *From Kabul to Managua: Soviet-American Relations in the 1980s*（New York: Pantheon Books, 1989）, p. 29.

（7）　Jean J. Kirkpatrick, *Dictatorships and Double Standards*（New York: Simon & Schuster, 1982）, pp. 23–52; Jean J. Kirkpatrick, "Dictatorships & Double Standards, 2," *Commentary*（November 1979）, pp. 1–17, esp. 15（http://www.commentarymagazine.com/article/dictatorships-double-standars/）（アクセス、二〇一二年六月二七日）. 秋元英一・菅英輝『アメリカ20世紀史』（東京大学出版会、二〇〇三年）、二八二―二八五頁。

（8）　Robert Tucker, *Intervention and the Reagan Doctrine*（New York: The Council on Religion and International Affairs, 1985）, p. 4.

（9）　*Ibid.*, pp. 10, 14–17.

（10）　Kirkpatrick, *Dictatorships and Double Standards*, pp. 23–52; Kirkpatrick, "Dictatorships & Double Standards, 2," p. 15. 秋元・菅『アメリカ20世紀史』、二八二―二八五頁。

（11）　William I. Robinson, *Promoting Polyarchy: Globalization, US Intervention, and Hegemony*（Cambridge: Cambridge University Press, 1996）, pp. 60–62.

（12）Barry Gills, Joel Rocamora, and Richard Wilson, eds., *Low Intensity Democracy: Political Power in the New World Order* (Boulder, Colorado: Pluto Press, 1993), pp. 4–5.

（13）Jason G. Ralph, "'High Stakes' and 'Low Intensity Democracy': Understanding America's Policy of Promoting Democracy," in Cox, Ikenberry, and Inoguchi, eds., *American Democracy Promotion*, p. 215.

（14）秋元・菅『アメリカ20世紀史』、二八二―二八三頁。

（15）ＮＥＤについては、以下を参照されたい。Joshua Muravchik, *Exporting Democracy: Fulfilling America's Destiny* (Washington, D.C.: The AEI Press, 1992), chap. 13, "The National Endowment for Democracy," pp. 204–220. ムラヴチクによると、ＮＥＤは民間組織だが、予算は議会によって承認される。また、その傘下に、米商業会議所加盟組織である国際私企業センター、民主党全国委員会加盟組織である民主党全国委員会国際問題研究所、共和党全国委員会加盟組織である共和党全国委員会国際問題研究所、それに自由労働組合研究所を抱えている。ＮＥＤが外国の諸団体に直接資金を交付することはめったになく、通常は、たとえば、諸外国の労働組合の支援活動を行なうアメリカの労働組合に資金を供与するというかたちで民主化支援が行なわれる。

（16）Robinson, *Promoting Polyarchy*, p. 222.

（17）*Ibid.*, p. 226.

（18）*Ibid.*, pp. 235–237.

（19）*Ibid.*, pp. 220, 237.

（20）*Ibid.*, pp. 241–250.

（21）*Ibid.*, pp. 251–252.

（22）William I. Robinson, "Promoting Capitalist Polyarchy: The Case of Latin America," in Cox, Ikenberry, and Inoguchi, eds., *American Democracy Promotion*, p. 310.

（23）詳細は以下の拙論を参照されたい。「クリントン政権のアジア政策の展開」、『国際問題』第四〇七号（一九九四年二月）、三五―四八頁。

(24) Address by Governor Clinton, "A New Covenant for American Security," at Georgetown University, Washington, D. C., December 21, 1991; Remarks by President Clinton, on CNN's "Global Forum with President Clinton," Atlanta, GA, May 3, 1994, in Philip Auerswald, Christian Duttweiler, and John Garofano, eds., *Clinton's Foreign Policy: A Documentary Record* (The Hague: Kluwer Law International, 2003), pp. 11–21, 22–25.

(25) White House, *A National Security Strategy of Engagement and Enlargement* (February 1995), pp. 7, 22–24; White House, *A National Security Strategy for a New Century* (May 1997), pp. 15–16.

(26) Warren Christopher, *In the Stream of History* (Stanford: Stanford University Press, 1988), pp. 17–19.

(27) Speech of Anthony Lake at Johns Hopkins University, Washington, D. C., September 21, 1993, in Alvin Z. Rubinstein, Albina Shayevich, and Boris Zlotnikov, eds., *The Clinton Foreign Policy Reader: Presidential Speeches with Commentary* (Armonk, New York: M. E. Sharpe, 2000), pp. 20–27.

(28) ワシントンの地域主義政策の展開については、以下の拙論を参照されたい。「「市場経済の拡大」方針と地域主義の台頭」、アメリカ学会編『原典アメリカ史』第九巻「唯一の超大国」(岩波書店、二〇〇六年)、二七二—二八三頁。

(29) Remarks and a Question-and-Answer Session at Waseda University in Tokyo, July 7, 1993, *Public Papers of the Presidents, William J. Clinton*, 1993, vol. I, pp. 1019–1027.

(30) Address by Governor Clinton, "American Foreign Policy and the Democratic Ideal," at the Institute of World Affairs, Milwaukee, Wisconsin, Atlanta, GA, October 1, 1991, in Auerswald, Duttweiler, and, Garofano, eds., *Clinton's Foreign Policy: A Documentary Record*, p. 10.

(31) Thomas Carothers, *Critical Mission: Essays on Democracy Promotion* (Washington, D. C.: Carnegie Endowment for International Peace, 2004), pp. 42–43.

(32) Colin S. Cavell, *Exporting "Made-in-America" Democracy: The National Endowment for Democracy and U. S. Foreign Policy* (Lanham, New York: University Press of America, 2002), pp. 94–95.

(33) *Ibid.*, pp. 92–93.

（34） Peter Rutland, "Russia: Limping Along Towards American Democracy?" in Cox, Ikenberry, and Inoguchi, eds., *American Democracy Promotion*, p. 243. ラトランドがこうした結論を出す際に検討したチェックリストは、㈠自由で公正な選挙、㈡権力分立、㈢公正で独立した司法制度、㈣自由で探求的な報道機関、㈤民主的な価値観の広範囲にわたる共有、㈥人権の尊重、すなわち最低でも個人の権利、できれば、少数民族の権利といった集団の権利の尊重、㈦市民社会、すなわち多数の社会組織の存在、の七項目であった（*ibid.*, p. 246）。

（35） *Ibid.*, pp. 246–247.

（36） Statement by James Woolsey at Senate Hearings, Washington, D. C., February 1993. また、アトウッド米国国際開発庁（ＵＳＡＩＤ）長官もまた、同様の認識を示した。Remarks of J. Brian Atwood, "Conflict Prevention in Today's World," Georgetown University, Washington, D. C., October 14, 1998. アトウッドは、全米民主主義基金（ＮＥＤ）の下部組織である民主党全国委員会国際問題研究所の初代所長に就任したが、その後一九九三―九九年のあいだＵＳＡＩＤ長官を務めた。

（37） Paul Rogers, *Losing Control: Global Security in the Twentieth-first Century* (London: Pluto Press, 2000), chap. 4, pp. 58–77; Mark Duffield, *Global Governance and the New Wars* (London: Zed Books, 2001), pp. 119–120.

（38） ダッフィールドは、ネオ・リベラルな経済政策が惹起する「新たな戦争」や混乱に対処するために、近年の開発政治は、紛争解決と発展途上国の社会全体の改革を重視するようになっていると指摘している。彼はこうした特徴を「開発政治の急進化」と呼んでいる。Duffield, *Global Governance*, pp. 2, 11, 22.

（39） *Ibid.*, p. 116; Ray Kiely, *The New Political Economy of Development: Globalization, Imperialism, and Hegemony* (London: Palgrave Macmillan, 2007), pp. 138, 169–171.

（40） 拙著『アメリカの世界戦略』（中公新書、二〇〇八年）、一三七―一四八、一五五―一五七頁。Lloyd C. Gardner, *The Long Road to Baghdad: A History of U. S. Foreign Policy from the 1970s to the Present* (New York: The New Press, 2008), pp. 185–190.

（41） Larry Diamond, *Squandered Victory: The American Occupation and the Bungled Effort to Bring Democracy to Iraq* (New York: Owl Books, 2005), p. 241; Gardner, *The Long Road to Baghdad*, p. 190.

（42） Diamond, *Squandered Victory*, pp. 39–40; Bob Woodward, *State of Denial: Bush at War, Part III* (New York: Simon & Schuster,

2006) pp. 248–249, 252〔ボブ・ウッドワード『ブッシュのホワイトハウス』全二冊、伏見威蕃訳、日本経済新聞出版社、二〇〇七年〕.

（43） Diamond, *Squandering Victory*, pp. 80–81; Michael R. Gordon and General Bernard E. Trainor, *Cobra II: The Inside Story of the Invasion and Occupation of Iraq* (New York: Pantheon Books, 2006), p. 490.

（44） Woodward, *State of Denial*, p. 434.

（45） Naomi Klein, *The Shock Doctrine: The Rise of Disaster Capitalism* (New York: Metropolitan Books, 2007), p. 326〔ナオミ・クライン『ショック・ドクトリン』下巻、幾島幸子・村上由見子訳、岩波書店、二〇一一年、四七三頁〕.

（46） Edwin Chen and Maura Reynolds, "Bush Seeks U. S.-Middle East Trade Zone to Bring Peace, Prosperity to Region," *Los Angeles Times* (May 10, 2003).

（47） Klein, *The Shock Doctrine*, p. 345〔邦訳、下巻、五〇〇―五〇一頁〕.

（48） *Ibid.*, pp. 346–349〔邦訳、下巻、五〇三―五〇七頁〕.

（49） Robinson, *Promoting Polyarchy*, pp. 60–62.

（50） Fareed Zakaria, *The Future of Freedom: Illiberal Democracy at Home and Abroad* (New York: W. W. Norton & Co., 2003)〔ファリード・ザカリア『民主主義の未来』中谷和男訳、阪急コミュニケーションズ、二〇〇四年、一二―一九頁〕.

（51） ロバート・A・ダール『デモクラシーとは何か』（中村孝文訳、岩波書店、二〇〇一年）、二一七頁（Robert A. Dahl, *On Democracy*, New Haven: Yale University Press, 1998）。ポリアーキー概念については、ロバート・A・ダール『ポリアーキー』（高畠通敏・前田修訳、三一書房、一九八一年）。

（52） 佐々木毅『政治学講義』（東京大学出版会、一九九九年）、一五〇―一五一頁。

2 「対テロ戦争」の兵士と家族

市川ひろみ

一 はじめに

二〇〇一年九月一一日のアメリカ合衆国（以下アメリカ）での「同時多発テロ」を受け、当時のジョージ・W・ブッシュ大統領は「対テロ戦争」[1]を宣言した。翌月にはアフガニスタンに侵攻し、二〇〇三年三月にはイラクに「対テロ戦争」の戦線を拡大した。二〇〇三年のイラク侵攻以来、イラクでは一三年三月現在までに一一万二三二九―一二万二八八六人、[2]アフガニスタンでは〇七年から一三年までの六年間に一万四七二八人[3]の民間人が犠牲となった。これらの犠牲は「アメリカをテロの危険から守るために必要であった」とされる。しかし「対テロ戦争」は、戦場となったイラクやアフガニスタンでの甚大な被害のみならず、アメリカ社会にも癒しがたい傷をもたらしている。

二〇〇一年からこれまでに延べ約二三〇万人のアメリカ軍兵士が、イラクおよびアフガニスタンの戦場に送り込まれている。二〇一二年までにイラクで四四八六人、アフガニスタンでは二〇一三年も含め二二二〇人のアメリカ軍兵士が死傷している。[4]生き残った兵士の多くは、「対テロ戦争」を遂行するなかで、心身に傷を負ってアメリカに帰還する。

本章では、「対テロ戦争」の遂行者であるアメリカ軍兵士、帰還兵、そして家族の実態に注目する。彼らは、アメリカ社会においては少数者であり、国家や大多数の人々から見放されていると感じている。このような経験から、彼らは、「対テロ戦争」に向き合う活動をはじめた。

二　「対テロ戦争」の遂行者は誰か

アメリカでは、ヴェトナム戦争から撤退した後、徴兵制は廃止され、アメリカ軍に入隊するのはすべて「自由意思で志願」した人々である。しかし、誰がどのような理由で「志願」しているのかをみると、「自由意思」とは言えない実態が浮かび上がる。大規模な実戦を展開するには、兵員が必要だが、アメリカ軍では湾岸戦争当時と比較して、兵員のおよそ二五パーセントが削減されており、人員確保が課題である。軍のリクルーターには新兵確保の重いノルマが課せられている。

新兵募集のリクルーターがもっとも勧誘しやすいのは、貧しく、将来の見通しがたたない若者である。教育、医療、福祉分野の補助金や助成金予算が削減されるなか、生存権さえ脅かされている貧困層の人々の選択肢は狭められている。彼らが入隊を志願する主な理由は、高等教育の学費[5]と医療保険が得られるからというものである。学資ローンが払えなくなった大学生が、借金返済のために州兵となる場合も少なくない。移民として強制送還される不安のなかで不安定な生活を強いられている人々も、軍に「志願」している。二〇〇二年に入隊と引き換えに市民権が取得できるという移民法[6]が制定され、アメリカ市民ではない現役兵士は〇三年で三万七四〇一人に及んだ。さらに、二〇〇七年には、ビザをもたない「不法移民」も、入隊することで市民権獲得の手続を取ることが可能になった。国防総省によると、毎年約八〇〇〇人の市民権をもたない人々が入隊している。

「対テロ戦争」には、多くの州兵（National Army Guard）[7]が動員されており、イラクおよびアフガニスタンに派兵されている兵士のおよそ四〇パーセントを占める。州兵は、一般社会で生活を送りつつ、定期的に訓練に参加し、主に州内で起こった災害などの緊急時に出動する。イラク戦争以前は、「毎月一回の週末、一年に二週間（one weekend a month, two weeks a year）」が、州兵募集のスローガンだった。州兵が国家の安全保障上の危機に際して実際に動員されることは稀であったため、州兵の登録をした時点では外国での実戦に派遣されると思っていなかった人は多い。海外に派兵されることはない、と説明されて登録した人もいる。イラク戦争に反対だった人も派兵されている。

リクルーターの勧誘で入隊を「志願」する人々の多くは、ファストフード店での低賃金労働やトレーラーハウスでの生活から脱することを夢見た若者だった[8]。このような実態は、「貧困徴兵」あるいは「経済的徴兵」と指摘される[9]。

「対テロ戦争」には、これまでになく多数の女性兵士が派遣されている。女性は合衆国の歴史が始まって以来戦争に関与しているが、軍内で重要な役割を果たすようになったのは、ヴェトナム戦争後である。アメリカが地上軍を投入したヴェトナム戦争（一九六五―七三年）において女性兵士は、看護などの医療・衛生分野に従事し、兵員全体に占める割合は二パーセントにすぎなかったが、湾岸戦争（一九九〇―九一年）では、一一パーセントに増加した。現在のアメリカ軍では、女性もほとんどの任務に就くことが可能となり、女性が現役軍人の一五パーセントを構成している[10]。女性兵士のうち、行政・衛生分野の任務にあたっているのは半数以下で、多くは憲兵や、戦艦、戦闘機、空中給油などの戦闘支援任務に携わっている。女性が戦闘任務に就くことは許されていないが、戦闘を現場で支援する業務に携わっており、攻撃の対象となる。

「対テロ戦争」に派兵されている兵士の中には、当初の契約期間を超えて、何回も繰り返し派遣される人も少なくない。兵員不足のため契約期間を軍が一方的にたびたび延長しているためである。複数回派兵された人は、約八〇万人に及ぶ[11]。

三　「対テロ戦争」の遂行者として米軍兵士が直面する「戦場」

「対テロ戦争」の「戦場」では、かつての国家間戦争にはあったさまざまな区別——前線と後方、戦闘員と非戦闘員、軍の任務と警察の任務、大人と子ども、日常と非日常——が判然としない。戦争の大義も明確ではなく、兵士にとって対応するのが困難な戦場となっている。

アメリカ軍兵士は、自衛の場合を除き、民間人や病院、文化遺産などを攻撃してはならないと定めた交戦規程を遵守することが求められている。「対テロ戦争」では、市街地の巡回警備や「テロリスト」の捜索など、誰が「敵」で、どう対応すべきかを、個々の兵士がその場で判断し行動しなければならない場面が増えた。換言すれば、かつては上官が担っていた責任が、末端にいる個々の兵士に転嫁された状況にある。

アメリカ軍兵士は、現地の人々と間近に接し、彼らの支持を獲得しつつ、「テロリスト」という「敵」と戦わねばならない。「敵」は制服を着て戦っている正規軍ではなく、戦うべき相手の実態すら明確ではない。イラクやアフガニスタンでアメリカ軍兵士は、地元の人々に敵視され、いつ、どこで待ち伏せ攻撃されるかわからない。そのような状況にあって、アメリカ軍兵士が恐怖から過剰な攻撃を行なうことも頻繁に起こる。その結果、運悪くそこに居合わせただけの人々を殺害してしまう。イラクでは歩兵部隊の兵士の七七—八七パーセントが攻撃されるが、四八—六五パーセントは敵戦闘員の殺害に、一四—二八パーセントは非戦闘員の死に責任があると報告している。[12]「武装勢力」の捜索では、夜中に民家に「押し入り」、おびえる子どもや妻らの目の前で、父であり夫であるイラク人男性を逮捕する。アブグレイブ収容所では、尋問方法の訓練を受けていない兵士が、収容者に対する拷問や虐待を行なった。

アメリカ軍兵士はアフガニスタンやイラクで、頻繁に子どもに遭遇する。[13]両国とも若い人が多く、総人口の約半数が一八歳未満である。アメリカ軍への攻撃に加わる子どもたちもいる。[14]二〇〇二年一月、アフガニスタンでの戦闘によって死亡した米軍軍曹は、一四歳の少年に殺されたとの報道もある。[15] 陸軍一〇一空挺師団機関銃手としてイラクのカルバラにいた二一歳のニック・ボッグスは、一〇歳にも満たない子どもに向けて発砲し殺害した。この子どもは、アメリカ軍との激しい戦闘によって路上に残された携行式ロケット砲（Rocket Propelled Grenade: RPG）を回収しようとしたのだった。[16] 子どもがおとりや自爆攻撃に使われることもあり、笑顔で近づいてくる子どもであっても、アメリカ軍兵士にとっては脅威となる。

通信手段の普及によって兵士は、遠く離れた家族と容易に連絡を取れるようになった。そのことが戦場の兵士にとって精神的な負担を強めている側面がある。銃撃戦や道路脇爆弾におびえながらの巡回警備、人を殺傷するような暴力行使は、兵士にとって日常の任務の一環である。しかし、それは彼ら自身の「日常」ではない。彼らにとっては、派兵されている期間が「非日常」であり、彼らには戻るべき平穏な「日常」がある。その「日常」を象徴するのが家族である。インターネットや衛星電話などによって、戦場という「非日常」の世界に、アメリカに残してきたはずの「日常」が入り込む。兵士自身も、愛する人の子や親、パートナーである。自らの家族と話をした数時間後に、現地に住む自分たちと同じような親子を殺害してしまうこともある。また、アメリカにいる子どもやパートナーが何か問題で悩んでいたり、困っていることを知っても、派兵されている兵士が彼らを助けることは難しい。親あるいはパートナーとして寄りそうことができない現実も、兵士にとってはストレスとなる。

女性兵士は、さらに厳しい状況に直面する。女性兵士は、戦闘を支援する幅広い職種で任務にあたっており、二〇〇九年のアフガニスタンにおける女性兵士の死亡の七五パーセントは道路脇爆弾などの爆発物によるものであった。イラクに派遣された女性兵士の約四分の三が、少なくとも一回以上の戦闘を経験している。二〇一〇年二月までの、アフガニスタンでの九七三名の死者のうち二〇名（二・一パーセント）が女性、イラクでは四三六五名の死者のうち一〇四名（二・四パーセント）が女性だった。[17] さらに、彼女たちは、「敵」から攻撃される危険だけでなく、軍隊内で同僚男性から「攻撃」される危険にも晒される。

復員軍人省（Department of Veterans Affairs）は、軍隊内での性的な攻撃、繰り返し脅威を与える性的な嫌がらせを、「軍隊内の性的トラウマ（military sexual trauma）」と規定して警鐘を鳴らしている。イラクおよびアフガニスタンへの派遣中に、二〇―四〇パーセントの女性が性的トラウマを受けたとされる[18]。女性兵士にとっては、命がけの戦場でお互いに守りあうはずの同僚がもっとも脅威を感じるべき存在ともなっている。このことは、派遣期間中、女性兵士が安心できる場がきわめて限定されることを意味する。

女性は、家庭内で子育てや料理などの家事について重い責任を負っている場合が多い。そのため、女性が派兵されると、これらの家事と責任は、パートナーや他の家族、友人などが担わねばならない。そのことが、派兵される女性兵士のストレスも増大させる。とりわけ、子どもをもつ女性兵士にとっては、派兵される期間の子どもの世話を誰に頼むのかという問題は深刻である。というのも、彼女らは、若く、独身であるかパートナーも軍関係者の場合が多く、社会的地位は低いからである。女性兵士の離婚率は上昇しており、三万人以上のシングル・マザーが、「対テロ戦争」に派兵された。彼女らの子どもたちの多くは、親戚の家などに引っ越さねばならない[19]。州兵の場合、基地内には住んでおらず、同じような環境に置かれた仲間と情報交換することもできない。軍について相談できる人も身近にいない場合が多く、精神的な負担は大きい[20]。

四　帰還兵が負う困難

先述のように、「対テロ戦争」に従軍した人々の多くは、アメリカ社会において弱い立場にある。その彼らが、戦場で心身に傷を負って帰還した場合、アメリカ社会で生きていくことの困難は想像に難くない。復員軍人協会

(Veterans Association) の予算は削減され、帰還兵のための病院での診察予約は何カ月も先になるような状況である。治療が間に合わず、自殺してしまうケースさえ稀ではない。

戦場で受けた心の傷は、帰還兵自身にとどまらず、周りの人々にも多大な影響を及ぼす。兵士の精神的な健康について注意が払われるようになったのは、第一次世界大戦以降であった[21]。特に注目されるようになったのは、ヴェトナム戦争時に帰還兵が社会に適応できず「ヴェトナム戦争症候群」として社会問題化してからである。帰還兵らの多くは、帰還後何年もたってから、強迫的に襲ってくる忌まわしい情景や悪夢、夜驚、思い出したくない体験に突然連れ戻されるフラッシュ・バックにさいなまれ、日常生活に適応できず、苦しんだ。生き生きとした感情を失い、無関心、抑うつ状態となり、不眠、不安、知覚過敏、錯乱などの症状がある。これらの症状は、帰還兵らが働きかけたことによって、心的外傷後ストレス障害(Post Traumatic Stress Disorder: PTSD)として、一九八〇年にアメリカ精神医学会が作成した「精神障害の診断と統計マニュアル(DSM‐Ⅲ)」に初めて明記され、医学的に認知されるようになった[22]。以降も、恐ろしい体験に耐えられる抵抗力を訓練で身につけることはできるのか、症状を緩和するにはどのようなケアが有効かなどについて数多の医学的な研究がなされている[23]。アメリカ軍では、前線に近いところで精神科医らによるケアが行なわれるようになっているが、兵士を心の傷から守ることには成功していない。

イラクおよびアフガニスタンにおける特徴的な死傷は、爆発物(その多くは、道路脇爆弾などの即製爆発物(Improvised Explosive Devices: IED))によるもので、約六〇パーセントに及ぶ。金属片による擦傷、貫通など、怪我は複雑かつ深刻で、皮膚、筋肉、骨格、肺、胃腸、循環器、脳、脊髄、末梢神経が傷つけられる[24]。ヘルメットや防弾チョッキなどの防具の性能がよくなり、死亡率は減少した。しかし、顔、頭、首、四肢を完全に守ることは難しく、爆風による脳損傷を防ぐこともできない。このような重傷を負った兵士も、医療体制や医療技術が発達したことで生き延びるようになった[25]。

その結果、軽度外傷性脳損傷（Mild Traumatic Brain Injury: MTBI）を負う兵士が増加した。ＭＴＢＩは、頭部への衝撃によって引き起こされる脳の物理的な損傷である。戦場でのＭＴＢＩの多くは、爆発物による爆風にさらされたこと、さらには、衝撃を受けた兵士が地面などに頭部をぶつけたことで脳が損傷を負ったものであると考えられている。かつては、脳にこのような損傷を負った兵士が生き残る可能性は低かった。ＭＴＢＩは、意識消失、精神錯乱、負傷した時間前後の記憶喪失や神経心理学上の問題を起こすことが判っている。ＭＴＢＩは、薬物使用、抑うつと不安につながり、ＰＴＳＤを発症するリスクを高める。多くの場合、ひとつの経験から両方を発症する。[26]

ＰＴＳＤの要因となるのは、自らの生命が脅かされると感じる体験や負傷、仲間が苦しんでいるのを目撃すること、人を殺傷する経験などである。直接的・間接的な殺人の経験は、対人関係の問題を引き起こすもっとも重要な要因である。人を殺害することは、戦闘に遭遇する経験とは異なり、自分の行ないへの深刻な恥や罪の意識の要因となる。[27]とくに子どもに対する暴力行使、捕虜や非戦闘員への虐待などは、その行為者自身が激しい自己嫌悪に陥り、信頼や肯定的な関係をもつ能力に障害が生じることがある。[28]

兵士たちは、都市では民間人を巻き添えにしてしまう危険にも注意しなければならない。たとえば、イラクでは六二パーセントの兵士が交戦規定のために、脅威が感じられる場合であっても攻撃的に対応できなかったと答えている。[29]また、摂氏四〇度を超す暑さ、砂漠での厳しい環境もストレスになったと考えられている。さらには、繰り返し派兵されることが、兵士にとって心身への大きな負担となる。[30]現役兵士の自殺率は、二〇〇四―〇八年の平均が一〇万人中二〇・二人で、一九七七―二〇〇三年までの平均である一一・二人からほぼ倍増している。[31]

心身の負傷と後遺症によって、帰還兵は社会生活を営むことがむずかしくなる。負傷して四肢切断や聴覚、視力を失っていれば、元の職場への復帰は困難であろう。心に傷を負った帰還兵は、薬物やアルコールに依存することが多い。これらの行動は、社会生活をさらに困難なものとする。失業に至りやすく、家族の生活基盤も危うくする。アメリカの全人口に占める帰還兵の割合は七パーセントだが、ホームレスに占める割合は一三パーセントに及んでいる[32]。復員軍人省による二〇一二年の報告書によれば、イラクとアフガンからの帰還兵および女性帰還兵は、ホームレスになる傾向が強い。ホームレスとなっている帰還兵の半数は、深刻な精神疾患を患っており、七〇パーセントに薬物乱用の問題があった[33]。

女性帰還兵には、その性別ゆえの困難がある。女性兵士は男性兵士と比べて銃撃戦に遭遇し、直接銃撃される割合は低い（それぞれ、女性三六パーセント、男性四七パーセントと女性七パーセント、男性一五パーセント）が、遺体やバラバラになった身体の部分の収容など戦闘後の業務につく場合が多い（女性三八パーセント、男性二九パーセント）。このような任務の特性が、精神的な負担を増していると指摘する研究もある[34]。

もとより、子どもを産み慈しむ行為と、子どもを含めた「敵」を傷つける任務との隔たりは大きい。帰還後、以前のようには自分の子どもを愛することができなくなる母親もいる。州兵として派遣され運転手の任務についていたアシュレイ・プレンさんは、派兵されたイラクで激しい銃撃戦のさなかに負傷した男性兵士の応急処置をし、応戦した。彼女は、顔が見えるほど近くにいた「敵」を撃ち、三人を殺害したと思っている。この「勇気ある行動」を称えて、アメリカ軍は、「ブロンズ・スター」勲章を授与した。しかし、帰国後、妊娠をきっかけに彼女の精神状態は悪化し、彼女は、出産後も感情の爆発をコントロールできず、子育てができない[35]。

「軍隊内の性的トラウマ」を負った女性は、精神的に健康を崩す可能性が高くなる。また、アメリカ社会では、女性兵士は、戦場における「本当の危険」に曝されていないため、「本当の帰還兵」ではないとみなされる傾向がある。このような社会からの評価のために、女性帰還兵は、社会から支援・尊重されていると感じることができず、このことがさらに彼女たちの精神的な負担を増加させる[36]。

五　家族が負う困難

「対テロ戦争」は、イラクやアフガニスタンの人々を傷つけるだけでなく、アメリカの家族をも引き裂いた。家族が派兵されることによる別離は、日常生活に大きな変化を引き起こす。とりわけ子どもや、心身に障害があるなど特別なケアを必要とする家族にとっては、大きな負荷となる。

配偶者がイラク戦争に派遣された夫婦のうち二〇パーセントが、二年以内に離婚しているという調査結果がある。このような事態に対して、アメリカ軍は、イラクから帰還する部隊を対象に「婚姻関係強化（marriage enrichment）」セミナーを開催し、急増する離婚を食い止めようとしている。[37] しかし、たとえ婚姻関係を維持できたとしても家族はさまざまな問題に直面する。[38]

戦闘地域に派遣された配偶者をもつ人のストレスは、子どもを虐待することにもつながる。二〇〇一年九月から〇四年一二月の期間に少なくとも一回、戦闘地域に派遣されたアメリカ軍兵士がいる一七七一の家族を対象とした調査によると、一八五八人の親が子どもを虐待していた。調査期間中に一回でも虐待があった家族の場合、派遣されていない期間と比べて派遣期間中は虐待の割合が四二パーセント増加した。[39] 配偶者が軍人・兵士ではない女性の場合には、子どもへの虐待は三倍に増加する。虐待のうちもっともよく見られるのは育児放棄（ネグレクト）で、その割合は四倍、身体的虐待の割合は二倍に増加した。

子どもにとって、家族と引き離されないことはきわめて重要である。女性兵士の三八パーセント、男性兵士の四一パーセントには子どもがおり、その子どもの四〇パーセントは五歳未満である。二〇〇万人以上の子どもが親の派兵によって直接の影響を受けている。[40] 子どもにとって、自分を守り育ててくれる親がそばにいないことの不安は大きい。職業軍人家庭のように、親の不在が日常生活に組み込まれている場合でも、子どもたち、とりわけ幼い子どもにとって親が派遣されることは、大きな環境の変化であり、泣き止まないなど不安定な精神状態になる。家庭での教育方法も親の不在によって変化を迫られる。[41] 学齢に達しないような幼い子どもは、親が家からいなくなることについて、自分が原因だと感じてしまう。しつけの難しい年頃の子どもがいる場合には、さらに深刻な問題である。思春期の子どもには、心身の発達途上にともなう不確実性に加えて親の派兵は不安定さを増す。[42]

軍人・兵士を親にもつ子どもへの調査によると、派兵されている親をもつ子どもは、ストレスに対応する方法として「誰かと喧嘩する」、「つめを嚙む」、「白昼夢にふける」などを挙げ、もっともよい方法として、「誰かと喧嘩する」、「どなる、叫ぶ」と答えている。同様の質問に、親が予備役で、派兵されていない子どもは、「それ〔ストレス〕について何かをする」と答えており、「リラックスするよう努める」ことがよい方法だとしている。「戦争が起こったら家族に何が起こるか」という質問には、一般家庭の子どもたちに比べて多くの軍人・兵士の子どもが、親（一人あるいは両親）が戦争に行き、死んでしまうと考えており、不安・恐怖を感じている。[43] 両親がともに派遣されてしまい、一度に両親から引き離された子どもたちもあった。アメリカ国防総省によると、一人親兵士の数は、湾岸戦争時であった一九九二年の四万七六八五人から二〇〇三年には九万人へと、ほぼ倍増している。

州兵の場合は一般社会において職業についている人が動員されるため、派兵されている間に自営業を続けることができなくなったり、職を失うなどの問題が生じる。兵士が稼ぎ手であった場合、家族は経済的に困窮する。

戦場から「無事に」戻り再会を喜びあう家族であっても、苦悩は終わらない。兵士は、戦場での経験のために、自らの親しい人たちに深刻な影響を及ぼす。対人関係で重大な攻撃性を見せる可能性は、過去一年以内に派遣された兵士の方が、派遣されなかった兵士に比べて大きい。[44] また、軍隊での訓練や戦闘で身につけた攻撃性は、パートナーとの関係に否定的に作用する傾向が見られる。配偶者への暴力について、軍人と民間人を統計的に比較すると、とくに深刻な虐待は軍人の方が多い。[45] 二〇〇二年には北カリフォルニアのブラッグ基地で、四人の女性が夫に殺されている。[46]

親が帰還し、ふたたび一緒に暮らすことは、子どもにとってはまた新たな環境への適応を迫られることを意味する。親の帰還は、子どもたちが親の不在の間に担っていた責任から解放されるという側面がある一方で、自らが行使していた権限を失うことでもあり、精神的なストレスともなる。

親が心身に傷を負っている場合はなおさら、子どもたちにふりかかる困難は大きくなる。親がトラウマに苦しむ姿を見て、同じような症状を発症する（二次的トラウマ化）こともある。[47] 子どもは、親が幸福ではないのは自分が悪いからだと、自分を責めてしまう。先述のように、親から肉体的・精神的に虐待される場合も少なくない。自分に対する親からの低い評価を内面化させてしまい、自尊感情をもてないこともある。さらに、この子どもたちは、友人関係を構築したり維持することがむずかしい。親に必ずしもＰＴＳＤの症状がなくとも、無関心、無感情といった症状は、子どもとかかわる意力も、交わりを楽しむ能力も低下させ、子どもとの関係性の質が下がる。このような環境が子どもにもたらす影響は、計り知れない。親がヴェトナム戦争中に行なった虐待行為と、一五―二〇年後の子どもの行動障害には明確な関連が認められるとする研究もある。[48]

六　帰還兵および家族による反戦運動

アメリカ軍兵士・帰還兵は、軍内外で反戦運動を行なってきた。特にヴェトナム戦争時には、多彩な活動が展開された。一九七〇―七一年には、徴集された四人に一人が、反戦ビラ、反戦カフェ、サボタージュなど何らかの不服従・反戦活動に関わっていた。[49] 当時は徴兵制であったため、多くの人々――社会的に恵まれた環境にある人々も含め――が直接の当事者であった。「反戦ヴェトナム戦争帰還兵の会（Vietnam Veterans Against the War: VVAW）」[50] による戦場の実情を知らせる活動は、アメリカ社会において広く人々の注目を集めた。しかしながら、現在は志願制であり、すべての兵士は「自由意思」で入隊しているため、現役の兵士が反戦の活動に関わりにくい。「対テロ戦争」では、戦場を経験した帰還兵による運動だけでなく、兵士の家族らによる反戦運動が登場した[51]。

二〇〇二年に結成された「声を上げる軍人家族の会（Military Families Speak Out: MFSO）[52]」は、軍に親族あるいは愛する人をもつ、イラクおよびアフガニスタンでの戦争に反対する人々の組織である。「家族や愛する人を軍人・兵士にもつ人間として、私たちには、イラクでの戦争に反対する特別の必要性と無比の役割がある。現在戦場にある、かつていた、これから赴くであろう人々は私たちの愛する人々である。死傷の危険にあるのは、私たちの愛する人々である。その経験から傷つき帰還してくるのは、私たちの愛する人々である。無実のイラク市民の負傷・死とともに生きていかなくてはならないのは、私たちの愛する人々である」として、イラクの人々も、アメリカ軍兵士も、そしてその家族も愛する人をもつ同じ人間であることを強調している。現在では、およそ四〇〇〇の家族が加わっている。彼らは、アメリカ全土のみならず、英国など他国の軍人家族ともつながりをもつ。二〇〇三年八月にMFSOは、一九八五年に核兵器拡張競争に抗議する帰還兵によって設立された「平和のための帰還兵の会（Veterans for Peace: VFP）[53]」のメンバーらとともに「ただちに兵士たちを故郷に還せ（Bring Them Home Now）」キャンペーンを展開した。

二〇〇四年七月には、VFPの助言協力を得て、「反戦イラク帰還兵の会（Iraq Veterans Against the War: IVAW）[54]」が結成された。イラクからの全占領軍の即時かつ無条件の撤退、すべての退役軍人および現役軍人に対する医療保障その他の給付、イラク国民への賠償をその活動の目的としていた。IVAWは、二〇〇八年三月、メリーランド州で公聴会「冬の兵士――イラクとアフガニスタン　占領の目撃者」を開催した。これは、一九七一年、ヴェトナム戦争時にミシガン州でVVAWが開催した冬の兵士公聴会にならったものである。帰還兵、現役兵、家族ら二〇〇人以上が集い、四日間にわたって数十人が証言した。

これらの反戦運動は、帰還兵自身の尊厳を回復するという意味もある。IVAW創設者のひとりで、コロラド陸軍州兵憲兵部隊の一員として、二〇〇三年三月から〇四年二月までイラクで服務したケリー・ドーアティによれば、「私たちの組織は、癒しと、自分自身がすでに失ったと思っていた自身の再生を意味するとともに、他の人たちを苦しめた自分の役まわりを償うことや、相互に支援し合い、母国のために立ち上がり続けることも意味している」[55]。ある会員は、海兵隊におけるすべての軍務よりＩＶＡＷでの仕事に誇りを感じる、とも語っている。

「平和のための戦没兵士家族の会（Gold Star Families for Peace）」は、二四歳だった息子ケーシー・シーハンを二〇〇四年にイラクのサドル・シティで亡くしたシンディ・シーハンらによって、〇五年に設立された。彼女は、息子の写真を手に「私は彼ら〔国防総省〕に、国防長官の政策の結果を見せたかった」と語っている。彼女にとって、息子の死を意味のあるものにすることは、戦争を終わらせることであり、彼女は、アメリカ各地はもちろん、海外でも活発な反戦活動を行ない、イラク反戦運動の象徴的な存在となった[56]。

これらの運動に共通するのは、「敵」であるイラクやアフガニスタンの人々にも思いを寄せている点である。「大義のない戦争で傷つき、愛する人を失う」という共通点から、彼らは同じ境遇にある人々に連帯感を抱く。家族を大切に思う気持ち、かけがえのない存在を失う痛みは、敵味方を問わない。彼らは、イラクを訪れ、家族を失った何人ものイラク人と語りあっている。

これらの帰還兵、家族による平和運動とは、その理念、手法、会員数などにおいて対照的なのが、「アメリカイラク・アフガニスタン帰還兵の会（Iraq and Afghanistan Veterans of America: IAVA）」である。ＩＡＶＡは、イラク帰還兵であるポール・リークホフによって二〇〇四年に設立された。彼は、二〇〇四年にイラクから帰国したとき、帰還兵が悲惨な状況に置かれていることに衝撃を受け、この状況を変えることを目指して活動を始めた。メディアや金融・製造分野の大企業や基金から寄付金を集め、帰還兵の福利厚生に充てている。帰還兵同士が自由に語り、仲間とつながることができるようにソーシャル・ネットワークも開設している。二〇一一年には、一四万人の会員を有するまでに急成長した。IAVAは、連邦議員らに対して活発なロビー活動を行ない、帰還兵の利益となる立法に関わっており、主要メディアでも注目されている。[57] 二〇一一年の年次報告書では、寄付者は金額ごとにリスト化され、企業にとってIAVAは「よい投資先」であることが強調される。同報告書では、イラクおよびアフガニスタンで駐留アメリカ軍司令官を務めたアメリカ中央情報局（CIA）のデイヴィッド・ペトレイアス長官（当時）と誇らしげに握手する会員の姿を紹介している。[58]

七　おわりに

終わりの見えない「対テロ戦争」は、貧困や不安定な生活から抜け出そうする人々に、アメリカ軍への門戸を大きく開くことになった。多くの人々が、家族を支えることのできる生活をしたいというささやかな夢を抱いてアメリカ軍に「志願」した。しかし、入隊した彼らが、その夢を実現することは容易ではない。イラクやアフガニスタンに派兵された多くの若者が、戦場で心身ともに傷を負い、帰還後はさらなる貧困へと追いやられている。兵士らの心身の傷は、帰還した後も長期間にわたって、自分自身のみならず家族をも苛む。

少数ではあるが、軍隊での訓練や戦場での経験を活かして活動している人たちもいる。彼らは、高等教育を受け「自由意思」で入隊し、帰還後は軍隊で身につけたという「常に〔自分よりも〕大きな何かのために」という理念に基づき働こうとしている。先述のリークホフも、そのひとりだ。障害のある帰還兵のために家を建てたり、災害救助を行なったり、さらには、ケニアのスラムで子どもを支援するなど、「人々を直接的・実体的に助ける」活動を展開している。[59] これらの活動は、帰還兵である彼らにとって「治療」のようなプロセスだと感じられている。彼らは、「治療」の必要性は感じているが、「対テロ戦争」の是非は問わない。

その一方で、「対テロ戦争」そのものを疑問視して反戦運動を起こす人々もいる。ＩＶＡＷのドーアティは、つぎのように帰還兵による反戦運動を意義づけている。「死と破壊に加わり、心身に傷を負わせる行為に加担してきた同じ人々が、自らの経験を公正で平和な世界を築くために転換することは可能だ、と私たちは信じている」(60)。

しかしながら、「対テロ戦争」を担っている兵士は、アメリカの人口の一パーセントにも満たず、アメリカ社会は、帰還兵に大きな関心を向けているとは言いがたい。ヴェトナム戦争時にＶＶＡＷが行なったときとは異なり、ＩＶＡＷが開催した「冬の兵士」公聴会を主要メディアは報道しなかった。リークホフが帰国したときに目にしたのは、アメリカ軍とその他の人々との断絶だった。彼には、「アメリカ軍が戦争をしているとき、アメリカ人は買い物をしていた」(61)ように感じられた。「対テロ戦争」をめぐる評価の違いにかかわらず、帰還兵による活動組織が共通して目的としていることは、この戦争の実態と、それが引き起こす問題を直視するよう人々に働きかけることである。

(1)　本章では、アメリカ合衆国によるアフガニスタン、イラクへの軍事作戦に限定する。
(2)　Iraq Body Count, http://www.iraqbodycount.org/（二〇一三年五月一〇日）.
(3)　United Nations Assistance Mission in Afghanistan, *AFGANISTAN Annual Report 2012: Protection of Civilians in Armed Conflict* (Kabul: February 2013). アフガニスタンでは、Iraq Body Count のように民間人の犠牲者数の統計がない。二〇〇七年から国連アフガニスタン支援団が統計を公表している。
(4)　Iraq Body Count, http://www.iraqbodycount.org/（二〇一三年五月一〇日）.
(5)　現実には、この制度を利用するためには前金を支払う必要があり、また、高騰する学費のすべてを賄える額ではない。貧困世帯では、そもそも高校までに十分な学力を身につけられていない人も少なくない。怪我や病気で契約期間を全うできなかった場合、奨学金は受けられず、大学で勉強できる人は限られている。卒業する人はさらに少数にとどまる。

(6) The Development, Relief, and Education for Alien Minors (DREAM) Act. アメリカ軍は、人員不足を補い、グローバルな戦争に対応するために、移民を重要な人材供給源として位置づけている。Molly F. McIntosh and Seema Sayala, *Non-Citizens in the Enlisted U.S. Military*, CRM D0025768.A2/Final, November 2011.

(7) アメリカでは、陸軍、海軍、空軍、海兵隊および州兵、予備役兵も一体的に運用している。州兵については、公式ホームページ http://nationalguard.mil/ (二〇一四年九月二一日) 参照。

(8) Joshua Key and Lawrence Hill, *The Deserter's Tale: The Story of an Ordinary Soldier Who Walked Away from the War in Iraq* (New York: Atlantic Monthly Press, 2007)〔ジョシュア・キー『イラク米軍脱走兵、真実の告発』井手真也訳、合同出版、二〇〇八年〕. トレーラーハウスに住み、低賃金労働にしか就くことのできない若者が、「生きる手段」として入隊する様子を証言している。Jürgen Todenhöfer, *Andy und Marwa. Zwei Kinder und der Krieg* (München: Bertelsmann Verlag, 2005)〔ユルゲン・トーデンヘーファー『アンディとマルワ――イラク戦争を生きた二人の子ども』平野卿子訳、岩波書店、二〇〇八年〕。二〇〇一年六月に入隊し、イラクで〇三年四月に一八歳で戦死した若者は、重量挙げ用のグローブがほしくて、海兵隊の資料を請求したのだった。

(9) 経済的な貧困から、軍に登録する人々については、堤未果『ルポ貧困大国アメリカ』(岩波書店、二〇〇八年) 参照。堤が指摘するように、民間軍事会社によって派遣されるアメリカ人も少なくない。物資の輸送などの業務を請け負う軍事会社で働いているのも、貧困にあえぐ人々である。民間人は、軍人ではないとされるが、劣悪で危険な環境で勤務している。彼らは、帰還兵にも、戦死者にも数えられない。彼らのように、復員軍人省が提供するサービスからも排除される人々の存在も忘れてはならない。

(10) Amy E. Street, "A New Generation of Women Veterans: Stressors Faced by Women Deployed to Iraq and Afghanistan," *Clinical Psychology Review*, vol. 29 (2009), p. 686.

(11) Sean C. Sheppard, Jennifer Weil Malatras, and Allen C. Israel, "The Impact of Deployment on U. S. Military Families," *American Psychologist*, vol. 65, no. 6 (September 2010), p. 600.

(12) Charles W. Hoge, Carl A. Castro, Stephen C. Messer, Dennis McGurk, Dave I. Cotting, and Robert L. Koffman, "Combat Duty in

Iraq and Afghanistan, Mental Health Problems, and Barriers to Care," *New England Journal of Medicine,* no. 351 (2004), pp. 13–22.

（13）Peter W. Singer, "Fighting Child Soldiers," *Military Review* (May–June, 2003), p. 26.

（14）バグダッドにある米軍戦闘支援病院へ運び込まれた子どもたちのうち、八歳以下の子どもで敵戦闘員と判断されたケースはなかったが、九―一七歳では六六名中一〇名（約一五パーセント）が敵戦闘員とみなされた。Renee I. Matos, John B. Holcomb, Charles Callahan, and Philip C. Spinella, "Increased Mortality Rates of Young Children With Traumatic Injuries at a US Army Combat Support Hospital in Baghdad, Iraq, 2004," *Pediatrics,* vol. 122, no. 5 (November 2008), pp. 961–962.

（15）*Child Soldiers: Implications for U. S. Forces*（*Seminar Report,* November 2002）, Center for Emerging Threats and Opportunities Marine Corps Warfighting Laboratory, p. 7.

（16）Matthew Cox, "War Even Uglier When a Child Is the Enemy, A Boy Darts for a Weapon, and a Young Soldier Must Make a Wrenching Decision," *USA Today,* April 8, 2003.

（17）Anne Leland and Mari-Jana "M-J" Oboroceanu, *American War and Military Operations Casualties: Lists and Statistics*（*Congressional Research Service,* February 26）, 2010, pp. 17–18.

（18）Ursula A. Kelly, Kelly Skelton, Meghna Patel, and Bekh Bradley, "More Than Military Sexual Trauma: Interpersonal Violence, PTSD, and Mental Health in Women Veterans," *Research in Nursing & Health,* DOI: 10.1002/nur.20453, July 2011, p. 1.

（19）Kristin M. Mattocks, S. G. Haskell, E. E. Krebs, A. C. Justice, E. M. Yan, and C. Brandt, "Women at War: Understanding How Women Veterans Cope with Combat and Military Sexual Trauma," *Social Science & Medicine,* vol. 74 (2012), p. 538.

（20）Sheppard, Malatras, and Israel, "The Impact of Deployment on U.S. Military Families," p. 603.

（21）戦闘による兵士の直接的、長期的な精神的被害については、市川ひろみ『兵役拒否の思想――市民的不服従の理念と展開』（明石書店、二〇〇七年）、四六―五五頁参照。

（22）C・R・フィグレー編『ベトナム戦争神経症』（辰沼利彦監訳、岩崎学術出版、一九八四年）ほか。

（23）たとえば、Karen J. Reivich, Martin E. P. Seligman, and Sharon McBride, "Master Resilience Training in the U. S. Army," *American Psychologist,* vol. 66, no. 1 (January 2011), pp. 25–34.

(24) Stephen T. Mernoff and Stephen Correia, "Military Blast Injury in Iraq and Afghanistan: The Veterans Health Administration's Polytrauma System of Care," *Medicine & Health*, vol. 93, no. 1 (January 2010), p. 16.

(25) 兵士が戦闘に関連する負傷で死亡する割合は、第二次世界大戦では、一・六五人に一人、ヴェトナム戦争では二・六人に一人、アフガニスタン戦争では四・四人に一人、イラク戦争では七・三人に一人にまで減少している。Leland and Oboroceanu, *American War and Military Operations Casualties*, p. 9.

(26) Karyn Dayle Jones, Tabitha Young, and Monica Leppma, "Mild Traumatic Brain Injury and Posttraumatic Stress Disorder Assessment and Diagnosis," *Journal of Counseling & Development*, vol. 88 (Summer 2010), p. 372.

(27) 二七九七名のイラク帰還兵を対象として二〇〇五年一一月から〇六年六月に行なわれたアメリカ軍医療施設における派遣後スクリーニング調査によるデータにもとづく。Shira Maguen, Barbara A. Lucenko, Mark A. Reger, Gregory A. Gahm, Brett T. Litz, Karen H. Seal, Sara J. Knight, and Charles R. Marmar, "The Impact of Reported Direct and Indirect Killing on Mental Health Symptoms in Iraq War Veterans," *Journal of Traumatic Stress*, vol. 23, no. 1 (February 2010), pp. 88–90.

(28) Robert Rosenheck and Alan Fontana, "Transgenerational Effects of Abusive Violence on the Children of Vietnam Combat Veterans," *Journal of Traumatic Stress*, vol. 11, no. 4 (1998), p. 732.

(29) Brett T. Litz, "The Unique Circumstances and Mental Health Impact of the Wars in Afghanistan and Iraq," http://www.ptsdsupport.net/PTSD_a_new_generation.html（二〇一四年九月二二日）.

(30) 二〇〇七年一一月—〇八年五月に行なわれた、義務的な派遣前医学判定調査による二五四三名のニュージャージー州兵のデータにもとづく。二五パーセント近くが少なくとも一回以上イラクあるいはアフガニスタンに派兵された経験があった。複数回派兵された兵士は、派兵されたことのない兵士に比べて、ＰＴＳＤや深刻なうつ状態と判定される人が三倍以上、慢性的な痛みは二倍以上で、対象の九〇パーセントの人が、一般的な身体的機能を下回っていた。Anna Kline, Maria Falca-Dodson, Bradley Sussner, Donald S. Ciccone, Helena Chandler, Lanora Callahan, and Miklos Losonczy, "Effects of Repeated Deployment to Iraq and Afghanistan on the Health of New Jersey Army National Guard Troops: Implication for Military Readiness," *American Journal of Public Health*, vol. 100, no. 2 (February 2010), pp. 276–283.

（31） Kathleen E. Bachynski, Michelle Canham-Chervak, Sandra A. Black, Esther O. Dada, Amy M. Millikan, and Bruce H. Jones, "Mental Health Risk Factors for Suicides in the US Army, 2007–8," *Injury Prevention*, 2012, DOI: 10, 1136/injuryprev-2011-040112.

（32） 全米ホームレス帰還兵連合（National Coalition for Homeless Veterans）による。http://nchv.org/index.php/news/media_information/（二〇一三年五月一二日）。合衆国住宅都市開発省（the U. S. Department of Housing and Urban Development）によると、二〇一二年一月のある所定の日に六万二六一九人の帰還兵がホームレスとして路上にあった。Jason Kravitz, "HUD Reports Slight Decline in Homelessness in 2012," HUD, no. 12-191 (December 10, 2012).

（33） *Homeless Incidence and Risk Factors for Becoming Homeless in Veterans* (*Department of Veterans Affairs Office of Inspector General*), Report no. 11-03428-173 (May 4, 2012).

（34） Street, "A New Generation of Women Veterans," p. 687.

（35） 高倉基『母親は兵士になった――アメリカ社会の闇』（日本放送出版協会、二〇一〇年）、一六九―一八九頁。

（36） Street, "A New Generation of Women Veterans," p. 692.

（37） Tom Leonard, "US Army In Battle to Cut Divorce Rate," *Telegraph* (December 31, 2004), http://www.telegraph.co.uk/news/worldnews/northamerica/usa/1480120/US-army-in-battle-to-cut-divorce-rate.html（二〇一四年九月二一日）.

（38） Lea Shamgar-Handelman, *Israel War Widows: Beyond the Glory of Heroism* (Massachusetts: Bergin and Garvey Publischers, 1986); Peter J. Mercier and Judith D. Mercier, eds., *Battle Cries on the Home Front: Violence in the Military Family* (Springfield: Charles C. Thomas Publisher, 2000); Donna Moreau, *Waiting Wives: The Story of Schilling Manor, Home Front to the Vietnam War* (New York: Atria Books, 2005), Shaul Kimhi and Hadas Doron, "Conscripted without Induction Order: Wives of Former Combat Veterans with PTSD Speak," *Psychology*, vol. 4, no. 3 (2013), pp. 189–195 ほか。

（39） 調査対象となった家族には、結婚していない親、将校、両親ともに兵士である家庭は含まれていない。Deborah A. Gibbs, Sandra L. Martin, Lawrence L. Kupper, and Ruby E. Johnson, "Child Maltreatment in Enlisted Soldiers' Families During Combat-Related Deployments," *The Journal of the American Medical Association*, vol. 298, no. 5 (August 1, 2007), pp. 528–535.

（40） Sheppard, Malatras, and Israel, "The Impact of Deployment on U. S. Military Families," p. 599.

（41）宮西香穂里「従軍する日本人妻」、青弓社編集部編『従軍のポリティクス』（青弓社、二〇〇四年）、一九一―二一四頁参照。

（42）Angela J. Huebner, Jay A. Mancini, Ryan M. Wilcox, Saralyn R. Grass, and Gabriel A. Grass, "Parental Deployment and Youth in Military Families: Exploring Uncertainty and Ambiguous Loss," *Family Relations*, 56 (April 2007), pp. 112–122.

（43）Nancy A. Ryan-Wenger, "Impact of the Threat of War on Children in Military Families," *American Journal of Orthopsychiatry*, vol. 71, no. 2 (April, 2001), pp. 240–242.

（44）その割合は派遣の期間が延びると高くなる。派遣されない場合と比較して、三カ月以内の派遣では比較的軽い虐待は〇・七九パーセント、三―六カ月で一・七六パーセント、六―一二カ月の派遣では四・七六パーセント増加する。激しい虐待では、それぞれ一五・八パーセント、二六・四パーセント、三四・九パーセントの増加が見られた。一九九〇年から九四年に行なわれた二万六八三五名の家庭をもつ男女の兵士を対象にした調査による。James E. McCarroll, R. J. Ursano, X. Liu, L. E. Thayer, J. H. Newby, A. E. Norwood, and C. S. Fullerton, "Deployment and the Probability of Spousal Aggression by U. S. Army Soldiers," *Military Medicine*, vol. 165, no. 1 (2000), pp. 41–44.

（45）夫から妻への虐待のうち軽い虐待については民間人と軍人に大きな差はなく、ともに約一〇パーセントであるのに対して、深刻な虐待についてはそれぞれ〇・七パーセントと二・五パーセントである。*Ibid*., p. 44.

（46）Leonard, "US Army in Battle to Cut Divorce Rate".

（47）二次的心的外傷の症状は、ＰＴＳＤのある第二次世界大戦・ヴェトナム戦争の帰還兵やホロコーストの生存者の子どもにも見られる。三―四歳の子どもが親のするように、飛行機やヘリコプターが飛んでいるとベッドの下に隠れたり、戦争の悪夢にうなされ、死傷することを恐れたりする。ＰＴＳＤのあるヴェトナム帰還兵を親にもつ子どもが受けるさまざまな影響については、Aphrodite Matsakis, *Vietnam Wives: Facing the Challenges of Life with Veterans Suffering Post-Traumatic Stress* (Baltimore: The Sidran Press, 1996), pp. 228–277 ほかを参照。

（48）Rosenheck and Fontana, "Transgenerational Effects of Abusive Violence on the Children of Vietnam Combat Veterans," pp. 351–357.

(49) David Cortright, *Soldiers in Revolt: GI Resistance During the Vietnam War* (Chicago: Haymarket Books, 2005), p. 270.「対テロ戦争」に対する軍内の反対の動きについては、以下を参照。Ann Wright and Susan Dixon, *Dissent: Voices of Conscience* (Kihei, Hawai'I: Koa Books, 2008), pp. 113–191.

(50) ＶＶＡＷの活動については、Andrew E. Hunt, *The Turning: A History of Vietnam Veterans Against the War* (New York: New York University Press, 1999) を参照。

(51) 市川『兵役拒否の思想』、五九―七七頁。

(52) http://www.mfso.org/main_f.html（二〇〇五年一月三一日）

(53) ＶＦＰは、帰還兵が自らの経験を生かして、声を上げることで、平和の文化を築くことを目指している。帰還兵支援、戦争被害者への支援を行ない、すべての戦争を終わらせるために非暴力によって活動することを宣言する。イラクでの水プロジェクト、ボスニアの子どもへの医療支援など、戦争の傷を癒やす活動に資金を提供している。アメリカ軍兵士に良心的兵役拒否の申請を勧める活動も行なっている。二〇〇三年には、八〇〇〇人の会員を有するようになった。http://www.veteransforpeace.org（二〇一三年五月九日）

(54) http://www.ivaw.org/（二〇一三年五月九日）、アメリカ各地に三四の支部を有する。

(55) Iraq Veterans Against the War and Aaron Glantz, *Winter Soldier Iraq and Afghanistan: Eyewitness Accounts of the Occupations* (Chicago: Haymarket Books, 2008)〔反戦イラク帰還兵の会、アーロン・グランツ『冬の兵士――イラク・アフガニスタン帰還米兵が語る戦場の真実』ＴＵＰ訳、岩波書店、二〇〇九年、八頁〕.

(56) Cindy Sheehan, *Peace Mom: A Mother's Journey through Heartache to Activism* (New York, London, Toronto, Sydney: Atria Books, 2006).

(57) Joe Klein, "The New Greatest Generation," *TIME* (August 29, 2011), p. 32.

(58) *Annual Repot 2011: A Year of Impact*, http://media.iava.org/IAVA_2011_Annual_Report.pdf#search='Annual+Repot+2011%3A+A+Year+of+Impact+IAVA'（二〇一三年五月一〇日）.

(59) Klein, "The New Greatest Generation," pp. 30–35.

(60) 反戦イラク帰還兵の会、アーロン・グランツ『冬の兵士』、六—七頁。
(61) http://www.fastcompany.com/1719489/change-generation-paul-rieckhoff-founder-iraq-and-afghanistan-veterans-america（二〇一三年五月二九日）

3 イランと米国
――「文明間の対話」論をめぐって――

森田豊子

一 「文明の衝突」論と「文明間の対話」論

1 「文明の衝突」論

国際社会において冷戦が終わるとともに文明についての二つの議論が持ち上がった。ひとつは世界全体を「文明」という単位で分類し、文明間に生じる対立について述べる「文明の衝突」であり、もうひとつは「文明の衝突」に対して「文明間の対話」の必要性を説いている。これらの議論では国家を超えて存在する「文明」という単位が想定されている。このような単位を設定することで、どちらも世界の画一化を否定している。前者は「世界は分かれている、だから衝突する」といい、後者は「世界は分かれている、だから対話しよう」という。近代以降の国際関係における基本的な単位は国家だった。さらに、第二次世界大戦後の冷戦下においては、各国家がイデオロギーにもとづいて東西どちらかの陣営に属すると考えられ、一般にはその分類をもとに議論がなされてきた。

サミュエル・ハンチントンの「文明の衝突？」という論文[1]が米国の雑誌『フォーリン・アフェアーズ』に掲載されたのは一九九三年である。いまから約二〇年前、冷戦の終わりとともに世に出た議論だ。ハンチントンは「文明」という単位で世界を分けた。文明のうちのひとつ「西欧（Western）文明」には米国、欧州、豪州が含まれる。ハンチントンは、「西欧」の立場から、冷戦後の世界の分類を試みた。

論文発表から三年後にハンチントンは書籍のかたちで『文明の衝突』[2]を出版した。それによると、世界は「西欧」、「ラテンアメリカ」、「アフリカ」、「イスラーム」、「中国」、「ヒンドゥー」、「東方正教会」、「仏教」と最後に「日本」に分かれる。ハンチントンは「文明とは人間という種族（human tribe）を分類する最終的な枠組みであり、文明の衝突とはグローバルな規模における種族の紛争である[3]」としている。さらに、「異なる文明に属する集団間の関係が親密になることはめったになく、通常は冷淡で、多くの場合、敵対的である[4]」と考えている。異なる文明間には紛争が起きやすく、この紛争は二つのかたちをとる。ひとつは、地域的なミクロのレベルで起きるもので、文明の断層線（fault line）で起きるか、文明の隣国同士で起きる。また、一国のなかに異文明の集団があるときにも起きる[5]。もうひとつは、グローバルもしくはマクロのレベルで起きるものである。このレベルでは「中核国家（core state）の紛争が、異文明の主要な国家間に起きる[6]」としている。

ハンチントンは、冷戦が終わったからといって世界が画一化し、ひとつの「普遍的な文明」になるという主張を否定する。「普遍的な文明という概念は西欧文明に固有の産物である」とし、「普遍的文明という概念に助けられて、西欧文化が他の社会を文化的に支配することや、非西欧社会が西欧の生活習慣や制度を見習うことの必要性が正当化されている」ことを認める。さらに、「普遍主義は非西欧文化に立ち向かうための西欧のイデオロギーである」とも言っている[7]。「近代化は必ずしも西欧化を意味してはいない」とし、「非西欧社会は近代化することが可能だし、近代化するのに自らの文化を放棄し、西欧の価値観や制度や生活習慣などをすべて採用する必要はなかった。むしろ、後者はほとんど不可能だろう[8]」とも言っている。つまり、単純な「西欧化＝近代化」という近代化論を否定している。

しかし、だからといって「西欧」文明の立場から他文明との共存について考えるわけではない。ハンチントンは、世界はひとつの普遍的な文明になりえないという考え方をもとに、「西欧」と「イスラーム」の関係を論じる。両者の関係について、過去一四世紀のあいだもそうであったが「イスラームがイスラームであり（将来もそうだろうが）、西欧が西欧であり続ける（前者ほど確実ではない）限り、この二つの偉大な文明と生活様式における根本的(fundamental)な対立[9]」が存在すると言っている。すなわち、「西欧」と「イスラーム」であることが対立を生み出す原因だとしている。そのうえで、「イスラームと西欧の紛争に火をつける根本の原因」は異なった文明に所属する人間が、「自分たちの文化が普遍的であると確信し、たとえ衰えているにしても自分たちには優勢なパワーがあるために、その文化を世界に広げるべきだと考えている[10]」からだという。このような考え方からは、平和のためにお互いが歩み寄ったり、努力をしたりする余地は生まれてこない。

ハンチントンの議論は西欧文明の一員として述べられたものだ。対立軸としての「われわれ」対「他者」という構図において、「西欧」が「われわれ」であり、それ以外の文明は「他者」であるとし、これまで「西欧」が世界で優位を保ってきたが、その優位が揺らいできており、対応を迫られていると考えている。そこで、「「西欧」がこれまで通り世界での優位を維持するために、(一)核兵器、生物兵器、化学兵器とそれを撃つ手段について、不拡散、反拡散政策を通じて、自分たちの軍事上の優位を維持すること、(二)西欧で考えられているように人権を尊重し、西欧のような民主主義を受け入れるように他の社会に押し付けることで、西欧の政治的価値観と制度を推進すること、(三)非西欧人の移民や難民の数を制限して、西欧社会の文化的、社会的、民族的な高潔さを守ること[11]」が必要であるとしている。このようなあからさまな西欧中心主義からくる議論は、とくに非西欧の側から「文明間の対話」論というかたちの反発を生じさせることとなった。

2　「文明間の対話」論

『文明の衝突』が出版された次の年、つまり一九九七年にイランではセイイェド・モハンマド・ハータミーが大統領に当選している。彼はハンチントンの議論に対して「文明間の対話」論を提唱することで、「文明の衝突」論に異議を唱えた。[12] ハータミーが最初に「文明間の対話」について演説したのは、テヘランで行なわれたＯＩＣ（イスラーム諸国会議機構）のサミット（一九九七年）においてであった。[13] イランはイラン革命（一九七九年）後、国際的に孤立していた。革命と革命直後の米国大使館人質事件により、それまで強力な同盟関係を結んでいた米国と国交断絶した。また、革命の翌年にはイラクとの戦争が始まる。八年間続いたこの戦争で「イスラーム革命の輸出」を唱えるイランに対して、自国にも革命が波及することを恐れたアラブ諸国は、イランとの国交を絶ち、資金面などでイラクを支援した。現実派と呼ばれた当時のラフサンジャーニー大統領は、戦争中密かに米国と武器取引を行い、この事件は「イラン・コントラ事件」として国内外から大きな非難を受けた。米国との関係改善は絶望的となり、一九八八年の戦争終結後もイランの国際的な孤立状態に変化はなかった。

しかし、ハータミーが大統領に就任すると、国際社会はイランの変化を信じ始めた。一九九七年の年末にＯＩＣのサミットがテヘランで開催されることになった。ハータミーはこの場において「文明間の対話」を提唱し、イランはこれまでの外交政策を切り替えた。一九九九年にハータミーはサウジアラビア、シリア、カタールへの訪問を実現し、アラブ諸国との関係改善に成功する。そのときハータミーが打ち出したのが「文明間の対話」だった。ＯＩＣというイスラーム諸国が一同に会する場で認められた「文明間の対話」は、イスラーム諸国以外にも受け入れられることになる。一九九八年九月の第五三回国連総会においてもハータミーは「文明間の対話」についての演説を行ない、その後、国連では二〇〇一年を「文明間の対話年」にすることが決定した。

「文明間の対話」で前提とされているのは、多様な文明からなる世界である。ハータミーは、「どんな文化および文明も孤立した状態で発展することはなかった」とし、異なる文明間ではこれまでにも対話のような相互行為が存在してきたと考えている[14]。さらに、ハータミーはこのような「文明間の対話」がイスラーム世界から提唱されたことを強調する。「「文明間の対話」はムスリムおよびイスラーム諸国から提案されたものであり、世界で支持されたものである」として発信先を強調し、この考えが「諸国民、諸民族間の平等を受け入れることを意味している」と説明し、これまで西欧諸国による植民地支配などで劣勢にあったイスラーム諸国の人々が「自信を持った表れ」として提唱しているという[15]。

このような多様な価値観の存在を認める立場は、「自由」のとらえ方にも現われている。ハータミーは「「自由」には、画一化されたひとつのモデルがあると考えるべきではない」という。「自由の本質は変わらない一方で、異なる社会的な条件や歴史的経験を基礎にして、それぞれの国家は異なった体験を持っているはずで、そのため、自由を求める際にもそれぞれの方法や優先順位を選択できる[16]」としている。一般に自由は人権を考えるうえで重要であり、普遍的な価値とされるが、ハータミーは自由もまた文明によって多様であるとしている。一般に、西欧社会において宗教は自由に反するものだと考えられがちであるが、それは、西欧特有のもので「中世西欧では信仰心が理性や自由と相反するものである」とされてきたからだという[17]。ハータミーはイスラームと自由は両立するものであるとし、西欧社会の自由とイスラームの自由は別のものだと考えている。文明の変化の仕方についても多様でよいとしている。ハータミーは「われわれの社会は進化し、変化していかなければならない。しかし、西欧的な意味での発展が唯一の変化の仕方というわけではなく、それは単なる変化のうちのひとつにすぎないことを知っておく必要がある[18]」と述べている。

さらに、民主主義に関して、「われわれの市民社会においては、イスラーム的な思考や文化がその中心にあるが、そこからは、いかなる個人または集団が独裁化することも、多数派による横暴または少数派の排除が生じることもない。……イスラーム市民社会の市民は自分の運命を決定し、統治を監督し、政府への説明責任を求める権利をもっている」という。[19] このように、ハータミーはイスラーム市民社会というものを想定し、そこでの民主主義のあり方についても語っている。さらに、ハータミーは「われわれはこの明らかな道にそって進んでいる運動が、イスラーム革命の勝利のおかげではじまったものだと信じている」と言っており、このような「イスラーム市民社会」はイスラーム革命によって得られたものであると考えている。ハータミーは、イランの自由のかたちやイランの発展の仕方は、西欧のそれとは異なっているかもしれないが、イランはイラン独自のイスラーム市民社会を革命によって生み出し、革命後のイランにおいても民主主義が実現できているのだと述べている。

3　ハータミーの位置

このような「文明間の対話」を提唱したハータミー元大統領は、当時のイランのなかでどのような位置にいたのだろうか。イラクとの戦争後、一九八九年のホメイニー師の死去にともない、イランはポスト・ホメイニー期に入る。その後、戦後のイランの復興に力を注いだラフサンジャーニー大統領の任期満了にともなう一九九七年の選挙によって、選ばれたのがハータミーであった。イラン革命において国王打倒の運動に参加したのは、イランの宗教勢力だけではなく、リベラル派も左派もすべてが含まれていたが、革命後の戦時体制の中でホメイニー師を中心とする宗教勢力がイニシアティブをとるようになった。しかし、一九九〇年代後半になってくると、当時は一枚岩だと思われてきた革命を樹立した宗教勢力の中にも意見の相違が見られるようになってきた。その相違について松永泰行は「イスラーム革命左派」と「イスラーム革命右派」と分類した。松永によると、イラン革命後最初の一〇年のホメイニー期に「イスラーム共和党に参集していた、イスラーム革命体制とその指導者としてのホメイニーを支持する諸政治勢力間に生じた政治的・社会経済的な利害対立によって、イスラーム革命左派とイスラーム革命右派とに分かれる」という。

「イスラーム革命左派」とは「反コロニアリズム・被抑圧者救済を標榜し、国家の積極的な介入による政治経済構造の改革を通じた「イスラーム革命」福祉国家の建設を追及する」ものである。改革派の多くはこのような考え方を持つ。他方、「イスラーム革命右派」とは「ホメイニーの指導性を受け入れながらも、国家の介入を嫌い、個人の財産所有権の尊重とバーザールに代表される商業資本主義経済に根差した伝統的な社会経済的利害を代弁し、社会政治思想的には排外主義的な傾向の強い文化的な保守性をあわせもつ」ものであるという。[20] 一般には保守派と呼ばれる。改革派という言葉から、ハータミーが現在のイスラーム政権に反対して西欧化を目指しているように誤解されることがあるが、ハータミーも革命樹立に参加した一員であり、現体制を根本から変えようと考えているわけではない。あくまでも革命政権のなかでの意見の違いによって改革派という名がつけられているに過ぎない。

それでもハータミーは『文明間の対話』で、「重要な点は、解釈が凝り固まっていき、人々や社会の歴史的な記憶のなかに沈み込んでしまうにつれて、その解釈を変えることが難しくなり、伝統が神聖なものを身にまとっているととられてしまったりすると、変化がますます困難になっていくことだ。その場合、習慣や解釈に対するどんな批判や異議も神への冒瀆と受け取られてしまう[21]」と述べている。ハータミーは、体制を維持しつつも、体制内の守旧的な考えについては批判的である。たとえば、イスラームの守旧的な立場からは、女性の権利について「イスラームは女性を守る宗教であり、イスラーム体制のなかで女性の権利の問題は解決済み」と考えられてきた。[22] しかし、ハータミーは大統領選挙戦において、女性の権利についての主張も行なった。選挙戦におけるこのような発言が、若者や女性たちの心をとらえ、ハータミーはおおかたの予想を裏切って地すべり的に当選を果たした。ハータミーは、イスラーム体制の枠内であっても、時間の経過によって社会が変化することは当然であると考え、伝統的な解釈や習慣への批判や異議申し立てに道を開こうとしていたことがわかる。

ハータミーは国内に対しては改革を主張する一方で、国外に対しては対話を通じてイランの革命を理解してもらおうと努めた。彼はイラン革命について、「イスラーム革命はイラン人の国家とイスラーム共同体において重要な出来事であり、まさに、われわれの革命のおかげでわれわれの思考を支配していた多くの借り物の、つまり西欧の価値観を捨て去ることができたといえる。われわれの本当の歴史的、文化的なアイデンティティに気づくことを通して、われわれは自分たちの社会を統治するためのまったく新しい基礎を築いたのだ[23]」と評している。ハータミーが「多様な自由がある」と述べていたことについては、先に触れたとおりであるが、そのような多様な自由の存在は、革命体制の自由のとらえ方と一致する。つまり、「イスラーム的自由」が存在するという考え方だ。ハータミーは、西欧世界が考えている自由のことを「他者が欲するものと衝突しない限り、人間がその欲するままに行動するのを妨げるような障害を設けてはならない[24]」ことであるとする一方で、イラン革命を成し遂げたイラン人にとっての本当の自由とは「道徳的、精神的な成長を目指す間断ない努力と勇気を通してのみ実現される節制と高い道徳[25]」だとする。そして、そのことを理解するにはしかるべき教育が必要であるとしている。

二　米国とイラン

1　西欧とは異なる道

ハータミーはイランを理解してもらう一方で、イランもまた西欧文明を尊重するべきだと言った。これは、それまでの革命後の政権の立場とは異なっていた。イラン革命後に、ホメイニー師は米国を「大悪魔」と呼び、イラン政府は徹底した反米の態度をとってきた。しかし、ハータミーは「文明間の対話」をもとに、米国とも対話が必要だとした。ハータミーは大統領就任から半年後、米国のＣＮＮのインタビューを受けている。革命後のイランの大統領が米国のメディアに登場するのは、当時は珍しいことであり、そのこと自体がこれまでのイランの態度が軟化したことを表わしていた。ハータミーは、インタビューで米国建国からの歴史について述べ、その歴史のなかで米国が勝ち取った民主主義に対し「偉大なる米国人を尊敬します」という言葉を添えて評価している[26]。そして、ハータミーは、自由や独立を求めてきた米国は、イランの先駆けであり、革命を成し遂げたイランには文明の対話を通じて米国から学ぶべきものがあると言っている。このような態度は、これまでのイランの指導者たちにはなかった。

しかし、ここで気をつけなければならないことは、ハータミーは『文明間の対話』において、米国など西欧との対話は行なうが、イランが米国および西欧と同じになるべきであるとは言わない。前述のように、ハータミーは『文明間の対話』で、世界には多様な文明があり、そこには多様な自由のかたちや多様な民主主義のかたちがあるとしている。このような立場から、ひとつの例として米国の話をしている。世界がひとつの普遍的な文明になるのではなく、多様な文明のそれぞれが対話によって相互理解し、相互に尊重するべきであるという。ここで疑問となるのが、どうしてイランは西欧とは、とくに米国とは異なる道をとろうとするのだろうかということである。ハンチントンによれば、イランはイスラーム文明の一員だから西欧文明と対立するのは、当然だということになってしまうだろう。そうではなく、これらの問題を考えるときには、これまでの米国とイランの歴史にも目を向ける必要がある。

2　イラン革命前

先述のように、現在米国とイランのあいだに国交はない。革命前の米国とイランとの密接な関係について想像することすら難しい。第二次世界大戦後の米ソ冷戦期には、西側諸国のなかでも特に米国にとって、イランは重要な同盟国であり、イスラエルの友好国だった。パレスチナ問題を抱える米国にとって、イランは中東における貴重な親イスラエル国家であった。イランは多民族国家ではあるが、多数派はペルシア人であり、パレスチナ人と同じアラブ人ではない。また、西欧化を目指す当時のイランの国王にとって、パレスチナの人々を「同じイスラーム教徒であるから」という理由で支援するよりも、米国との関係を良好に保つ方が重要視された。

また、イランには豊富な石油資源があり、米国にとって石油の安定供給のためにも重要な国であった。石油から得た資金をもとに、西欧化を目指す国王は米国から最新兵器を購入した。イスラエルを支援する米国は、同様の武器をアラブ諸国に流通させることはできなかったが、中東において紛争が起きたときには、直接、米国軍を派遣するのではなく、これらの武器を使ってイラン軍が対応すればいいと考えられていた。

しかし、米国にとってイランが重要な同盟国であることと、イランが民主的な国家であるべきだということは、同義ではない。現代世界では民主主義が普遍的な価値であり、民主化が重要であるということが疑われることはあまりない。しかし、民主化が重要であると強く主張している国家であっても、同盟相手国の民主化が自国の国益に反するかもしれないと考えられる場合には、民主化することを邪魔しないまでも、非民主的な状況に特に異議申し立てを行なわないという方法がとられる。

実際に米国は、西欧諸国の人々には当然に認められている言論の自由や政治活動が抑圧されていたとしても、同盟国との関係を維持するために、その体制の指導者たちを見逃し、擁護してきた。たとえば、中東産油国には現在も王政の国がある。サウジアラビアでは成文化された憲法は存在せず、立法権のある議会も存在せず、国王に進言、勧告・提案を行なう諮問評議会のみが存在するだけである[27]。それにもかかわらず、サウジアラビアに対してあえて民主化を促そうとするような動きは米国にはない。国王との良好な関係が築けていれば、石油の安定供給という国益は達成できるからだ。

米国による同様の対応は、革命前のイランにおいても見られる。たとえば、民主化を望む国民の運動が阻止された例のひとつとしてイランにおける石油国有化運動をあげることができる。イランの石油は一九〇一年に英国人ウィリアム・ダーシーが、当時の国王（ガージャール朝モザッファロディーン・シャー）から獲得した利権にもとづき石油事業の操業が行なわれ、その利益の多くが英国に流れる仕組みになっていた。一九四五年に父親（パフラヴィー朝レザー・シャー）から王位を継承したパフラヴィー朝第二代国王モハンマド・シャー・パフラヴィーは、一九四九年にイランの石油事業を担っていたアングロ・イラニアン石油会社（ＡＩＯＣ）と利権の契約内容に関する協定を結ぶ[28]。その結果、利権を根拠に英国がイランの石油を独占していることに対して憤慨していたイランの国民たちのあいだで、ナショナリズム運動が高まった。また、この協定によって国王と英国の結びつきが疑われた。同時に、王位継承後に国王が、英国の支援を得て、自らの権力強化を少しずつ進めようとしている様子も見られた。国王の独裁を危惧していた国会議員たちは、モハンマド・モサッデクを中心に「国民戦線」を結成し、一九五一年に石油国有化に関する法案を可決することで、イランが英国から受ける影響力の低下と国王の権力の低下を目指した。

この法案成立後、モサッデクと国王の対立は激化する。国民の圧倒的な支持を得ていたモサッデクであったが、国有化宣言のあと、石油メジャーがイランの石油の購入をボイコットするように世界に呼びかけ、イランの石油収入が減少し、イラン経済が混乱したことで、国民の支持が揺らいできた。米国では一九五三年に民主党から共和党への政権交代により、ドワイト・アイゼンハワーが大統領になった。アイゼンハワーは、石油国有化運動以前に国王によって非合法化されていたイランの共産党、トゥーデ党が、この運動に参加することを危険視した。そこで、米国はイラン国王の国外逃亡中に、ＣＩＡ（アメリカ中央情報局）主導による反モサッデクのクーデターを敢行した。モサッデク政権が打倒されると、国王は戻ってきた。この運動後、イランでは国王の独裁化が本格化することになる。イランの石油は、ＡＩＯＣからコンソーシアムという合弁会社へとその利権が移った。新たな会社には、米国の石油会社も参入することになった。

3　イラン革命後

イラン革命の発端は、国王が一九六三年に国民に向けて発表した白色革命であった。白色革命には、農地改革や女性参政権などの上からの西欧近代化政策が盛り込まれていた。しかし、反体制派の言論は徹底的に抑圧され、秘密警察による監視や政治犯への拷問が行なわれていた社会において、国王が上から推進する西欧近代化政策は反発を招くだけであった。また、これらの政策は、宗教界からの反発も喚起した。国王に対する反対運動を理由に、ホメイニー師は国外追放となった。石油の富は、国王とその周辺の人々が独占し、米国から高額な兵器を購入する代金に使用された。都市と地方の格差は大きく、大都市テヘランには、地方で暮らしていけない多くの貧困層が流入した。

一九七八年頃から、イラン各地でデモやストライキが激しくなってきた。国王はデモ隊に向かって発砲し、その犠牲者の追悼のためにふたたびデモが行なわれた。革命の指導者ホメイニー師は亡命先のフランスから全世界に向けて革命の正当性を主張し続けた。デモやストライキによって国内が混乱し、国王が病気療養のために国外に脱出することになった。それを機にフランスからホメイニー師が帰国して、イラン革命が成就する。一九七九年二月のことだった。

米国は前回の石油国有化運動のときのように介入して国王を救うのか、それとも革命派との新たな関係を築くのかの選択を迫られた。そのとき、国王が病気治療のために米国入りするかもしれないという情報が流れると、すぐに革命派の若者たちが米国大使館になだれこみ、大使館員を人質にとるという前代未聞の事件が勃発する。当時の米国大統領だったジミー・カーターは人質救出作戦を決行したが、派遣された軍用機は砂漠に墜落し、作戦は失敗した。その責任を取るかたちでカーターは二期目の再選を果たすことはできなかった。

革命後にはイランの石油事業はすべて完全に国営化され、この事業に関する決定にあたっては国会で可決後に、監督者評議会においてイスラームにかなっているのかどうかの判断を受けることになった。これまで石油コンソーシアムでイランの石油事業に参入していた米国の石油会社はすべて排除された。このことは米国の国益に反することであった。さらに、革命後にイランはイスラエルとの国交も断絶した。イランからは多くのイラン系ユダヤ人がイスラエルへの移住を余儀なくされた。革命によって米国は中東に位置するイスラエルの重要な同盟国をひとつ失った。これらの理由によって、米国の国益に反するイラン革命後の「イスラーム共和国」体制は、米国にとってただちに体制変換を必要とする国家となった。

革命後のイランは「イスラーム共和国」という特殊な政治体制をとることになった。イランでは大統領（行政）、司法、立法の三権分立がなされているが、その制度の上に最高指導者という地位が存在し、また立法機関で決定した法律がイスラームにかなっているのかどうかを決定する監督者評議会や、議会と監督者評議会の調整を行なう公益判別評議会などの機関を別に設けている。これらの機関を設けることで、イスラームにかなった国家体制であるということになっている。このような国家体制が民主主義であるのかどうかについては、さまざまな議論がなされている。大統領は直接選挙で選ばれ、国民議会、地方議会の議員も選挙で選ばれる。最高指導者を選出し、監督する専門家評議会のメンバーもまた選挙で選ばれる。しかし、このようなイランに特有の政治体制について、米国などは「非民主主義国家である」として体制転換を迫っている。また米国にとっての革命後のイランは「悪の枢軸」の一員であり、「ならず者国家」であり、「テロ支援国家」である。

エドワード・サイードは、米国大使館人質事件時の米国のメディアの状況について、「大使館占拠の直後、イランは夜のテレビ・ニュースの大きな部分を占めた。五、六カ月にわたってＡＢＣテレビは毎日夜おそく、「人質になったアメリカ」という特別番組を組み、ＰＢＳテレビの「マクニール・レーラー・レポート」もこの危機について前例のないほどの多くのショーを流した」と述べている。[29] 米国では、大使館人質事件の報道を通じて、イランの政治体制がいかに狂信的なものなのか、イランで国王派の人々がいかに残虐なかたちで処刑されているのかについて、毎日のよ

うに報道され続けた。このような報道は米国の人々にとっての革命後のイランのイメージ形成に大きな影響を与えている。(30)

三　「文明間の対話」論の行方

1　対話の始まり？

ハータミーの目的は文明の多様性を相互に認め、対話によって共存を図ることだった。ハータミーはイラン革命後のイスラーム体制の枠内で「文明間の対話」を主張した。西欧もイスラームも相互理解、相互の尊重をもとにして、対話を行なうことで問題の解決を図るというのが「文明間の対話」の趣旨である。「文明間の対話」を提唱して西欧諸国との関係改善を図ろうとしたハータミーの登場によって、米国の態度も軟化してきたかに見えた。二〇〇〇年の三月には当時のマデレーン・オルブライト米国国務長官が、イランの石油国有化運動で当時のモサッデク首相がクーデターによって失脚した事件について、ＣＩＡの関与を公式に認めて謝罪を行なっている。その後、イランからのピスタチオと絨毯の輸出が認められるなど、経済的な交流が始まろうとしていた。

当選の経緯からもわかるように、当時のハータミー大統領の国内の支持基盤は強固なものではなかった。ハータミーは行政府の長であったが、司法府、軍、国営メディアなどはすべてアリー・ハーメネイーを中心とする保守派が掌握していた。ハータミーにとっては国民からの支持だけではなく、米国をはじめとする西欧諸国との良好な関係構築による経済の立て直しと、西欧諸国からの支援が頼みの綱であった。国民の期待をもとにした支持によって大統領に反発する保守派をハータミーはかろうじて抑えてきた。

2　九・一一事件

そのような折に米国で起きたのが二〇〇一年の九・一一事件であった。ハータミー大統領はこの事件にあたって翌日には犠牲者に対する哀悼の意を表した[31]。さらに、米国が「テロとの戦争」を宣言し、多国籍軍が同年一〇月にアフガニスタンに侵攻したときも、イラン政府は米国を非難しなかった。アフガニスタンのターリバーンとイランは敵対関係にあったとはいえ、アフガニスタン人のほとんどはイスラーム教徒であった。イランは米国との関係改善のために冷静に対処した。そのため、二〇〇二年一月に当時のジョージ・W・ブッシュ米国大統領がイランをイラクと北朝鮮とともに「悪の枢軸」と名指ししたことに、ハータミー大統領だけでなく、イラン国民も驚き失望した。

さらに米国はイランが「テロ支援国家」であるとし、イランの核開発は核兵器の製造につながるもので、世界の脅威であるとした。先に触れたCNNとのインタビューにおいて、イランの核問題について質問を受けたハータミーは、「われわれは核兵器不拡散条約（NPT）のメンバーであり、国際原子力機関（IAEA）の公式メンバーであり、査察を受け入れている。核兵器を製造する計画を持たないし、原子力を平和目的にだけ利用することを目的としている」と答えている。これは、現在も一貫して変わらないイラン政府の公式見解である。

しかし、実際には「悪の枢軸」発言後の二〇〇二年夏に公表されていない核施設の存在がイランの反体制派によって明らかにされた。ここからイランの核開発疑惑の問題が始まる。この問題に対して米国は交渉のテーブルにつかなかった。その代わりに英国、フランス、ドイツの外相がテヘランを訪れてハータミーとの交渉が始まった。この交渉によってイランはウランの濃縮活動を停止するIAEAの追加議定書に調印する。

二〇〇一年から〇六年まで英国の外相だったジョン・ストローは、この交渉にあたったひとりである。二〇一三年にBBCで彼の自伝が出版されたことが報道されたが、この報道によると、その自伝には「もし、米国がイランの複雑な権力関係の状況をもう少し詳しく理解していたとしたら、ハータミーを支援していただろう」と書かれているという。さらに、「米国のイランに対する見方が肯定的に変化したのが、二〇〇五年のコンドリーザ・ライスの〔当時の米国国務長官〕就任時であった[32]」が、そのような米国の態度の柔軟化は「すでにもう遅すぎた[33]」と当時を振り返っている。

3　イラン保守派の台頭

コンドリーザ・ライスが国務長官に就任した二〇〇五年一月とは、その六月にハータミーの任期が切れ、保守派のマフムード・アフマディーネジャードが当選する直前の時期であった。保守派からの反発というリスクを承知のうえで欧米との関係改善を図ったハータミーに、米国は「悪の枢軸」発言で応じた。アフマディーネジャードが大統領に就任するとイランはウラン濃縮を再開させ、欧米諸国に対する対決姿勢を顕わにした。また、アフマディーネジャード大統領は「ホロコーストは作り話である」という発言まで行なってイスラエルを刺激した。二〇〇六年に、イランの核問題の議論はＩＡＥＡから国連安全保障理事会へと場を移し、イランに対する経済制裁が決定した。アフマディーネジャードが再選を目指した二〇〇九年の大統領選挙では改革派からハータミーではなく、イラン革命後に首相を務めたことのあるミールホセイン・ムーサヴィーが立候補した[34]。ムーサヴィーはシンボルカラーを緑に決め、妻と手をつないでメディアに登場することで女性の権利擁護を主張するなど、若者や女性へ強く訴えかけた。選挙直前には多くの市民が街頭に出て行進するなどの大きな盛り上がりがみられたにもかかわらず、選挙結果でアフマディーネジャードの再選が報じられると、多くの市民が抗議のデモを行なった。イラン政府当局は徹底的に抗議運動を取り締まり、主に改革派の政治家や改革派支持者から大量の逮捕者がでた。この運動はシンボルカラーから「緑の運動」といわれている。

翌二〇一〇年に、イスラーム文化指導省はイラン歴六月三〇日（西暦九月二一日）の「文明間の対話の日」を廃止することを決定した[35]。この「文明間の対話の日」はハータミーが国連で演説を行なったことを記念して設けられた記念日であった。イラン政府はこの日の廃止にあたって「時間が経過したこと、とくに保護する必要がなくなったこと」がその理由であるとしている。この出来事からも、アフマディーネジャード政府にとって「文明間の対話」はすでにその役割を終えている、と見なされていることがわかる。二〇〇七年には、ハータミーが所長を務めていた「文明間の対話センター」は閉鎖され、「国家グローバル化研究センター」になり、アフマディーネジャードの側近であるエスファンディヤール・ラヒーム・マシャーイーが所長となった。

二〇一三年にアフマディーネジャード大統領任期切れにともない大統領選挙が行われた。選挙戦途中で改革派がハサン・ロウハーニー候補一本に絞ったことも奏功し、イランには再び改革派の大統領が選出されることになった。現在の外務大臣であるモハンマド・ジャヴァード・ザリーフは、ハータミー時代に外務省のアドバイザーなどを務めており、国連やイラン国内で「文明間の対話」を推進してきた人物である。

四　多様な民主主義は可能か

1　西欧対イスラーム

ハータミーの「文明間の対話」論は国際政治およびイランの国内政治の現実の前に砕け散ったように見える。現代世界は多様な文明の存在を認め、文明間の対話を通じて相互理解し、相互に尊重するという世界にはなりえていない。それどころか、イスラームと西欧は、以前よりもますます対立を深めているように見える。

世界では、イスラーム過激派組織アル・カーイダが起こしたとされる九・一一事件を始め、イスラーム過激派による事件が各地で起きている。イスラームの名のもとに、反体制運動が行われ、シリアの内戦やイラク、アフガニスタンへの介入が行われている。ナイジェリアで起きた少女誘拐事件やイラクおよびシリアで活動を展開させているイスラーム国などのように反西欧を掲げた事件も起きている。それらの事件を受け、「イスラーム＝テロ」とする風潮は世界に拡大し、欧州におけるイスラーム諸国からの移民に対するイスラモフォビア（イスラーム嫌い）と呼ばれる現象も生まれている。二〇〇四年には、フランスにおいてあからさまな宗教的なシンボルを身に着けて公の場所に行くことを禁じる法律が成立した。これは、フランスの国家原理である政教分離を守るためだと説明された。この法律は、イスラームだけを標的にしたものではなかった。しかし、その後のフランスやベルギーでは、イスラーム教徒の女性が被る、目だけを出して顔までもすっかり覆うスカーフをかぶって外出することを禁じる法律も成立する。

二〇〇五年には、デンマークの新聞に掲載された「ムハンマドの風刺画」[36]に反発したイスラーム教徒たちが、デンマーク大使館などの前でデモや放火を行なう事件が起きた。ここで問題となっているのは、「自由」の問題である。風刺画が掲載されたあと、イスラーム諸国はデンマーク政府に抗議した。しかし、デンマーク政府の立場は、イスラームの預言者ムハンマドを嘲笑するような漫画を新聞に掲載することは「表現の自由」の範囲内であり、政府が新聞社に対して、何らかの措置をとるよう介入できないというものであった。そのようなデンマーク政府の態度に対して、イスラーム教徒たちはデンマーク製品の不買運動を展開し、大使館などでの暴力的な事件を起こすなどの事件に発展した。

放火など物理的な暴力の行使は、どんな理由であっても正当化されることはない。しかし、「これまでキリストだって、何度も風刺画の対象になって嘲笑されてきているのだから、ムハンマドが風刺画になっても、我慢しなければならない」ということは、公正な議論なのだろうか。西欧の歴史のなかで、人々はたいへんな苦労をして政教分離を獲得した。そのため、西欧では、たとえキリストであっても、タブーを設けずに風刺画の対象にすることが「表現の自由」として認められるべきだと信じられている。しかし、それは本当に「表現の自由」として認められるべき人権なのだろうか。

英国では二〇〇九年に極右組織「イングランド防衛同盟」（ＥＤＬ）が結成され、暴力的な反イスラーム運動が展開されている。二〇一一年にはイスラーム教徒排斥を目的とするノルウェー人による連続テロも起きている。近年、オランダやデンマークなど欧州では移民流入を厳しく管理しようとする右派政党の躍進が見られ、イスラーム教徒移民に対する目は厳しくなる一方である。

2　選挙でイスラームが選ばれること

西欧とイスラームが対立しているもうひとつの例は、中東などで見られるイスラーム政権の誕生に対する西欧の反応である。現代世界では、民主主義の価値が疑われることはない。しかし、民主主義によって選ばれた政府がイスラーム政権であると、たちまち問題視されることになる。たとえば、二〇〇四年にはパレスチナの国政選挙においてハマスの議員が過半数を占めた。イスラエルの存在を認めないハマスを西欧諸国はテロ組織と認識しており、ハマス政権誕生後、西欧諸国はパレスチナへの支援を停止した。それにより、パレスチナではＰＬＯ（パレスチナ解放戦線）の主流派ファタハとハマスのあいだに対立が生まれ、一時は内戦状態にまで陥った。二〇一四年になってハマスとファタハが合意し、統一内閣を形成することを発表したが、イスラエルはハマスの参加に反発している。

エジプトでは、二〇一一年の「アラブの春」によりムハンマド・フスニー・ムバーラク政権が打倒されたが、その後の選挙によって選ばれたのはムスリム同胞団出身者のムハンマド・ムルシー大統領であった。しかし、イスラーム色が加えられた新憲法が採択されると、クーデターが勃発し、政権は転覆した。二〇一四年の選挙でアブドゥルファッターフ・スィースィー氏が選ばれ、エジプトには再び軍出身の大統領が誕生した。また、トルコは政教分離国家だが、二〇〇七年の選挙で公正発展党というイスラーム主義的な政党が第一党となった。二〇一三年になって、トルコの現政権に反対するデモがトルコ各地で勃発した。

イラン革命のときも同様であったが、これらのイスラーム政権は、そもそもは国民の支持によって選ばれている。イスラーム政権は、その宗教的な立場から医療や教育支援などの弱者救済の活動を広く行なっており、とくに地方や社会の貧困層に支持基盤を持つ。イスラーム教徒が行なわなければならない五つの義務のうちのひとつが喜捨である。喜捨とは富めるものが貧しいものに施しをすることである。このような喜捨の精神を発揮するイスラーム政権は、国内の底辺にいる多くの人々をひきつけることとなり、これらの人々の数が多ければ多いほど、イスラーム政党に票が集まることになる。

ところが、いったん選挙でイスラームが選ばれた後、問題になるのが「自由」である。この問題は、西欧諸国がイスラーム政権を批判するときの重要な論点のひとつとなる。イスラーム政権はイスラーム的な観点から「こうあるべき社会」を提示しようとする。しかし、それに賛成する者、反対する者が当然出てくる。たとえば、トルコのデモ隊は、「子どもは三人以上もつべきである」という政府の見解に対して、「子どもの数は自分たちで決められる」と主張する。イランにおいても、イスラーム的な観点から行なわれている検閲や外国文化の流入の規制に対する根強い批判が存在する。広く弱者救済策をとるイスラーム政権は、その宗教的な観点から、国民の私的な領域にまで規制などを加えることで、おせっかいともとられる干渉をする傾向にある。

しかし、そのような批判をもとに、西欧の立場から「すべての問題はイスラーム政権であることからくる」と考えるのは間違っているだろう。イランであれ、エジプト、トルコであれ、イスラーム政権は民主主義とイスラームは両立すると考え、両立させようとしている。重要な点は、イスラーム政権のシステムのなかでどのように民主的なプロセスが守られうるのか、どのように社会への異議申し立ての可能性が担保されるのかであろう。その点について考える際に思い起こすべきは、ハータミーが『文明間の対話』のなかで、これまでの伝統や解釈、習慣を守ろうとする守旧派を批判していることである。

ハータミーは、文明は多様であり、歴史のなかで変化してきたし、これからも変化すると述べている。国際社会はさまざまな立場や利益を持った国が存在する。そのなかで、自由はひとつではないし、民主主義もひとつではないと主張している立場がある。自らの国益のために、自らが「正しい」と思う民主化を押しつけるのは、植民地主義と変わらない。時間がかかるかもしれないし、また両者ともが何らかのかたちで譲り合うことになるだろうが、必要なことは、徹底的な対話と相互理解にもとづいた解決であろう。

（1）Samuel Huntington, "The Clash of Civilization?" *Foreign Affairs*, vol. 72, no. 3 (Summer 1999), pp. 22–49.

（2）Samuel Huntington, *The Clash of Civilization and the Remaking of World Order* (New York: Touchstone, 1996)〔サミュエル・ハンチントン『文明の衝突』鈴木主税訳、集英社、一九九八年〕.

（3）Huntington, *The Clash of Civilization and the Remaking of World Order*, p. 207.

（4）*Ibid.*

（5）*Ibid.*, pp. 207–208.

（6）*Ibid.*, p. 208.

（7）*Ibid.*, p. 66.

（8）*Ibid.*, p. 78.

（9）*Ibid.*, p. 212.

（10）*Ibid.*, p. 218.

（11）*Ibid.*, pp. 185–186.

（12）『文明間の対話』という英語の著書があり、内容は下記のサイトで公開されている（Seyyed Mohammad Khatami, *Islam, Dialogue and Civil Society* (http://www.al-islam.org/civilsociety/, accessed 1st June 2013. 日本語訳は、モハンマド・ハタミ『文明

の対話』平野次郎訳、共同通信社、二〇〇一年。これは、ハータミーがイランの国内外で行った演説などを集めて二〇〇〇年に出版されたものである。イランでは二〇〇〇／〇一年にペルシア語版の『文明間の対話』も出版されている(Seyyed Moḥammad Khātamī, *Goft-o Gū-ye Tamaddonhā*, Tehrān: Enteshārāt-e Tarḥ-e Nou, 1380 (2000/1))。比較的有名な国連総会の演説やフィレンツェで行われた演説については英語版、ペルシア語版の両方に掲載されているが、それ以外は別の演説がそれぞれ掲載されている。ペルシア語版にはイラン国内で行った演説、米国内のイラン人に向けて行われた演説など、イラン国内向けの演説が掲載されている。

(13) Theo Bekker and Joelien Pretorius, eds., *Dialogue among Civilizations* (Pretoria: The Unit for Policy Studies Center for International Political Studies University of Pretoria, 2001), p. 65.

(14) http://www.al-islam.org/civilsociety/ (“Dialogue and New Millennium,” accessed 1st June 2013)

(15) Khātamī, *Goft-o Gū-ye Tamaddonhā*, p. 67.

(16) http://www.al-islam.org/civilsociety/ (“Freedom and Development,” accessed 1st June 2013)

(17) Khātamī, *Goft-o Gū-ye Tamaddonhā*, p. 70.

(18) http://www.al-islam.org/civilsociety/ (“The Islamic World and Modern Challenges,” accessed 1st June 2013)

(19) http://www.al-islam.org/civilsociety/ (“Tradition, Modernity and Development,” accessed 1st June 2013)

(20) 松永泰行「イランにおける抗議運動」、酒井啓子編『中東政治学』（有斐閣、二〇一二年）、一二九頁。

(21) http://www.al-islam.org/civilsociety/ (“Tradition, Modernity and Development,” accessed 1st June 2013)

(22) このような考え方については、ズィーバー・ミール＝ホセイニー『イスラームとジェンダー――現代イランの宗教論争』（山岸智子監訳、中西久枝・稲山円・木村洋子・後藤恵美・小林歩・斉藤正道・嶋尾孔仁子・貫井万里訳、明石書店、二〇〇四年）に詳しい。

(23) http://www.al-islam.org/civilsociety/ (“Our Revolution and the Future of Islam,” accessed 1st June 2013)

(24) このような西欧の自由についての考え方は、革命後の教科書における自由の記述にも表われている。森田豊子「イランの社会科教科書に書かれた自由――イラン・イスラーム革命前後を比較して」、『平和研究セミナー論集』第二号

（一九九九年）、六九―七九頁を参照。

（25）　http://www.al-islam.org/civilsociety/（"Fears and Hopes," accessed 1st June 2013）

（26）　http://edition.cnn.com/WORLD/9801/07/iran/interview.html (accessed 27 February 2013)

（27）　サウジアラビアでは一九九二年に統治基本規則が定められ、その第一条に「憲法はコーランとスンナとする」と書かれている。詳しくは、辻上奈美江「サウジアラビア　現在の政治体制・政治制度」http://www.l.u-tokyo.ac.jp/~dbmedm06/me_d13n/database/saudi/institution.html (accessed 12 June 2014)。

（28）　この協定については、吉村慎太郎『イラン現代史――従属と抵抗の一〇〇年』（有志舎、二〇一一年）が詳しい。

（29）　エドワード・サイード『イスラム報道』（浅井信雄・佐藤成文訳、みすず書房、一九八六年）、一〇五頁。

（30）　三〇年以上前に起きた米国大使館人質事件が現在もなお米国にとって重要視されていることは、つぎのような例からもわかる。二〇一三年に発表された米国アカデミー映画祭で作品賞に選ばれた『アルゴ』（ベン・アフレック監督）という映画はこの事件をとりあげたものである。この賞のプレゼンテーターに選ばれたのは、現職のオバマ大統領の妻、ミッシェル夫人だった。さらにこの発表はホワイトハウスからの中継によってなされた。この映画は米国大使館人質事件でＣＩＡの活躍によって米国人の命が救われたという「実話」にもとづいているとされる。この映画と同時に作品賞にノミネートされた『リンカーン』ではなく、この映画が受賞したことに対して『朝日新聞』は、「民主主義を主題とする『リンカーン』ではなく、アカデミーはＣＩＡの活躍を派手にたたえる『アルゴ』に軍配をあげた」と評している（『朝日新聞』二〇一三年二月二六日）。

（31）　インタビューを活字におこしたものは http://edition.cnn.com/WORLD/9801/07/iran/interview.html, インタビューの映像は、YouTube (https://www.youtube.com/watch?v=qiK6KOKQNqg) でもみることができる（いずれも accessed 15 September 2014）。

（32）　二〇〇五年三月に当時のライス国務長官はイランの核問題に対して米国もまた交渉のテーブルにつくべきであるという、これまで見られなかった柔軟な発言を行なったが、そのことを指す。

（33）　http://www.bbc.co.uk/persian/iran/2013/02/130205_123_iran_nuclear_talk_starw_last_man_standing.shtml (accessed 27 February

2013)

(34) イランでは大統領は一期四年で二期まで再選が可能である。その後、他の者が大統領になった後であればもういちど立候補することも可能である。アフマディーネジャードが当選した選挙では前大統領のラフサンジャーニーも立候補していた。

(35) http://www.bbc.co.uk/persian/iran/2010/09/100921_l38_iran_calender_event.shtml (accessed 27 February 2013)

(36) ムハンマドの風刺画には、ムハンマドをテロリストと結びつけるもの、性的に侮辱的な言葉を使用しているものなどがあった。とくに性的な言葉を使って相手を侮辱することは、イスラーム世界において、西欧とは比べ物にならないくらい許されないタブーとなっている。筆者はイランにおいて、性的な言葉をひとこと言っただけで、言われた相手が突然怒り出し、激しい喧嘩が始まるところを何度か目撃している。

4 新自由主義的グローバル化と福祉政策の衰退／再建

松田　哲

一　新自由主義的なグローバル化と人間存在――問題意識

グローバル化とは、ヒト・モノ・カネ・情報などが国境を越えて自由に移動することにより、超領域的（supra-territorial）な相互依存関係が拡大・強化されていく現象のことである。そのような現象は程度の差こそあれ古くから存在してきたが、二〇世紀後半のグローバル化には、その規模と速度においてそれ以前のグローバル化をはるかに凌ぐものがある。そしてその影響は、いまや個人の日常生活の隅々にまで及ぶものとなっている。

そのようなグローバル化の負の影響について、ジャン・アート・ショルテはつぎのように述べる。「グローバル化は今日までに、人間の安全保障、社会的公正、民主主義に対して複雑な影響を及ぼしてきたが、……その負の側面は、超領域性によってではなく、二〇世紀末に深まりをみせたグローバルな関係性に呼応して広まった政策的指向性（主として新自由主義（neoliberalism））によって引き起こされている」(1)。つまりショルテは、グローバル化による負の影響を考える際に、グローバル化それ自体ではなく、現行のグローバル化を支えてきた新自由主義的な政策的指向性の方を問題視しているのである。

ショルテと同様の主張を、グローバリズム（globalism）という概念を提唱することでさらに明確に表現しているのは、マンフレッド・スティーガーである。スティーガーは、グローバル化を「グローバルな相互依存を強化する社会的な諸過程」と定義する一方で、グローバリズムを「グローバル化の概念に新自由主義的な価値と意味とを与えるイデオロギー」と定義し、両概念を明確に区別する。[2] つまり、超領域的な相互依存関係が拡大・強化していくという現象（＝グローバル化）と、そのような現象を新自由主義的イデオロギーに即したものにしようとする政策的指向性（＝グローバリズム）とを、区別しているのである。本章では、このようなグローバリズムのことを新自由主義的グローバリズムと、それによって推進されてきたグローバル化のことを新自由主義的なグローバル化と呼ぶ。

ショルテとスティーガーに共通するのは、グローバル化を論じるにあたって問題とすべきなのは新自由主義的なグローバル化であり、その背後に存在する新自由主義的グローバリズムである、という姿勢である。では、新自由主義的グローバリズムはどのように生まれ、どのようにして世界に波及していったのであろうか。そして新自由主義的なグローバル化は、どのような負の影響を人々の日常生活にもたらしたのであろうか。

本章の関心は、新自由主義的グローバリズムにもとづく新自由主義的なグローバル化がケインズ主義的福祉政策に与えた影響を検討することにより、グローバル化時代における人間存在の変容の一端を明らかにすることである。ここでケインズ主義的な福祉政策とは、政府の役割に対する肯定的な評価にもとづき実施される、政府による市場介入によって支えられるものである。それに対し新自由主義とは、倫理的な観点からは自助の源となる自由競争を通じた個人の自立を極端なまでに尊重する立場、経済学的な観点からは自由競争を可能とする市場メカニズムの徹底的な貫徹を追求する立場のことである。[3] むろん両者は対立関係にある。

以下では、まず第二節で、ブレトンウッズ（Bretton Woods）体制下におけるケインズ主義的福祉政策の位置づけを概観し、さらにブレトンウッズ体制の崩壊がアメリカにおける新自由主義の台頭によってもたらされたことを論じる。

第三節では、新自由主義によるケインズ主義的福祉政策批判の特徴を概観したうえで、新自由主義が世界にどのように波及していったのかをみていく。続く第四節では、新自由主義の受容によってケインズ主義的福祉政策が実際にどう変化したのか、それによって人々の福祉がどう低下したのかを、イギリスとスリランカの事例をもとに検討する。以上の考察にもとづき第五節では、ケインズ主義的福祉政策を再建するために何が必要とされているのかを論じ、本章の考察を終えることとする。なお本章では、福祉を「人の社会的・経済的状態の良し悪し」ととらえておく。

二　ブレトンウッズ体制とケインズ主義的福祉政策——包摂から否定へ

本節では、ケインズ主義的福祉政策を取り巻く状況が新自由主義の台頭によってどのように変化したのかを、第二次世界大戦後に創設された国際経済体制であるブレトンウッズ体制との関わりから考察する。

1　ケインズ主義的福祉政策の包摂——「埋め込まれた自由主義」

一九四四年のブレトンウッズ会議でその創設が決定されたブレトンウッズ体制は、各国が自由貿易を実施しながら国際収支の均衡を実現すること、および、完全雇用と物価安定を実現できるような国際通貨制度を確立することを目指したものであった。そして、その目的を実現するために国際通貨基金（ＩＭＦ）が設置され、金ドル本位制のもと、米ドルを基軸通貨とする固定相場制にもとづく国際通貨体制が確立された。さらに、国際復興開発銀行（ＩＢＲＤ）が設置され、復興と開発への資金融資を担うことになった。また、関税と貿易に関する一般協定（ＧＡＴＴ）のもとで、自由貿易の拡大が目指されることになった。このようなブレトンウッズ体制は、基本的には自由主義的な国際経済体制の構築を目指すものであったが、実際には、自由主義的経済体制の実現を求めるアメリカのホワイト案と、市場介入主義的なケインズ主義的福祉政策の実現を重視するイギリスのケインズ案との妥協の産物であった。[4]

ケインズ主義的福祉政策では、財政・金融政策を通じた総需要管理政策にもとづく完全雇用の実現と、社会政策（社会保障政策）の実施を通じた所得再分配による所得格差の緩和が重視されていた。そして、これらの目的を実現するためには、各国政府が自立的な金融政策と財政政策を実施できるような国際的経済環境と、市場介入主義的なケインズ主義的福祉政策の実施を阻害しない程度の自由化にとどめておくことが必要であった。その結果として実現されたのが、ジョン・ラギーのいう「埋め込まれた自由主義（Embedded Liberalism）」である。[5]

ケインズ主義的福祉政策の実施を可能にするために設けられた自由化に対する制限のなかでとくに重要だと思われるのは、国際資本移動を自由化しなかったことである。通常、その理由として指摘されるのは、両大戦間期に生じた国際資本市場における投機資金の流れが世界恐慌を世界中に拡大させることになったから、というものである。しかしそれよりも注目すべきなのは、ブレトンウッズ会議において対立関係にあったホワイトとケインズの双方が、国際資本移動の自由化についてはケインズ主義的福祉政策の実施を妨げることになるとして反対していたことである。[6] その結果ＩＭＦ協定には、「加盟国は国際資本移動の規制に必要な管理を実施することができる」（第七条第三項）と記されることになった。

国際資本移動の自由化がケインズ主義的福祉政策の妨げになる理由は、それがケインズの重視する総需要管理政策の手段、すなわち財政・金融政策の実効性を低下させてしまうこと、ならびに、社会政策の実施に必要とされる税収の減少を招くことになるからである。金融政策の実効性の低下は、マンデル＝フレミング・モデル（Mundell-Fleming Model）の「国際金融システムのトリレンマ」の議論によって導かれる。[7] このモデルは、為替相場の安定（固定相場制）、自由な資本移動（国際資本移動の自由化）、金融政策の自立性（実効性）という三つの要素すべてを同時に達成することはできないとするものである。それゆえ、固定相場制のもとで国際資本移動の自由化を行なえば、金融政策の実効性は損なわれることになる。また、国際資本移動が自由化されると、より高い運用益の見込める国に資本が流出して国内投資の減少が引き起こされ、財政政策の柱である公共投資を通じた総需要刺激が困難になったり、あるいは法人税率の低い国に企業が移転して産業の空洞化が生じ、失業が増大したりする可能性が高まってしまう。後者についていえば、かりに各国政府が法人税率を引き下げて企業流出を阻止できたとしても、その場合には社会政策（社会保障政策）の実施にあてる税収が減少することになってしまうだろう（租税政策への弊害）。以上のような理由から、ブレトンウッズ体制ではケインズ主義的福祉政策の実効性を高めるために国際資本移動が規制されることになったのである。また、同様の考慮は、ＧＡＴＴ協定の第二部にも見ることができた。そこでは、国内産業を保護するための緊急輸入制限の許容（セーフ・ガード措置（第一九条））、一定の公共政策目的（公徳・人の生命・健康の保護等）にもとづく貿易制限の許容（第二〇条）といった、自由貿易に対する制限を施す措置が規定されていた。これらは皆、国内産業を保護することによってケインズ主義的福祉政策の要であった雇用の安定を守るための措置であった。

以上のような自由主義に対する制限措置の存在からわかることは、創設当初のブレトンウッズ体制においては、市場介入主義的なケインズ主義的福祉政策を実施して社会的安定を実現するために、「市場による調整にすべてを委ねるべきだ」とする自由主義的経済体制の構築に一定の歯止めがかけられていたということである。その意味で「埋め込まれた自由主義」は、まさしく、社会的安定を生み出すための安全弁だったわけである。しかしそのような安全弁は、経済力の衰退を背景としたアメリカにおける新自由主義の台頭によって、取り払われてしまうことになる。

2　新自由主義によるブレトンウッズ体制の崩壊――「掘り起こされた自由主義」へ

ブレトンウッズ体制を支えていたのは、第二次世界大戦終了時におけるアメリカの圧倒的な経済力（世界のＧＮＰの四〇パーセント、工業生産の五〇パーセントを占める）と金の保有量（世界の公的金準備の七五パーセントを占める）であった[8]。しかし、その経済力は、日本や西ドイツが戦後復興を遂げるにつれて弱まっていき[9]、一九七一年には戦後初めての貿易赤字を計上するにいたった。また、アメリカの金保有量を超える額の米ドルが世界に行きわたったがために米ドルの信用が低下して金とドルとの兌換が急速に進み、アメリカの金保有量は一九六〇年代末にかけて半減してしまった（二四六億ドル（一九四九年）から一一〇億ドル（一九七〇年）へ）[10]。その結果ブレトンウッズ体制は、金ドル兌換停止を宣言したニクソン・ショック（一九七一年）と固定相場制の放棄（一九七三年）を経て崩壊することになった。しかしながらこのような展開は、自国のヘゲモニーの維持を狙うアメリカ政府によって意図的に選択された結末とでもいいうるものであった[11]。

一九六〇年代半ば以降、アメリカは経常収支黒字の急速な減少に悩まされるようになっていた。そこでニクソン政権は、国際資本移動を自由化し、海外民間セクターによる資本投資によって減少分をファイナンスしようと考えるようになった。ここで民間セクターが注目された理由は、以下のとおりである。第一に、民間セクターが行なう自由な市場取引にもとづくファイナンスに頼った方が、ＩＭＦを舞台とする国際協調によるファイナンスに頼るよりも、アメリカの政治的自立性を確保しやすいと考えたからである。第二に、各国政府の規制を逃れて自由な移動が可能となった多額の資本が、一九六〇年代に急成長を遂げたユーロ市場に存在していたからである。また、アメリカ政府は、国際資本移動を自由化することは不可能ではないとも考えていた。なぜならアメリカ政府は、以下の三点において、自由に移動できるようになった資本を十分に引きつけるだけの魅力がアメリカ自身に備わっていると考えていたからである。第一に、弱体化したとはいえ依然としてアメリカの経済力が大きかったこと。第二に、米ドルが基軸通貨であり続ける限り、アメリカの金融機関の優位性が続くと予想されたこと。第三に、そのようなアメリカの金融市場が投資家には魅力的であり続けると予想されたこと、である。エリック・ヘレイナーは、以上の三要素を、国際資本市場においてアメリカが保持していた構造的パワーだと説明している[12]。つまりアメリカ政府は、そのような構造的パワーをもとに自らの国益の確保を睨みつつ、ブレトンウッズ体制下では制限されていた国際資本移動の自由化を一方的に実現しようとしたわけである。

国際資本移動の自由化を模索するようになったニクソン政権やフォード政権の国際金融政策に影響を与えていたのは、「埋め込まれた自由主義」を否定して国際資本移動の自由化を求める新自由主義者であった。たとえば、一九七二年からニクソン政権の財務長官を務めたジョージ・シュルツは、新自由主義の牙城であるシカゴ大学の出身であり、新自由主義の「総帥」のひとりミルトン・フリードマンとも懇意であった。[13] 新自由主義者は、国際資本移動に対する規制は資本の効率的かつ最適な配分を妨げる愚策であると論じていた。ブレトンウッズ会議においても、ケインズ主義的福祉政策の実効性よりも自由主義的な資本市場の形成こそを優先すべきだと主張していた。同会議で議論された投機資金への懸念に対しては、変動相場制であればそのようなことは生じなかったとして気にかけもしなかった。それどころか、固定相場制を放棄して変動相場制を採用すれば、資本市場における調整を通じてアメリカの経常収支問題も自動的に解消されるようになると主張するほどであった。[14] このような主張は、国際資本移動の自由化を求めるアメリカ政府にとっての追い風となったであろう。

また、この時期のアメリカで新自由主義が受け容れられていった背景には、ケインズ主義的福祉政策に対する批判が正しいと思えるような状況が生じていたことがあった。ジョンソン政権期の「偉大なる社会（Greater Society）」政策にともなう社会保障費の増大とヴェトナム戦争への支出の増大とが招いた財政支出の赤字化は、新自由主義による「大きな政府」批判の正当性を示すものと受け取られた。ケインズ主義的福祉政策によるインフレが継続的したことは、インフレ対策を欠いたものとしてケインズ主義的福祉政策を批判してきた新自由主義経済学（マネタリズム）の正しさを示すものと理解された。もはやケインズ主義的福祉政策は、正当なものとはみなされなくなっていたのである。

このようにして、市場に全幅の信頼を寄せる新自由主義を受容したアメリカ政府は、ブレトンウッズ体制を自ら崩壊に導いていった。変動相場制への移行（一九七三年）もアメリカにおける国際資本移動の自由化（一九七四年）も、新自由主義的転回を遂げたアメリカ政府による、自由主義的な国際経済体制の再構築を目指す試みであった。そして、以上のような経緯を経て「復活」した自由主義を、クラウス・オッフェは「掘り起こされた自由主義（Disembedded Liberalism）」と呼ぶ。[15]むろん、それは、ケインズ主義的福祉政策の実効性を担保していた「埋め込まれた自由主義」を否定する、新自由主義的グローバリズムの誕生を告げる出来事であった。

では、新自由主義はどのようにケインズ主義的福祉政策を否定し、どのように世界に波及していったのだろうか。

三　新自由主義とその波及——先進国と途上国

本節では、新自由主義によるケインズ主義的福祉政策批判の特徴を概観したうえで、新自由主義が世界に波及していくプロセスを先進国と途上国に分けてみていくことにする。新自由主義の受容のプロセスが、先進国と途上国では異なるからである。

1　新自由主義によるケインズ主義的福祉政策への批判

新自由主義は、[16]ケインズ主義的福祉政策が自由主義的な資本主義を害してきたと主張する。その際に根拠としてあげられるのは、たとえば以下の五点である。[17]第一に、福祉政策に支出する膨大な財源を調達するために高率の累進税を課したりすると、勤労意欲や投資意欲が損なわれ、市場の働きも阻害されて経済が停滞する。第二に、福祉政策は非生産的な官僚機構の肥大化を招き、生産的な市場経済部門から資本と人材を奪う。第三に、福祉政策による独占的な福祉の供給は、資源配分の面で非効率的である。第四に、福祉政策は貧困層に依存心を植えつけることになり、貧困の解決に失敗する。第五に、福祉政策を通じた福祉の強制は、福祉の選択に関する個人の自由を奪う。

このような主張の背後にあるのは、政府による介入よりも市場による自己調整の方が優れているという市場の絶対視、市場における自由競争こそが効率的かつ最適な資源配分をもたらすという自由競争の神聖化、である。その結果、新自由主義は、市場を自由のシンボルとして称揚し、市場メカニズムを迂回するような福祉の供給（ケインズ主義的福祉政策）を否定するのである。

新自由主義が受容されていった背景にはさまざまな要因があるが、とりわけその影響が大きかったのは、新自由主義に立脚してケインズ主義批判を繰り広げていたフリードリヒ・フォン・ハイエクが一九七四年に、フリードマンが一九七六年にノーベル経済学賞を受賞したことであった。[18] 新自由主義の「正当性」を世界に宣伝することになったこの「事件」は、「埋め込まれた自由主義」が否定されたブレトンウッズ後の国際社会において、新自由主義にもとづく自由主義の掘り起こしこそが唯一残された道であることを宣言する役割を果たしたのである。では引き続き、新自由主義の波及プロセスを先進国と途上国に分けてみておくこととしよう。

2　新自由主義の世界への波及

先進国への波及　新自由主義が先進国に波及するきっかけとなったのは、マーガレット・サッチャーのイギリス首相就任（一九七九年）とロナルド・レーガンのアメリカ大統領就任（一九八一年）であった。[19] 両者はともに、ケインズ主義的福祉政策を批判するという点で立場を同じくし、市場を重視する経済政策を打ち出していった政治家である。また、グローバル化を意識的に「経済の自由化」と結びつけることにより、[20] 新自由主義的グローバリズムの誕生に大きな影響を及ぼした政治家でもある。

サッチャーとレーガンが先導したのは、国際資本移動の自由化と、それにともなう資本移動のグローバル化である。そもそも経済的グローバル化の結果としてよく指摘される、貿易自由化にともなうモノの取引量の増大、国際資本移動の自由化にともなうカネの取引量の増大、海外直接投資の増加にともなう多国籍企業による国際分業の増大といった現象は、GATT体制下で活発化した自由貿易によってもたらされた国際的相互依存の深化の延長線上に、一九八〇年代になって急激に進んだ国際資本取引の自由化による資本移動の拡大が加わることによって可能になったものであった。[21] そして、そのような国際資本移動の自由化を世界に先んじて断行した国こそが、アメリカとイギリスだったのである。しかも国際資本移動の自由化は、実施した国の方が実施しなかった国よりも資本の運用において圧倒的な優位に立つという性質を有するものであったため、他の先進国にも国際資本移動の自由化を迫ることにもなった。[22] その意味でアメリカとイギリスは、国際資本移動の世界的な自由化を先導することによって、新自由主義的なグローバル化の推進役を務めることになったのであった。

また、一九九〇年前後に社会主義諸国が相次いで体制崩壊を迎えると、新自由主義はそれらの国々を包摂するものにもなっていった。社会主義体制の崩壊そのものが「政府の失敗」を象徴するものとみなされた結果、冷戦の「勝者」たるアメリカの新自由主義的な市場経済システムこそが新たに適用されるべき冷戦後の経済秩序とされたからである。[23]

そのような新自由主義の地理的拡大は、GATTの改組を通じて自由貿易のさらなる促進を目指す世界貿易機関(WTO)の創設(一九九五年)に結実した。GATT改組に際しては、貿易に関する「埋め込まれた自由主義」(GATT協定第二部)が完全に撤廃され、自由貿易の徹底化が図られることになった。しかしながら自由貿易の徹底化は、ただ単に市場での競争を苛烈にするだけでなく、競争に勝ち残るための市場メカニズムの適用を徹底することによってさらに過酷な競争を招くという、悪循環を生むものでもあった。その結果、「市場の失敗」を緩和するために実施されてきたさまざまな福祉政策が競争力強化を妨げる障害として認識されるようになり[24]、多くの先進国においてケインズ主義的福祉政策の大規模な縮小が行なわれるようになっていくのである。

途上国への波及　新自由主義が途上国に波及したのは、ＩＭＦと世界銀行による構造調整政策（Structural Adjustment Policy）を通じてのことである。一九八〇年前後に始まる構造調整政策は、対外債務の累積によって慢性的な経常収支赤字に陥っている途上国の経済構造を変革し、持続的経済成長と債務返済を同時に達成できるような経済政策を実現しようとするものである。

途上国の累積債務が急増した背景には、アメリカ主導で進んだ国際資本移動の自由化の影響があった。途上国が借り入れた資金は、石油危機によって産油国が得た多額のオイル・ダラーであった。それらのオイル・ダラーは、ユーロ市場を通じてアメリカの金融市場に流れ込み、アメリカの民間投資銀行の融資を通じて途上国に貸し出された。ところが一九七九年一〇月に、カーター政権とレーガン政権で連邦準備制度理事会（ＦＲＢ）議長を務めた新自由主義者ポール・ヴォルカーが、金融引き締めを実施して金利を急激に上昇させたのである[25]。その結果、途上国は、利子返済額の急増に直面して債務返済ができなくなってしまった。ヴォルカーの目的は、新自由主義経済学が忌み嫌っていたインフレを、退治することにあった。

ＩＭＦ・世界銀行・アメリカ政府によって共有されていた構造調整政策の基本理念を、「ワシントン・コンセンサス（Washington Consensus）」という。これは、政府による市場介入の廃止と市場メカニズムにもとづく経済政策の採用を途上国に求める新自由主義的な経済政策理念であった。このコンセンサスにもとづきＩＭＦと世界銀行は、資金融資を実行する条件（コンディショナリティ（conditionality））として、途上国政府が課してきた保護政策や規制措置の撤廃を求めた。自由に機能することが妨げられてきた市場メカニズムを解放するためである。むろん、累積債務による危機的状況にあった途上国には、コンディショナリティを拒絶することは困難であった。その結果、構造調整政策が実施された途上国では、新自由主義的な経済政策が浸透していくことになったのである。

構造調整政策が福祉政策に与えた影響をみると、以下のようになる。途上国政府に課されたコンディショナリティでは、通常、食糧・保健医療サービス・教育サービスなどを貧困層に安価に提供するために支出されてきた、福祉関連の政府補助金の大幅な削減が求められた。これらの補助金は、新自由主義者が重視する市場メカニズムの正常な働きを阻害するものと考えられていたからである。それゆえ構造調整政策が実施された途上国では、補助金支出の減少を通じて福祉政策の縮小が進行することになった。

では、ケインズ主義的福祉政策の縮小は先進国や途上国の人々にどのような影響を及ぼしたのであろうか。

四　新自由主義の受容による福祉政策の衰退——イギリスとスリランカの事例

本節では、イギリスとスリランカの事例を検討することにより、新自由主義の受容によって福祉政策と両国の人々の福祉水準にどのような変化が生じたのかを明らかにする。

1　イギリスの事例

新自由主義にもとづくケインズ主義的福祉政策の見直しは、サッチャー政権の誕生によって開始された。[26] サッチャーは、自由な市場経済こそがもっとも効率のよい福祉充足の手段なのであり、国家による市場介入や福祉供給は、その妨げ以外のなにものでもないという、新自由主義的な信念をもった政治家であった。そこでサッチャーは、経済と福祉の分野から国家責任を後退させること、市場メカニズムを貫徹させることを掲げ、ケインズ主義的福祉政策の撤廃を目指したのであった。その対象となった福祉政策は多岐にわたるが、ここでは完全雇用政策の放棄による影響をみておくこととしたい。ケインズ主義的福祉政策の根幹をなすものが、完全雇用政策だからである。

そもそも経済システムが高度に発達して自給自足の段階を脱した社会では、雇用されなければ生きていけない人がほとんどを占めている。なぜなら、ほとんどの人にとって唯一自由に販売できる財は、その人自身の労働力だけだからである。[27]その意味で完全雇用政策が重視されるのは、上述のような意義を有する雇用の場を確実に確保できるようにすることが目指されるべきだからである。たとえば福祉国家体制の起源のひとつでもある『ベヴァリッジ報告』（一九四二年）でも、「完全雇用の維持こそ、働く意思があり能力があるすべての人に雇用の場を与えて自立した生活を可能」にし、「貧困の拡大と社会の過度の分裂を防」ぐものであるとされていた。[28]ところがサッチャーは、市場への介入によって完全雇用を達成しようとする完全雇用政策を真っ向から否定し、完全雇用を実現する特効薬は労働市場の柔軟性を回復することであると主張したのである。

「労働市場の柔軟性」の回復とは、労働市場における規制緩和を通じて賃金決定や雇用契約に市場メカニズムにもとづく自由競争を取り込むことにより、労働市場における労働力供給の流動性を高めることをいう。新自由主義者であるサッチャーは、労働市場における自由競争が実現しさえすれば、労働力に関する需給調整が価格（＝賃金）の変動を通じて行なわれるようになり、失業もおのずと解消されると考えていた。そして、そのような柔軟性を回復させるためにサッチャーが実施したのは、労使交渉を通じて雇用者側に高賃金の支払いを認めさせてきた労働組合を弱体化させ、労働力の需給バランスに見合った賃金で働こうとする労働者を生み出すことであった。サッチャーは、そのような労働者を労使関係法の抜本的改革を通じて生み出していこうとしたのである。[29]

ところで、失業が存在する状況、すなわち労働力への需要よりも供給の方が多い状況で前記のような改革を進めれば、それはすなわち今よりも低い賃金で働くことを労働者に求めることになる。その意味でサッチャーが生み出そうとしたのは、「低賃金労働を厭わない労働者」にほかならない。しかもそれは、個人の自立と自助を重視する新自由主義の立場からすれば、当然の方針であった。なぜなら労働者は、失業から逃れる術が低賃金で雇用されること以外にないのであれば、低賃金であっても自立するために雇用される道を選択すべきだとされるからである。また、この方針は、競争に生き残るためにありとあらゆる「経費」の削減を目指す雇用者にとっても好ましいものであった。賃金コストを減少させるには低賃金労働を容認させるのがもっとも効果的だからである。そして、以上のようなサッチャーと雇用者双方の意向は、最低賃金の撤廃に結実することになった。一九八六年の「賃金法」によって二一歳未満の若年労働者が最低賃金の適用対象外にされたのを皮切りに、一九九三年には最低賃金制度そのものがメイジャー政権によって撤廃されてしまったのである。(30) つまりサッチャーが求めた「労働市場の柔軟性」の回復は、低賃金雇用を解禁することによって雇用者側に有利に働く「労働ダンピング」の可能な状況を生み出したのであった。

では、以上のようなサッチャー改革は、イギリス社会にどのような影響を与えたのであろうか。一言でいえば、イギリス社会を二極化するような、所得分配にみる不平等の悪化と貧困層に属する人々の増大をもたらしたのであった。(31) 一九七九年から九四年にかけての所得分配の変化をみると、最下位層一〇パーセントに属する人々の所得は一三パーセントの減少、最上位層一〇パーセントに属する人々の所得は六五パーセントの増加であった。同期間の所得上昇率の平均値は三九パーセントであったから、富める者が富み貧しい者が貧しくなったということである。また、貧困線以下に属する人々の数は、同期間に五〇〇万人から一三四〇万人に激増していた。この人数は、当時のイギリス総人口の二三パーセントに相当するものであった。

サッチャーによる完全雇用政策の放棄は、「生活に必要な所得を確保する場所」という意味において死活的に重要な雇用の場に、市場原理を持ち込むものであった。しかし、そのような政策を支えていた楽観的な想定とは裏腹に、イギリスの失業者数は政権発足時の一二〇〇万人から一九八〇年代半ばには三〇〇〇万人超へと増加していた。(32) イギリス社会は、雇用の劣化と失業の増大によって、「二つの国民――しっかりした仕事をもち比較的高い収入・増えていく収入のある国民と、貧困が運命付けられ国家の監視と規制の対象とされる臨時労働者と失業者からなる下層階級――へと分化」してしまった[33]。このとき、イギリス社会は、「産業革命以来みたことのないような種類と広がりとをもった社会的緊張のもとで、崩壊しはじめていた[34]」のである。

2　スリランカの事例

スリランカは、低所得国であるにもかかわらず、生活水準を示す平均寿命・識字率・幼児死亡率といったさまざまな指標において高い水準を達成してきた途上国として有名である。その実績は一九七〇年時点ですでに他の南アジア諸国をはるかに凌駕しており、平均寿命六四・五年（四八・八年）、幼児死亡率一〇〇〇人中六五人（一三一人）、成人識字率七七パーセント（三二パーセント）であった（括弧内は南アジアの平均値[35]）。

そのような実績を可能にしたのは、第二次世界大戦前後にスリランカ政府が開始した、食糧配給、無償保健医療サービス、無償教育サービスという三つの福祉政策であった。いずれの政策も、市場外部からの福祉の供給を重視するという意味で、ケインズ主義的福祉政策に類するものであり、そのような市場外部からの供給が効果的であることを示すのが、スリランカの事例であった。しかし、それらの政策のいずれもが、一九七七年に開始された構造調整政策によって大幅に縮小されてしまうのである[36]。

三つの政策のなかで、福祉水準の向上に対してもっとも効果的であったとされるのは、食糧配給政策である（一九四二年に開始）。これは、無償もしくはそれに近い価格でスリランカ全国民に食糧（米、小麦、砂糖など）を供給する、という政策であった。この政策によって農村部の低所得層の人々にも十分な食糧が行きわたるようになり、食糧消費量が増加して栄養不良が劇的に改善され、大幅な平均寿命の伸びがもたらされることになった。その成果は、世界銀行が「低所得層の栄養状態を改善して平均寿命の伸びをもたらしたのは無償の食糧配給制度である」と評価したほどである。[37] しかしながら無償の食糧配給は、三つの政策のなかでもっとも多額の予算を必要とするものでもあった。それゆえ構造調整政策の実施に際し、厳しい批判の対象にもなったのである。

構造調整政策を実施したのは、一九七七年に首相に就任したジュニウス・ジャヤワルダナであった。首相就任当初の喫緊の課題は、第一次石油危機による不況と大量の失業者の発生によって危機的状況にあったスリランカ経済を再建することであった。そこでジャヤワルダナは、構造調整政策を通じて輸出指向型工業化にもとづく持続的な経済成長を実現しようとしたのである。

ジャヤワルダナ政権の求めに応じたＩＭＦは、融資の条件（コンディショナリティ）として、市場メカニズムの自由な働きを促すような政策の採用と、福祉政策に充てられている予算の大幅なカットを強く求めた。その結果、政府支出に占める三つの福祉政策支出の割合は、四〇パーセント（一九七〇―七七年平均）から一一パーセント（一九八一年）へと劇的に低下することになった。[38] なかでも予算カットにもっとも功を奏したのは、全国民を対象とする食糧配給制度を廃止して低所得家庭だけを対象とする食料切符制度（food stamp scheme）に変更したことであった（一九七九年九月）。しかしながら、人々の栄養摂取を直接に左右する食糧配給を廃止したことは、ひときわ大きな悪影響を及ぼすことになった。[39]

食糧切符制度は一定の食糧を購入できる食糧切符を低所得の家庭に与える制度であり、政府補助金の交付対象を限定するための手段として、構造調整政策が実施された多くの途上国で頻繁に導入された制度であった。スリランカ政府は、この制度の導入により、政府支出に占める食糧補助金支出の割合を一七・一パーセント（一九七五年）から六・八パーセント（一九八〇年）へ、さらには二・八八パーセント（一九八五年）へと急激に減少させることに成功した。[40] しかしその結果として生じたのは、低所得層の人々における食糧消費量の大幅な減少であった。一九七八年から八二年のあいだに生じた食糧消費量の変化を、所得階層別の一日あたりのカロリー消費量の変化でみると、上位五〇パーセントの人々の消費量が増加していたのに対し、下位三〇パーセントの人々の消費量は減少していた。その度合がとくに悪かったのは最下層に属する人々のカロリー消費量であり、二〇一三キロカロリー（一九六九／七〇年）から一一八一キロカロリー（一九八一／八二年）へとほぼ半減していたのである。そして、このような食糧消費量の減少は子供の栄養不良を増加させることになり、食糧切符制度が導入された後に生まれた三歳までの子どもに占める急性栄養失調児の割合は、貧困層の多い農村部において一三・六パーセント（一九七五年）から一八・八パーセント（一九八二年）に増加することになった。[41] つまり、食糧配給の廃止による悪影響は、食糧消費量の減少と栄養失調の増加というかたちで、社会的弱者である最貧層の人々に及んだのであった。

なお、以上のような福祉水準の低下がみられた一九八〇年代前半は、輸出指向型工業化戦略が功を奏し、経済成長率と失業率の双方に大幅な改善がみられた時期でもあった。しかしその成果は、低所得層の人々には及ぶことがなかったのである。それはつまり、市場メカニズムが機能すればトリクル・ダウン効果によって経済成長の果実が低所得層の人々にも行きわたるようになり、その結果として福祉政策の縮小の影響が償われるという新自由主義の想定が、誤っていたことを示している。

五　福祉政策再建のために

これまでの議論から、アメリカにおける新自由主義の台頭がきっかけとなって誕生した新自由主義的グローバリズムの世界への波及（第二節と第三節）が、国民国家レベルにおける福祉政策の衰退を招来して人々の生存状況に悪影響を及ぼしたこと（第四節）がわかった。では、そのような展開を前提としたとき、福祉政策を再建するために何が求められることになるのであろうか。

イギリスとスリランカにおける人々の生存状況の悪化は、いずれも新自由主義の受容によって引き起こされていた。では、そのような状況を反転させるためには何が必要なのであろうか。

1　国民国家レベルにおける対応――政策思想の転換

イギリスの事例についていえば、「労働力の脱商品化（decommodification）」の必要性を再認識することが必要になる。労働力の脱商品化が意味するのは、労働力という特殊な「商品」を市場の調整力に過度に曝さないようにすること、である。[42] 労働力を雇用者に売ることが生きていくために必要な所得を確保する唯一の手段となっている社会では、それを過度に安売りすること（低賃金労働化）は貧困の悪化どころか死をも招きかねないものとなる。それゆえ労働力は、その売買を市場メカニズムに完全には委ねるべきでない、特殊な「商品」だと主張されるのである。[43] ところがサッチャー改革は、労働力の売買を市場メカニズムによる調整に全面的に委ねようとするものであり、労働力の「再商品化」を意図するものであった。そして、そのような労働力の再商品化の動きを歓迎し、さらなる再商品化を要求していったのは、新自由主義的グローバリズムの側に立つ雇用者であった。[44] それゆえ労働力の再商品化の動きを反転させるためには、政府のみならず雇用者に対する闘いも必要になるだろう。

つぎにスリランカの事例についていえば、市場を経由しない福祉の供給を正当に評価することが必要である。たとえば、アマルティア・センとジャン・ドレーズは、ケインズ主義的福祉政策と新自由主義的な経済政策のせめぎ合いについて、「市場を信頼することと国家活動を信頼することとのあいだにみられる対立は、十分に認識しておかなければならない。しかし、これら二つの経路が常に相互対立的なものではないということを認識しておくのも、また重要である」[45] という。つまり、センとドレーズは、「政府か、それとも市場か」という単純な二分法を批判し、市場と国家の双方を活用することこそが重要だと指摘しているのである。[46] これなどはまさしく、新自由主義的グローバリズムが受容されて以降に主流を占めるようになった福祉政策批判に対する、簡潔かつ要を得た反論だといえるだろう。

以上の二つの事例から引き出されるひとつの結論は、新自由主義による福祉政策の衰退を反転させるには、政策思想の転換が必要になるということである。しかしながら、このことは、これまでにも指摘されてきたにもかかわらず、実現されなかったことである。では、このような要求が聞き流されるだけに終わり、新自由主義的な政策の変化を引き出せなかったのはなぜなのだろうか。この問題に対する回答のひとつは、新自由主義的なグローバル化が進展する世界では、競争力を削ぐような政策を採用することが政府にとっても企業にとっても困難だというものであろう。それゆえ国民国家レベルの政策を変化させようとするならば、あわせて国民国家を取り巻くグローバルな環境を変えることも必要になるのである。つぎにその点をみていこう。

2　グローバル・レベルにおける対応——国際社会政策の強化

国民国家レベルの福祉政策の衰退にもっとも大きな影響を与えたのは、新自由主義の台頭にともなう「埋め込まれた自由主義」の否定であった（第二節と第三節）。それゆえ自由主義を制御するために、あるいは脱商品化の契機を取り戻すために、自由主義を改めて「埋め込み直すこと（re-embedding）」が追求すべき目標のひとつになる。カール・ポラニーのいうところの「社会的諸関係のなかに市場を埋め込む[47]」ためである。そして現在、再埋め込みを実現するために重視されるようになっているのが、国際社会政策（global social policy）である。

国際社会政策とは、「グローバルな再配分、グローバルな社会的規制、グローバルな社会権を実現するための超国家的な社会政策およびそのメカニズム」のことである。[48] そのような国際社会政策が重視されるようになった背景には、国民国家レベルにおける社会政策（福祉政策）がグローバルな経済競争の影響を強く受けるようになったために、グローバル・レベルにおける社会政策がさらに必要とされるようになった、ということがある。国際社会政策の対象もその実施主体も多様であるが、ここでは国際労働機関（ＩＬＯ）の活動を見ておきたい。一九一九年に設立されたＩＬＯは、政府・労働者・雇用者からなる総会と理事会を有し、労働条件や社会保障の基準を条約や勧告を通じて各国に遵守するよう働きかけて、労働力の脱商品化を促してきた国際機関である。

現在ＩＬＯが重視しているのは、グローバル化が進む国際社会にディーセント・ワーク（decent work）を普及させることである。「働きがいのある人間らしい仕事」を意味するディーセント・ワークは、労働が単なる経済活動にとどまらないものであることを主張する概念である。ＩＬＯは、一九九九年にこの概念を提唱して以来、現行の新自由主義的なグローバル化をディーセント・ワークの推進を妨げるものとして批判してきた。そのようなＩＬＯのスタンスを示すものに、二〇〇八年のＩＬＯ総会で採択された「公正なグローバル化のための社会正義に関するＩＬＯ宣言」がある。この宣言で謳われているＩＬＯの活動目的は、「ディーセント・ワークにもとづく公正なグローバル化を促進すること」（序文）である。そして、その方法として、ＩＬＯの活動目的に密接な関わりをもつ国際機関や地域機関との協力関係を確立すること、貿易政策と金融市場政策が雇用に影響を与えるものであることを踏まえたうえで経済政策の中心に雇用政策を据えること、などがあげられている（「Ⅱ　実施方法」のＣ）。また、二〇〇九年のＩＬＯ総会で採択された「グローバル・ジョブズ・パクト」（仕事に関する世界協定）では、さらに「金融部門に対するより強力で世界的に一貫性のある監視規制枠組みを構築すること」が求められており、よりいっそう踏み込んだ内容の方法が提唱されるようになっている（「Ⅳ　今後の展望」の二一㈠）。つまりＩＬＯは、ディーセント・ワークを促進するために、新自由主義的グローバリズムのもとで進んだ貿易や金融の自由化に対する規制を強化しようとしているのである。貿易と金融の自由化は、すでにみてきたように国際資本移動の自由化がもたらしたものであった。それゆえ、このような活動方針からは、ＩＬＯが、自由主義を埋め込み直すことによって「新自由主義的な規制緩和によって失われた労働の公正さを復権[49]」させようとしていることがわかる。ＩＬＯによる国際公共政策に注目すべき理由は、この点にあるといえる。

しかしながら、ＩＬＯによる国際社会政策が効果を発揮するには、新自由主義的なグローバル化の推進役となってきたＩＭＦ、世界銀行、ＷＴＯ、多国籍企業、民間商業銀行、ヘッジファンドなどがＩＬＯによる規制を受け入れることが必要になる[50]。むろん、新自由主義的グローバリズムの生みの親たるアメリカ政府の姿勢も重要になる。では、世界政府が存在しないがゆえに国内社会のように一律の規制を課すことが困難な国際社会において、前述のようなアクターとの協働をどのように実現していけばよいのであろうか。そこで、最後にグローバル・ガバナンスの問題を考察し、本章を終えることにしたい。

3　反・新自由主義的なグローバル・ガバナンス――運動の論理

国民国家レベルにおける新自由主義的な政策からの転換を実現しようとすると、さらにグローバル・レベルにおける同種の転換にもとづいた政策協調が必要になる。むろん、そのような転換が求めていることは、究極的には、新自由主義的なグローバル化こそを推進すべきだとする新自由主義的グローバリズムからの転換である。だとすれば、グローバル・レベルにおける新しい政策協調を実現するには、新自由主義的グローバリズムにもとづく「新自由主義的なグローバル・ガバナンス」とは別種のガバナンス、いうなれば「反・新自由主義的なグローバル・ガバナンス」とでもいうべきものを生み出して対抗していくことが必要になるだろう。ポラニーの「二重の運動論」の現代版である。

「埋め込まれた自由主義」の源流ともなる問題提起を行なったポラニーは、一九世紀の社会経済史を、市場メカニズムの絶対化を推し進めるアクター（商人、金融・銀行業者、工場経営者など）による運動とそのような動きに対抗して社会を守ろうとするアクター（農業関係者、労働者など）による運動との対立の構図として描き出し、後者による運動が社会の防衛に果たした役割を高く評価した。[51] むろん、この構図を現代に当てはめれば、前者の運動が新自由主義的なグローバル・ガバナンス、後者の運動が反・新自由主義的なグローバル・ガバナンスということになる。

反・新自由主義的グローバル・ガバナンスを推進するアクターとしてまず考えられるのは、国際社会政策に携わるＩＬＯなどの国際機関、新自由主義的なグローバル化に異議を唱える世界社会フォーラム（World Social Forum）などの社会運動体、国際社会および国内社会で同様の活動を繰り広げるＮＧＯ・ＮＰＯなどである。そして、これらのアクターが、国内社会における運動と国際社会における運動を連帯・共振させながら、新自由主義とは異なる理念にもとづいた政策を国内的にも国際的にも推進出来るような環境の実現を求めて、各国政府、企業、国際組織等を対象にした活動を積み重ねていくことが重要になるだろう。

また、反・新自由主義的なグローバル・ガバナンスは、新自由主義にもとづくグローバル市場の影響が国民国家に下っていくという、「上からのグローバル化」の波及に抵抗するものでもあるだろう。なぜならば、これまでの新自由主義的なグローバル化による悪影響を被ってきた人々の声を世界に広めていくような、「下からのグローバル化」であることが求められるからである。[52] その意味でこの新しいガバナンスは、生活世界レベルの人々の声を反映できるような、民主的な性格を有するガバナンスでなければならない。

新自由主義的なグローバル・ガバナンスが生み出した問題は、それとは異なるグローバル・ガバナンスによって解決するしかない。そのために必要とされるのが、反・新自由主義的なグローバル・ガバナンスである。[53] 逆説的ではあるが、世界政府を欠いた国際社会であるからこそ、このような新しいグローバル・ガバナンスを意識的に追求することと、それによって世界を変えていくことが必要とされるのである。

（1）　Jan Aart Scholte, *Globalization: A Critical Introduction*, Second Edition (London: Macmillan Press, 2005), p. 382.

(2) Manfred B. Steger, *Globalization: A Very Short Introduction*, Second Edition (Oxford: Oxford University Press, 2009), p. 99〔マンフレッド・B・スティーガー『1冊で分かる　新版 グローバリゼーション』櫻井公人・櫻井純理・高嶋正晴訳、岩波書店、二〇一〇年、一一四頁（邦訳の「新版」は、原著第二版にもとづく）〕.

(3) 頻繁に引用されるデイヴィッド・ハーヴェイの定義によれば、新自由主義とは「強力な私的所有権、自由市場、自由貿易を特徴とする制度的枠組みの範囲内で個々人の企業活動の自由とその能力とが無制約に発揮されることによって人類の富と福利が最も増大する、と主張する政治経済的実践の理論」のことである。デヴィッド・ハーヴェイ『新自由主義——その歴史的展開と現在』（渡辺治監訳、作品社、二〇〇七年）、一〇頁。

(4) 宮本太郎「グローバル化と福祉国家の政治——新しい福祉政治の文脈」、宮本太郎編『福祉国家再編の政治』（ミネルヴァ書房、二〇〇五年）、三頁。

(5) John G. Ruggie, "International Regimes, Transactions, and Change: Embedded Liberalism in the Postwar Economic Order," in Stephen D. Krasner, ed., *International Regimes* (Ithaca: Cornell University Press, 1983), pp. 198–199.

(6) Eric Helleiner, *States and the Reemergence of Global Finance: From Bretton Woods to the 1990s* (Ithaca: Cornell University Press, 1994), pp. 33–35.

(7) マンデル＝フレミング・モデルについては、国際経済学のテキストで必ず触れられているので、そちらを参照されたい。なお、ケインズ自身の考えでは、経済政策としての優先順位は金融政策、財政政策、所得再分配政策の順であった。

(8) データは、野林健・大芝亮・納家政嗣・長尾悟『国際政治経済学・入門』（有斐閣、一九九七年）、一〇一頁から引用。

(9) 一九五三年から七一年にかけての工業製品貿易に占める割合の変化を見ると、アメリカは二九・四パーセントから一三・四パーセントへの減少、西ドイツは九・七パーセントから一五・四パーセントへの増加、日本は二・八パーセントから一〇・〇パーセントへの増加であった。W. H. Branson, "Trends in United States International Trade and Investment since World War II," in M. Feldstein, ed., *The American Economy in Transition* (Chicago: Chicago University Press, 1980), p. 19, Table 3.13.

（10）データは、佐々木隆生『国際公共財の政治経済学』（岩波書店、二〇一〇年）、二六三頁から引用。

（11）以下の説明は、主に Helleiner, *States and the Reemergence of Global Finance* の第五章による。

（12）*Ibid.*, pp. 114, 122.

（13）*Ibid.*, p. 115.

（14）変動相場制は、フリードマンによる一九五三年発表の論文「変動相場制の場合（The Case for Flexible Exchange Rates）」で提唱されたものである。

（15）Claus Offe, "Towards a New Equilibrium of Citizens' Rights and Economic Resources?" in the Organisation for Economic Co-operation and Development, *Societal Cohesion and the Globalising Economy: What does the Future Hold?* (Paris: OECD, 1997), p. 101.

（16）新自由主義によるケインズ主義的福祉政策批判について、たとえば以下を参照。ミルトン&ローズ・フリードマン『選択の自由――自立社会への挑戦』（西山千明訳、日本経済新聞社、二〇〇二年）の第四章「ゆりかごから墓場まで」。また、新自由主義に対する網羅的な批判として、以下を参照。Alfredo Saad-Filho and Deborah Johnston, eds., *Neoliberalism: A Critical Reader* (London: Pluto Press, 2005).

（17）神谷直樹「福祉国家形成の思想――第二次世界大戦後」、田中浩編『現代世界と福祉国家――国際比較研究』（御茶の水書房、一九九七年）、五一頁を参考にした。

（18）両者の主張内容について、たとえば以下を参照。フリードリヒ・ハイエク『市場・知識・自由――自由主義の経済思想』（田中真晴・田中秀夫訳、ミネルヴァ書房、一九八六年）、ミルトン・フリードマン『資本主義と自由』（熊谷尚夫・西山千明・白井孝昌訳、マグロウヒルブック、一九七五年）。

（19）サッチャーやレーガンの新自由主義的な経済政策については以下を参照。Manfred B. Steger, *Neoliberalism: A Very Short Introduction* (Oxford: Oxford University Press, 2010), pp. 21–49.

（20）Steger, *Globalization,* Second Edition, p. 41〔邦訳四八頁〕.

（21）佐々木『国際公共財の政治経済学』、二九五頁。

（22）同前、二九四頁。

（23）旧社会主義諸国で行なわれた急激な市場経済化（いわゆる「ショック療法」）とそれへの批判については、以下を参照。大野健一『市場移行戦略――新経済体制の創造と日本の知的支援』（有斐閣、一九九六年）。

（24）Vic George and Paul Wilding, *Globalization and Human Welfare* (Basingstoke: Palgrave, 2002), p. 61.

（25）一九七一年から八〇年にかけての実質利率は平均〇・八パーセントだったが、八二年には一一・〇パーセントに急上昇した。Helleiner, *States and the Reemergence of Global Finance*, p. 175.

（26）イギリスにおける福祉政策の展開については、たとえば以下を参照。Eric Midwinter, *The Development of Social Welfare in Britain* (Buckingham: Open University Press, 1994). 美馬孝人『イギリス社会政策の展開』（日本経済評論社、二〇〇〇年）。

（27）Amartya Sen, "Development Which Way Now?" *Economic Journal*, vol. 93, no. 4 (1983), p. 755.

（28）美馬『イギリス社会政策の展開』、二四二頁。

（29）具体的な経緯については、以下に詳しい。宇都宮深志『サッチャー改革の理念と実践』（三嶺書房、一九九〇年）の第六章「サッチャー政権と労働組合政策」。

（30）なお最低賃金制度は、ブレア政権のもとで一九九八年に施行された全国最低賃金法により、九九年に復活した。

（31）データは以下から引用。阪野智一「自由主義的福祉国家からの脱却――イギリスにおける二つの福祉改革」、宮本編『福祉国家再編の政治』、一五九、一六四頁。

（32）同前、一六四頁。

（33）アンドルー・ギャンブル『イギリス衰退一〇〇年史』（都築忠七・小笠原欣幸訳、みすず書房、一九八七年）、一六頁。

（34）Martin Pugh, *Britain since 1789: A Concise History* (London: Macmillan, 1999), p. 238.

（35）平均寿命と幼児死亡率のデータは、UNDP, *Human Development Report 1999* (New York: Oxford University Press, 1999), pp. 168–171, Table 8. 成人識字率のデータは、Human Development Centre (Pakistan), *Human Development in South Asia 1998* (Oxford: Oxford University Press, 1998), p. 179, Table 3.

（36）この点について詳しくは、拙稿「構造調整と基本的人間ニーズ――スリランカの事例」、『神戸法学雑誌』第四七巻第一号（一九九七年）を参照。

(37) World Bank, *World Development Report 1978* (New York: Oxford University Press, 1978), pp. 34–35.

(38) Laksiri Jayasuriya, *Welfarism and Politics in Sri Lanka: Experiences of a Third World Welfare State* (Perth: The University of Western Australia, 2000), p. 18.

(39) 食糧配給以外に対する影響については、以下を参照。United Nations Children's Fund (UNICEF [Colombo]), "Sri Lanka: The Social Impact of Economic Policies during the Last Decade," in Giovanni Andrea Cornia, Richard Jolly, and Frances Stewart, eds., *Adjustment with a Human Face*, vol. 2 (New York: Oxford University Press, 1987), pp. 260–263.

(40) Godfrey Gunatilleke, "Sri Lanka's Social Achievements and Challenges," in Dharam Ghai, ed., *Social Development and Public Policy: A Study of Some Successful Experience* (London: Macmillan Press, 2000), p. 157, Table 4.5.

(41) Siddiqur R. Osmani, "Economic Reform and Social Welfare: The Case of Nutrition in Sri Lanka," *The American Economic Review*, vol. 84, no. 2 (1994), p. 292, Table 1.

(42) 詳しくは、イエスタ・エスピン＝アンデルセン『福祉資本主義の三つの世界――比較福祉国家の理論と動態』（岡沢憲芙・宮本太郎監訳、ミネルヴァ書房、二〇〇一年）、四一頁を参照。

(43) この点についてはカール・ポラニーの議論を参照。カール・ポラニー『新訳　大転換――市場社会の形成と崩壊』（野口建彦・栖原学訳、東洋経済新報社、二〇〇九年）、一二五頁。

(44) エスピン＝アンデルセン『福祉資本主義の三つの世界』、一三頁。

(45) Jean Drèze and Amartya Sen, *Hunger and Public Action* (Oxford: Clarendon Press, 1989), p. 18.

(46) Jean Drèze and Amartya Sen, *India: Economic Development and Social Opportunity* (Oxford: Clarendon Press, 1995), pp. 21–25.

(47) ポラニー『新訳　大転換』、一〇〇頁。

(48) Bob Deacon, *Global Social Policy & Governance* (London: Sage Publications, 2007), p. 1.

(49) 進藤榮一『国際公共政策――「新しい社会」へ』（日本経済評論社、二〇一〇年）、四三頁。

(50) たとえば国際通貨金融システムの改革については、以下のものがある。Joseph E. Stiglitz and Members of a UN

Commission of Financial Experts, *The Stiglitz Report: Reforming the International Monetary and Financial Systems in the Wake of the Global Crisis* (New York: New Press, 2010); Heikki Patomaki and Teivo Teivainen, *A Possible World: Democratic Transition of Global Institutions* (London: Zed Books, 2004).

(51)　「二重の運動論」にもとづく分析は、ポラニー『新訳 大転換』の「第Ⅱ部　市場経済の勃興と崩壊(2)――社会の自己防衛」で展開されている。

(52)　このようなグローバル化の二類型については以下を参照。Richard Falk, *Predatory Globalization: A Critique* (Cambridge: Blackwell Publishers, 1999), pp. 130–131.

(53)　かかるガバナンスの詳細について論じることはできないが、以下が参考になる。デヴィッド・ヘルド『グローバル社会民主政の展望――経済・政治・法のフロンティア』（中谷義和・柳原克行訳、日本経済評論社、二〇〇五年）。

5 グローバリゼーションとアフリカの人々の暮らし
——構造調整政策の影響を中心に——

戸田真紀子

一 グローバリゼーションと構造調整政策

グローバリゼーションという言葉にはさまざまな顔があるが、経済分野に限れば、強者の、強者による、強者のための「ルールの強制」と言っても過言ではないだろう[1]。米国で主流派となった新古典派経済学の教えである新自由主義、市場主義に従い、グローバリゼーションの名のもとに、小さな政府、社会資本の民営化などが途上国にも求められ、その結果、同じ途上国でもエリート層は恩恵を得たが、貧しい人々の生活はますます貧しくなった。そして、アフリカに押し寄せたグローバリゼーションの津波の最たるもの[2]が、国際通貨基金（ＩＭＦ）と世界銀行が新自由主義をアフリカに押しつけた一九八〇年代の構造調整政策[3]であった。

独立以来借金を重ねてきたアフリカ諸国の多くが累積債務に苦しむようになり、国際金融機関は債務返済のために構造調整政策の実行をアフリカに迫った。コンディショナリティ（融資条件）を受け入れなければ、新規融資を行なわないという強硬な態度であった。追加融資を受けなければ国の運営ができない国々はそれを受けざるをえなかったが、賢明な指導者は、コンディショナリティに従えば、貧しい人々の生活がどうなるかをよく理解していた。タンザニアの初代大統領ジュリアス・ニエレレは、一九八五年三月一八日のスピーチのなかで、つぎのように尋ねている。

われわれの国民を飢えさせてまで債務を支払わないといけないのか？　栄養不良率を増大させてまで債務を支払わないといけないのか？　債務の支払いは国の名誉の問題であり、われわれは支払いたい。しかし、支払う前に生きなければならない。われわれの何千という国民は飢えており、飢えつつある。何百万もの国民がチャリティで生存している。われわれは支払い続け、物乞いを続けなければならないのか？　……時間がほしい。われわれが債務危機から脱し成長するための時間と資源を与えてほしい。[4]

この切実な問いかけに対する先進国側の答えは、「待たない。支払え」だった。それも、累積債務の根本原因がアフリカ側にあるという姿勢をとった。[5]　一九八〇年代から、ＩＭＦと世界銀行は、国際収支を支援するための借款と引き換えに、アフリカ諸国に対して、為替切り下げ、財政と金融の緊縮政策、対外経済自由化、規制緩和、民営化、行政の合理化などを要求したのである。では、この構造調整政策によって、アフリカの累積債務は削減されたのだろうか。

世界銀行の報告書によれば、タンザニアの対外債務残高は、一九七〇年の一四億四五〇〇万米ドルから九八年の七九億七二七〇万米ドルへと大幅に増加している。タンザニアは一九八六年に構造調整政策を受け入れ、ドナー側も債務繰り延べや債務帳消しを行なったが、九九年六月末には、タンザニアの中期および長期対外債務残高はＧＤＰの一〇〇・六パーセントとなり、報告書には「持続不可能」という言葉が付け加えられている。[6]　タンザニアの累積債務問題の治療に対して、構造調整政策は効果的な処方箋とはならなかったようである。

構造調整政策に対しては、「独立以来形成されてきた利権構造にメスを入れた。財政緊縮政策や行政機構の合理化は、非効率で資源を浪費していたアフリカの政府のあり方に光を当てた。規制緩和は、農業部門を含む民間部門こそが経済の主役となる可能性を開いた面がある。それらの点で、構造調整政策は、負の意味ばかりを持ったわけではない[7]」というプラスの評価もあり、また、アフリカ経済が石油価格の水準に左右されることから、「石油価格が低落し低迷した一九八〇―九〇年代におけるアフリカ経済の停滞を、援助の失敗、構造調整の失敗の責として負わせることは妥当なのだろうか[8]」という指摘がある。

しかしその一方で、一九八七年にユニセフが『人間の顔をした調整』という報告書で痛烈に批判したように、構造調整政策は、アフリカの低所得国の雇用、医療、教育などを悪化させ、貧困の増大を招いたとされている。世界保健機関（ＷＨＯ）は、構造調整プログラム（ＳＡＰ）が予算の削減と人々の貧困化をもたらし、その結果、子どもの栄養状態が悪化し、伝染病が増加し、乳児および妊産婦死亡率が上昇したと説明している[9]。また、教育の分野においても、構造調整政策は、「受益者負担」を掲げ、教育の有償化を求めた。その結果、貧しい家庭の子どもは学校に行くことを断念せざるをえなくなった。

「借りたものを返す」のは当然のルールである。しかし、返済できない相手に貸付を行なった先進国の「貸し手責任」も追及されるべきである。さらには、その金利の高さも考えてほしい。コフィ・アナン事務総長の時代にアフリカのエイズ問題担当特使となったスティーヴン・ルイスは、「一九七〇年から二〇〇二年までにアフリカは二九四〇億ドルの金を先進国から借り、二六〇〇億ドルの返済をしたのに、まだ二三〇〇億ドルの借金が残っている」ことを指摘している[10]。長期金利や短期金利など、貸付条件はさまざまであるが、たとえ三パーセントの金利であっても三〇年ローンであれば返済総額は一・五倍になる。返済できずに繰り延べしていけば、借金は雪だるま式に増えていく。多くの場合、借金をしたのは独裁者で返済をするのは貧しい国民であることもルイスは指摘しているが、アフリカの政府がやりくりした二六〇〇億ドルの返済のために、本来なら子どもたちの教育や保健・医療にまわされる予算が削られたことは大きな問題である。

そもそも、なぜこれだけの借金をアフリカ諸国はしなければならなかったのだろうか。本章では、グローバリゼーションがアフリカの人々の生活にどのような影響を与えたのかについて、援助政策（構造調整政策）を通して検証していきたい。

二　累積債務に至る道

1　アフリカの貧困化の責任の所在――植民地化

アフリカには繁栄の歴史がある。黄金のマリ帝国以外にも、数多くの帝国や王国が栄華を極めた。アフリカはいつから「貧困の大陸」と呼ばれるようになったのだろう。アフリカの発展の経路が歪められたのは、奴隷貿易から植民地化に至る時期である。砂糖に群がる蟻のように、アフリカの資源を「開発」に来たヨーロッパ人は、現代なら詐欺としか呼びようのない手法を使い、無実の王を裁判にかけ流罪にするなどしてアフリカの富を手に入れた。植民地時代に導入された間接統治は、その地の伝統的な統治方法を根底から変えてしまい、専横的な統治が住民を苦しめるようになった。

西欧列強が引いた国境線をほぼ踏襲し、分割統治が引き起こした民族対立の構図や脆弱なモノカルチャー経済といった植民地化の負の遺産を解決しないままアフリカ諸国は独立した。独立直後は歓声に沸いた国々はいまやどうだろうか。前述のルイスは、つぎのように述べている。「アフリカの年」である一九六〇年の時点では人々は貧しいけれども飢えてはいなかった。しかし、いまや、アフリカの人々は慢性的飢餓に苦しんでいると。(11)

アフリカの人々は現在飢餓に苦しんでいるが独立当初は飢えていなかったという説明は、決して植民地統治がよかったと言っているわけではない。植民地支配を肯定する言葉として、「学校をつくり、道路をつくり、港をつくった」というような表現があるが、学校をつくったのは植民地政府や企業で働く現地人の職員や兵士・警察官などを養成するためであり、道路や港をつくったのはプランテーションや鉱山から第一次産品を輸出するためであって、現地の人々の生活向上のためではない。すべて宗主国の利益のためになされたことである。

独立時のアフリカ諸国はどのような様子だったのだろうか。全米経済研究所（ＮＢＥＲ）の報告書によれば、一九六〇年のアフリカにおける出生時平均余命はちょうど四〇歳を越えたくらいであった（ＯＥＣＤ諸国は六七歳、東アジアは六二歳であった）。一九六〇年代のアフリカの初等教育就学率は平均四二パーセントであった（ＯＥＣＤ諸国も東アジアもほぼ一〇〇パーセントであった）。報告書は、もし一九六〇年代の初等教育就学率がＯＥＣＤ並みであれば、アフリカの一人あたりの収入は現在の二・五倍になっていただろうと予想している。[12] 植民地時代、宗主国が保健・医療や教育といった現地の人々の生活を向上させる分野に力を入れてこなかったことを示す数字である。

2　アフリカの独立――新植民地主義と大国の介入

一九五七年のガーナ独立に始まってサハラ以南アフリカ諸国はつぎつぎと独立を果たしていくが、これらの国々が継承したのは、国民を豊かにするための国家ではなく、国民を搾取するための植民地国家そのものであった。また、モノカルチャー経済もそのまま受け継いだ。[13] 高等教育を受けた人材も少ない。それを理由に旧宗主国はアドバイザーとして、本国に引き取りたくないレベルの人材をアフリカに押しつけて帰っていった。[14] 旧宗主国は賠償をするどころか、既得権益を確保するために（新植民地主義）、植民地国家の構造を変えようと試みたアフリカの国々に対して、さまざまな干渉を始めた。他方、構造をそのまま受け継いだ国々では、給与体系もそのまま継承し、少数のアフリカ人エリートが厚遇された。[15] 一九六〇年代の近代化論に従った開発理論[16]は功を奏さず、七〇年代は二度の石油危機がアフリカの非産油国を襲い、八〇年代には大旱魃に見舞われ、援助する側とされる側の双方の問題が原因でアフリカ諸国は累積債務問題に直面したのである。

ヨーロッパの旧宗主国が植民地を手放したのは、米ソの圧力やアフリカ人ナショナリストの要求だけが理由ではない。植民地経営の負担と植民地帝国としての国際社会での地位を天秤にかけ、独立はさせるが支配は続けるという「非公式の帝国」として君臨する道を選んだからである。(17) 植民地の独立は、アフリカを真の意味で解放するものではなかった。独立後も、アフリカは「新植民地主義」に苦しめられるのである。

独立に際しても、旧宗主国が新しい国造りに協力したというわけではなかった。まずは独立後すぐに混乱（コンゴ動乱）を極めたコンゴをみてみよう。旧宗主国ベルギーは、植民地での初等教育には力を入れたが、高等教育に熱心ではなかった。ベルギー領コンゴ最古の大学で、一九五四年に創立されたロヴァニウム大学（現在のキンシャサ大学）がアフリカ人の医師と土木技師を輩出したのは、独立後の六一年であった。一九六〇年のコンゴ独立時には、大卒は三一人に満たないという状況であった。旧英領ガーナの初代大統領クワメ・ンクルマが二つの修士号を得ていたのに対し、旧ベルギー領コンゴの初代首相パトリス・ルムンバは中等教育を修了しておらず、当時の二三人の閣僚のうち大卒は二人しかいないという状況であった。(18)

つぎに旧宗主国に逆らった国での破壊行為をみてみよう。西アフリカのギニアは、国連開発計画（UNDP）の人間開発指数（HDI）のランキングでは一七八位（一八七カ国中、二〇一二年）の国である。(19) ギニアを含むフランスの植民地では、第五共和政憲法制定に先立つ一九五八年九月、内政については完全な自治権を認めるが、防衛・外交・通貨など重要事項はフランスが掌握するという「フランス共同体」構想について、「ウイ」か「ノン」の答えを出すレファレンダムが行なわれた。ギニアでは、ナショナリスト運動を率いた労働組合指導者のセク・トゥーレが「われわれは隷従のなかの豊かさよりも、自由のなかの貧困を選ぶ」と宣言し、レファレンダムでは九五パーセントが「ノン」という答えを出した。フランスは十月にギニアを独立させたが、トゥーレの言葉に対して、重要な政府文書を持ち去っただけでなく、コミュニケーションや輸送といったフランス式インフラを破壊した。電話局は破壊され、港のクレーンや鉄道交換機といった重機さえ粉砕された。ギニアの新政権は、ソ連とガーナから援助を得て生きながらえたが、独立のスタート地点からこのような状況で、国家としてどのような発展が期待できたというのだろうか。

破壊ではなく、自分たちに都合のよい制度を構築してから独立させた宗主国もある。一九六〇年に独立したナイジェリアでは、独立以前に開催された憲法会議において、イギリスのお気に入りの「北部」州が連邦を支配できる枠組み（議席配分）がすでにできあがっていた（これが、後のビアフラ戦争の原因のひとつである）。

さらには、詐欺のようなかたちでプロジェクトに関わり、借金をさせた事例もある。ガーナの初代大統領ンクルマは、ガーナの経済発展のために、ガーナで産出するボーキサイトを原料のままで輸出するのではなく、国内でボーキサイトを精錬して輸出する計画をたてた。アルミニウム精製には電気が必要であるため、水力発電ダムの建設も含まれた「ヴォルタ川開発プロジェクト」が始まった。イギリス、米国、世界銀行から借款を得て、一九六五年、ヴォルタ川にアコソンボ・ダムが完成した。世界最大の人口湖ヴォルタ湖（水没移住は七四〇村落、全人口の一割にあたる八万人に達した）と、カイザー・アルミ（米国）が九〇パーセントの株をもつアルミニウム精錬所（VALCO）ができた[20]。VALCOにダムからの電力を法外に安く提供することによるガーナ政府の負担は大きかったが、カイザーとの約束どおり、いずれはガーナ産ボーキサイトが採掘され、ガーナ経済が発展することを期待していた。しかし、財政上の理由をあげて、VALCOはガーナ産を使用せず、ジャマイカ産ボーキサイトを輸入し続けた。ガーナは誰のために借金をしたのだろうか。

冷戦時代の大国の介入としてもっとも問題があるのが、独裁者への支援だろう。いかに政権が腐敗しようとも、人権を侵害し、政権を批判する人々を虐殺しようとも、軍政であれ民政であれ、自国の協力者であれば、大国は惜しみない援助を与えた。その代表格がザイールのモブツ・セセ・セコであるが（本章の註（22）参照）、ここでは、中央アフリカ共和国のボカサを紹介しよう。一九六六年にクーデタで政権の座に就いたジャン＝ベデル・ボカサは、一九七六年に国名を中央アフリカ帝国とし、自らを皇帝ボカサ一世とした。ナポレオン一世を真似たボカサの戴冠式には、約二〇〇〇万ドル以上（当時。中央アフリカの国家予算の四分の一以上。フランスからの援助で賄った）がかかり、高級ブランド車、輸入もののワインやシャンパンが並び、宝石を散りばめた特注の王冠と王座が披露された。むろん世界中から非難され嘲笑された行為ではあるが、もっとも基本的な保健・社会サービスを受けることさえできない人々のために使われるべきお金が浪費されたことを忘れてはならない。

世界銀行によれば、アフリカ諸国のほとんどが独立を果たした一九六〇年代、アフリカの一人あたりの収入は東アジアと差異はなかった。しかし、二〇世紀の終わりには、アフリカの一人あたりの収入は東アジアの四分の一にも満たなくなっていた。アフリカの一人あたりの経済成長率は、一九六〇年代初頭の約二パーセントから六〇年代末にはほとんど五パーセントになっていた。それが一九七〇年代初頭から降下し、六〇年代初頭の水準（約二パーセント）に復帰できたのは九〇年代中期以降である。一日一ドル未満で暮らす最貧困層が人口に占める割合は、一九七〇年に三六パーセントであったが、二〇〇〇年には約五〇パーセント（三億人）に達した。アフリカは世界人口の一〇パーセントしか占めていないが、世界の貧困層の三〇パーセントを占めるようになったのである。[21]

3　アフリカの債務危機のもう一人の責任者——米国

自らのポケットに援助のほとんどを入れてしまい累積債務を築いた独裁者も多いが[22]、国民の生活レベルを維持するために海外からの借金を重ねた政治家もいる。たとえば、前述のタンザニアの初代大統領ニエレレを「私利私欲」や「独裁者」という言葉と結びつける人はいないだろう。「ウジャマー（＝家族的な連帯感）社会主義」を提唱し、亡く

表1　米国プライムレートの推移

時　期	1960.08.25	1965.12.06	1970.12.22	1971.12.02	1973.12.03	1977.10.24	1978.12.26	1979.12.07	1980.12.19
%	4.50	5.00	6.75	7.75	9.25	7.75	11.75	15.25	21.50

・2013年2月18日現在のレートは3.25パーセントである．
・1980年12月19日のレートが米国プライムレート史上最高値である．
出典：FedPrimeRate.com, "Prime Interest Rate History," accessed in http://www.fedprimerate.com/wall_street_journal_prime_rate_history.htm（2013年2月18日確認）．

なった今でもカリスマ的人気を誇るアフリカの政治家のひとりである。そのニエレレは先に述べた一九八五年三月一八日のロンドンにおけるスピーチのなかで、タンザニア経済が困難に直面した原因として[23]、つぎの項目を挙げている。「二度の石油危機、先進国の高いインフレによる輸入物資の値上がり、為替レートの急激な変動、非常に高い金利と世界不況のコンビネーション、長期にわたる二回の旱魃」である。

ニエレレの一九八五年三月二〇日のスピーチ（於：ロンドン）によれば、「途上国の多くは石油危機の時に燃料価格高騰対策として借金をし」、「二度目の石油危機では先進国の不況もあって金利が」上がり、「一九七一年に四・二パーセントであった平均金利は一九八一―八二年までに一〇・一パーセントに達し」、「非産油途上国に対する実質金利は一九八一年に二〇パーセント以上に達し、それ以来ほとんど」下がっておらず、「IMFの貸付は、支払い猶予期間が三年、返済期間が三年で、金利が九パーセント」であった[24]。参考までにこの時期の米国のプライムレートの推移を表1にまとめた。「七〇年代の借入増の間に、途上国債務に占める変動金利の割合は途上国全体で一九七〇年代の一・三パーセントから一九八〇年の三三・七パーセントに高まっていたから、国債金利の上昇は途上国の金利負担に大きなインパクトを与えた」。そして、一九八〇年代に入って「アフリカでは、リベリア、マダガスカル、セネガル、スーダン、ウガンダといった国がつぎつぎとパリ・クラブでの公的債務の」リスケジュリング（債務の繰り延べ）交渉を行なった[25]。このような経済状況で、アフリカの多くの国々が大旱魃を迎えたのである。

ここでひとつ確認しておきたいことがある。米国の金融政策についてである。本書の第四章に書かれているように、「途上国の累積債務が急増した背景には、アメリカ主導で進んだ国際資本移動の自由化の影響があった。途上国が借り入れた資金は、石油危機によって産油国が得た多額のオイル・ダラーであった。それらのオイル・ダラーは、……アメリカの民間投資銀行の融資を通じて途上国に貸し出された。ところが一九七九年一〇月に、カーター政権とレーガン政権で連邦準備制度理事会（ＦＲＢ）議長を務めた新自由主義者ポール・ヴォルカーが、金融引き締めを実施して金利を急激に上昇させた」（本書一〇九頁）という。その結果、途上国は、利子返済額が急増したことによって、債務返済ができなくなった。本書の第六章では、ヴォルカーの目的は、「新自由主義経済学が忌み嫌っていたインフレを、退治すること」にあったという。つぎのように説明されている。「覇権国の強みは、さまざまな制度的操作を通じて自らの債務の一部を実質的に帳消しにする方向に誘導できるところにある。……一九八〇年代に入ると、海外資本を呼び戻すべくアメリカ政府が高金利政策に転じた結果、南米やアフリカなどの発展途上国における深刻な債務危機を引き起こすこととなった」（本書一六六頁）。

すでに触れたように、一九八一年の世界銀行の特別報告書『サブサハラ・アフリカの開発促進』（バーグ報告）は、アフリカの低開発の「根本原因は独立後に各国政府がとった政策」であることを強調しているが（本章の註（５）参照）、米国がとった高金利政策の影響を考えれば、アフリカで債務危機が起こることは米国にとって自明のことであり、アフリカの低開発は決してアフリカ人の失敗だけに帰すものではない。

三　アフリカへの構造調整政策の導入とその帰結

１　構造調整政策の評価

構造調整政策の理念は「小さな政府」である。世界銀行とＩＭＦは、石油危機後の「深刻な経常収支の赤字、累積債務等の途上国の経済危機」の原因を、一九七〇年代までに途上国政府が主導してきた開発政策の「非効率性」だとした。そして、「政府が民間部門・市場経済に対して行っている補助金供与、禁止制限、複雑・過重な課税などの規制介入、あるいは国営企業の経営をできるだけやめさせ、また政府・公共部門の合理化を進め、市場原理による経済的資源配分の効率化を図った」のである。(26) しかし、期待された成果は出なかった。

冒頭でも紹介したように、構造調整政策にもプラスの面があるという指摘やアフリカ経済の低迷の唯一の原因ではないという評価もあるが、構造調整政策によって貧困層にマイナスの影響が出たことは否めない。前述したように、国連ファミリーの一員であるユニセフやWHOが身内の世界銀行やIMFの政策を批判したことの意味は大きい。

経済学者の寺西重郎は、「世銀・IMFの構造調整政策がたんなる市場自由化・民営化だけでなくサプライ・サイドの整備をも考慮していることは、その限りで適切である」が、「分配面と部門面・階層間バランスの問題を十分と り込んでいないという意味において、構造調整政策の枠組みは基本的な欠陥を有している」と問題点を指摘している。(27)

世界銀行副総裁、ルワンダ中央銀行総裁を経験した服部正也は、「他の地域よりはるかに寛大な条件による多額の長期にわたる援助と、濃密な政策アドヴァイスにもかかわらず、経済発展どころか、貧困が深刻化しているアフリカの現状を見る限り、先進工業国とその事実上支配する国際機関の勧奨した「構造改革／構造調整」を含めた開発政策と援助は、失敗したと言わざるをえない」とマイナスの評価を与える。そして、失敗の理由は、「先進工業国や国際機関が、それぞれの途上国の実情に対する研究を怠り、その国に適合した開発政策を考案せず、口では民間活力動員を唱えながら途上国国民不在のまま、先進国側の方法と時間的実施の順序に関する考慮を怠った」ためであり、「政策の失敗の理由を途上国側の無能のせいにし、自分が勧めた政策の欠陥を反省しない援助供与側の思い上がりにより、誤りが繰り返されている感を禁じ得ない」と国際金融機関の態度を手厳しく批判している。(28)

服部は、植民地化の遺産であるモノカルチャーにも触れ、「世界銀行の構造改革計画は、政府主導の経済運営を民間主導に変えるものであったが、経済の自由化だけで経済発展が起こるものではなく、アフリカ諸国にとって一番必要であった、一次産品への過大依存からの脱却のための生産構造改革と、外国企業の過大な利益送金を是正する処方箋がなかったことが最大の欠陥であった」と断じている。[29] この一次産品問題については、ＵＮＤＰも『アフリカ人間開発報告書二〇一二』において、構造調整政策が、アフリカの国々に、食料生産から換金作物の輸出に資源を振り向けることで、膨張した債務を返済するように奨励し、その結果、アフリカが商品価格下落と輸入増大の犠牲となっていったことを指摘している。[30]

「民営化」についても、服部はつぎのように指摘する。「アフリカの途上国の官営事業の設備は、援助で提供された優良なものが多く、ただ、官僚的経営のために不採算となっているものが多い。国民全体の資産である官営事業を外国に安売りすれば、外国企業は、持ち出し投資額はきわめて少なくて優良施設を手にいれられるのである。その上、所有権が確保されていれば、施設の買取りは外国企業にとってさらに魅力を増すものであろう。しかし、国民全体の優良資産を外国人に安売りすることが適当かどうかには、大きな疑問があり、国民の大きな反発が予想される」。[31] 公営企業の民営化といっても、アフリカでは自国企業が買い取るのではなく、ほとんどの場合外国企業によって買い取られるということは、しばしば耳にする話である。

服部は世界銀行の対応が問題となった事例を紹介している。世界銀行が構造調整融資の「流行に乗って、安易に融資を押しつけたものと思われる」サントメ・プリンシペの事例では、「世界銀行は、一九八五年から一九九二年までの間に、構造改革〔注：服部は構造調整をこのように訳した〕融資二件一三八〇万ドル、ノン・プロジェクト三件一六〇〇万ドルを含む合計八件五八九〇万ドルの貸付約定を」した。その結果、一九九六年末のサントメ・プリンシペの債務額は、「同年の国民総生産四〇九〇万ドルの一・四六倍、国民一人当り四五八ドルに相当する五九五〇万ドル」に及び、「同年の対外債務総額は世界銀行分を含めて、二億六〇八〇万ドルとＧＮＰの六・三八倍であって、この小島国としては返済は到底不可能の金額に」上ってしまったという[32]。

中央アフリカ共和国では、財政支出削減のために採られた人員削減の結果、財政支出がかえって増大し、教育の質が低下した。「政府が完全に納得しないままの合意であったので、行政改革は行わないままに、合意された人員削減だけを急ぎ、退職金の割増による希望退職を募ったのである。ところが、中堅の教職員が大量応募したため、小中学校が運営できなくなり、教員の緊急補充のため、新たに教員の速成養成を実施せざるを得ない状態となった。その結果、割増退職金の支払いと、新規採用教員の速成教育で財政支出はかえって増加したばかりでなく、教育の質は著しく低下することになってしまった」。世界銀行の担当者が、中央アフリカ政府の「能力不足のせい」で失敗したと主張したことに対して、服部は、「必要な行政改革の方向と実施方法に関する対話を怠り、ただ人員削減だけを強引に押しつけた世界銀行の誤りを反省している様子」の見えない世界銀行を厳しく批判している[33]。

一九八九年の『危機から持続的成長に向かうサブサハラ・アフリカ』によって構造調整の微調整が図られ、「法の支配の確立、司法の独立、人権の尊重、公金支出の透明性、厳格な会計監査の必要性が強調され」、グッド・ガバナンス（良い統治）の達成がアフリカ諸国に求められた。しかし、「未曾有のＯＤＡが投入されたにもかかわらず、八〇年代から九〇年代のサブサハラ・アフリカでは開発が後退し」、「援助史上最大の失敗[34]」となったのである。

2　ケニアと構造調整政策

一九八〇年のケニアとセネガルから、世界銀行によるアフリカでの構造調整政策が始まった。ケニアではなぜ構造調整が必要になったのだろうか。その理由をジョセフ・ロノはつぎのように説明する。一九六三年の独立時には、潤沢に外貨を保有しており、世界の好景気により輸出も好調であり、ケニアは繁栄の一〇年を享受していた。これを壊したのが石油危機であった。一九七三年以降、石油価格が上昇し、人々の生活水準が悪化していった。石油高騰に加えて、世界不況による経済危機、主要輸出品の価格変動、低い技術力、旱魃と飢餓、人口爆発、東アフリカ共同体の崩壊、急速な都市化、債務の増加、土地の細分化、貧困拡大、病気、無知が、一九七〇年代の経済危機をつくりだした。その結果、ケニアは構造調整政策を受け入れたのである[35]。

構造調整政策の導入の結果、ケニアではどのようなことが起こったのか。ロノは、教育や保健・医療、雇用面で、貧しい人々の受けたダメージや、貧富の格差、都市と農村部の収入の格差が拡大したことも指摘し、その証拠として、一九九四年や九七年の統計を示している[36]。

ケニアの場合、当時のモイ政権の腐敗と利権構造が一九九〇年代に指摘されており、九一年末には、ＩＭＦと二国間ドナーがケニアに対する援助差し止めを決定したり、九二年から九三年にかけて、モイ政権上層部が絡む金融スキャンダルによる金融危機が襲ったりしたこともあり[37]、この時期のケニア国民の苦難を構造調整政策のみに責任転嫁することは不公平な見方かもしれないが[38]、少なくとも教育や医療など基本的人間ニーズ（ＢＨＮｓ）に関わる予算が構造調整によって削減された影響が大きいことは確かである。

たとえば、ケニアの初等教育は一九七四年の大統領令によって無償化された。その結果、総就学率（gross）[39]はケニア全体で、四七パーセント（一九六三年）から一一五パーセント（一九八〇年）と二倍以上となった。ケニアでもっとも貧しい北東部においても、（遊牧民の子どもたちに配慮した）全寮制学校の増加や一九八〇年代の学校給食プログラムの導入に支えられ、就学率が上がり、中退率が下がったという。ところが、一九八九年にコスト・シェアリングが導入され、政府が教員の給与を負担する一方、保護者やコミュニティにもさまざまな負担が要求されるようになり、経済的負担に耐えられなくなった家庭の子どもが学校を去ることになってしまった。一九八九年から九五年の間に、就学率は約二〇パーセント下がってしまった[40]。貧しい家庭の子どもたちに教育の機会が与えられるのは、二〇〇三年の初等教育無償化導入まで待たなければならなかった。

3　タンザニアの累積債務と初等教育修了率

タンザニア（一九六一年に本土部分のタンガニーカが独立を達成し、翌六二年に共和制に移行。六四年にタンガニーカとザンジバルが連合して、タンザニア連合共和国が成立）は緑豊かな農業国である。イギリスの委任統治領、信託統治地域を経て独立したタンガニーカは英領植民地のなかでもっとも貧しいとされ、ザンジバルと連合してタンザニアとなっても、急に豊かになるような状況にはなかった。

タンザニアの初代大統領ニエレレは、タンザニアの発展の三つの敵として、貧困と無知と疾病をあげ、この三悪の追放を開発政策の要とした。HIV／エイズの影響があったが、それでも、独立時には二五パーセントしかなかった初等教育総就学率は一九八〇年には九三パーセントとなり、成人非識字率も独立時の八〇パーセントが八五年には五パーセントとなった。その他、保健医療分野においても、大きな実績をあげている[41]。

ニエレレは私腹を肥やす独裁者ではなかったが、経済状況が悪化し、一九八五年に経済政策の失敗を認めて引退した。その後タンザニアは一九八六年から構造調整政策を受け入れた。ニエレレの提唱したウジャマー社会主義を含む「アフリカ社会主義」は、アフリカ経済専門家の高橋基樹が言うように、「構造調整の実施によって完全に息の根を止められることになった、と言っても言い過ぎではない[42]」。その後、タンザニアは経済自由化を推進し、経済は成長している一方、貧富の差が拡大している。また汚職の撲滅も大きな課題になっている。

構造調整政策の影響をみるために、タンザニアの初等教育就学率・修了率の変化をみていきたい。まずは、就学率であるが、ニエレレは、一九七四年に初等教育（七―一三歳の就学が義務づけられた[43]）を無償化し、その結果、（独立時には二五パーセントしかなかった）初等教育総就学率は、七四年の四三パーセントから八一年に九八パーセントにまで達した。その後低下し、ニエレレの退任年である一九八五年には七六パーセントとなった[44]。経済状況が悪化し、ニエ

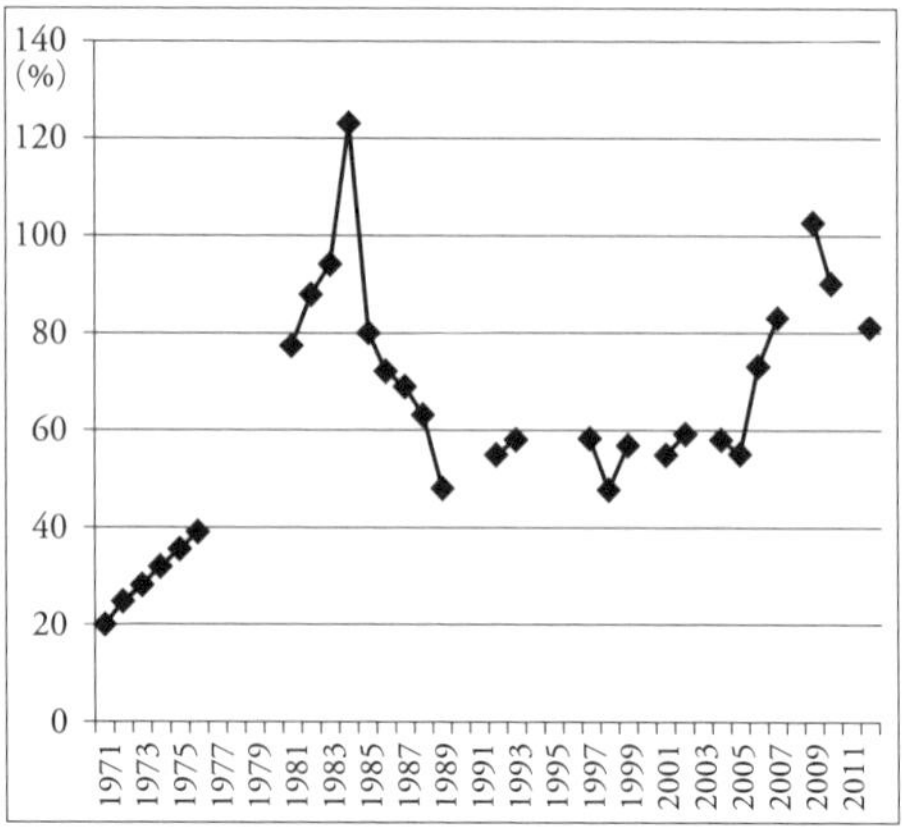

出典：UNESCO 統計（註(44)）より筆者作成．

図1　タンザニアの初等教育修了率の変化

レレの退任後に構造調整を受け入れたアリ・ハッサン・ムウィニ政権は、教育における「コスト・シェアリング」を打ち出し、初等・中等学校の教育費を有償とした。

つぎに修了率をみてみよう。初等教育の有償化は一九八五年に始まった。ニエレレが退任する前年の八四年の初等教育修了率(gross)[45]は一二三パーセントであったが、翌年の構造調整政策受け入れ後悪化の一途をたどり、一九八九年には四八パーセントとなった（図1参照）。初等教育は二〇〇一年に無償化され、修了率は増加に転じたが、ニエレレ退任時の数値を超えたのは、二〇〇七年になってからのことである。

アフリカのほとんどの家庭では、学校に行かない限り、「読み・書き・計算」を身につけることはできない。公教育に頼らなくても家庭やフリースクールなどで「読み・書き・計算」を学ぶことのできる現代日本とは状況がまったく異なる。教育は次世代にも影響する。字が読めない母親が薬を間違って子どもに与えるなどの事故も多い。母親の教育状況が子どもたちの生死に関わっているのである。構造調整政策により、貧しい家庭の子どもたちから教育を受ける機会が奪われたこと、とくに、男尊女卑の慣習の強い地域では、学校に行くにも男の子が優先され、女の子が教育の機会を奪われたことは、タンザニア経済にとっても大きな打撃となったはずである。[46]

ここまで、アフリカの累積債務の原因や、構造調整政策の導入とそれによって引き起こされた諸問題について述べてきた。本節では、対アフリカ援助のあるべき姿について、提言を五つにまとめて紹介し、おわりとしたい。

四　援助のあるべき姿

1　援助の弊害（不正・腐敗・汚職）を認識し公平な貿易ルールを確立する

タンザニアの年間国家予算のうち、約四割がドナーからの援助で賄われているように[47]、アフリカ諸国の大部分が国家予算を援助に依存しているといっても過言ではない。これは決して健全な財政状態ではないが、第一節で引用したニエレレの言葉にあるように、BHNsに関わる予算は、援助に頼ってでも確保しなければならない。しかし、その一方で、ダンビサ・モヨが『援助じゃアフリカは発展しない』のなかで指摘しているように、援助が不正・腐敗・汚職を助長している面は否定できない[48]。援助に依存しているタンザニアにおいて、二〇〇九年の国家予算の約三分の一が不正に浪費されたという[49]。

援助の弊害はこれまでも多くの識者によって語られてきた。これは、援助を受ける側の問題と援助する側の問題の両面をみる必要がある。前出の服部は両方の問題を指摘し、グラハム・ハンコックは援助する側が貧困問題に寄生していると指摘し、その著書を *Lords of Poverty*（一九八九年）という挑発的なタイトルにしている[50]。草の根の人々にもっとも寄り添っているとされるNGOの汚職が現地で大きく報じられることもしばしばある。

援助の内容にも精査が必要である。古着の援助がアフリカの国内の衣料産業にダメージを与えたように、また、戦略的な食糧援助によって都市部の住民の主食が伝統作物からパンに変わってきたように、援助はアフリカにさまざまな影響を与えてきた。援助ドナー側の利益、アフリカのエリート層の利益ばかり考えるのではなく、アフリカのもっとも貧しい人々に必要なものは何かということを常に考えなければならない。

また、心あるアフリカの政治家は昔から「援助よりも貿易を」という言葉を唱えてきた。途上国に対して先進国は一ドルの援助を与え、二ドルの搾取をしているとよくいわれる。公平な貿易ルールが確立されれば、アフリカの農家にも国際市場で競争するチャンスが生まれ、貧困解消につながる。公平な貿易ルールを作るために先進国の政府に対して強い圧力をかけることができるのは、先進国の有権者である。援助が無用になる日が来るかどうかは、私たち先進国の国民の意思に大きくかかっている。

2　援助と引き換えに欧米の価値を押しつけない

冷戦時代、「反共」という二文字を踏み絵として、西側諸国はアフリカの独裁政権への支援を続けてきた。冷戦終結は、アフリカの独裁者にとって悪夢の始まりだったかもしれない。一九九〇年のラ・ボールでのミッテラン大統領の演説を皮切りに、先進国は、アフリカに対して、民主化を援助の条件としはじめた。援助なしに立ちゆく国はアフリカにはほとんどなく、独裁者もこの民主化要求を呑まざるをえなかった。

民主主義や人権擁護を求める人々を弾圧するために用いられた独裁者への援助が減ったことは歓迎すべきことであったが、先進国の要求は単純すぎた。先進国が求めた民主化とは、複数政党制の導入と選挙の実施の二点だったからである。長年にわたるアフリカ研究の蓄積で明らかになっているように[51]、アフリカの多民族社会には、勝者がすべてを獲得する（winner-take-all）ような選挙ルールは適さない。とくに、どちらの候補者が勝利するかが支持者の生活に大きな影響を与えるような社会では、得票率が五一パーセント対四九パーセントという結果になれば、当然のように暴動が発生する。単純多数決ではなく三分の二以上の得票が必要であるとするなど当選のハードルを上げるか、副大統領や首相のポストを敗者に用意するパワー・シェアリングの配慮が必要なのである。アフリカ研究の蓄積を検討することなく、複数政党制下での選挙を押しつけられ、それを実施したアフリカのいくつかの国は、暴動、紛争、国家の崩壊を経験した。多民族国家であるアフリカに適さない選挙制度が導入されたことが原因である。欧米の価値の押しつけによって、アフリカの国内政治が不安定になることは、避けなければならない。

3　腐敗をなくし貧富の格差を改善する

近年アフリカの発展はめざましい。二〇一四年一月二一日にIMFが発表した経済成長率の予想では、先進国・地域が一四年は二・二パーセント、一五年が二・三パーセント、アジア途上国が一四年は六・七パーセント、一五年が六・八パーセントであるのに対し、サハラ以南アフリカは一四年が六・一パーセント、一五年が五・八パーセントと、アジア途上国に次ぐ世界で二番目に高い成長を示す地域になっている。[52]しかし、それでも、UNDPのHDIランキングの下位グループはアフリカ諸国が独占している。経済成長率が高くても国民の大多数は貧しいままである。

アフリカの経済成長を牽引するのは資源の輸出国であるが、国家の富はエリートが独占するために、国が富んでも貧しい人々の生活水準は上がらない。石油や天然ガス、レアメタルなどの輸出により莫大な富を得ている国でも、大統領やその家族、閣僚、高級官僚などの少数のエリート層が国家の富の大半を食べつくしてしまうため、経済成長率がいかに高かろうとも、多くの人々はBHNsが満たされていない生活を送っている。他方、地下資源をもたない国では、援助に頼らなければ国の運営ができず、国民の多くが貧困に苦しむことが多い。

近隣諸国での汚職が目立つなか、一九九四年に旧政権が起こしたジェノサイドに終止符をうったルワンダ愛国戦線（RPF）元司令官であるポール・カガメ大統領は、腐敗していない政治家として、ルワンダ国民から高く評価されている。[53]欧米からは表現の自由がない、権威主義などの批判があるが、カガメ大統領がインフラ整備を国中で進めたことにより、国民の生活が向上していることは疑う余地がない。

4　人々の生活向上のために――インフラを整備する

服部は、途上国援助の原点を「旧宗主国の植民地経営の財政負担を国際化する」ことであるとしている。「宗主国の植民地経営の財政負担は莫大なものであったが、これは植民地が財政的に自立できない情況にあったことを意味する。宗主国側でも植民地が、独立後も植民地経済体制を変えない限り自立力はなく、外国からの財政支援を必要とすることは知っていたと思われる(54)」。

植民地経営は宗主国の国益のためにあった。新植民地主義も旧宗主国の既得権益を守るものであり、アフリカの人々に未来への希望を与えるものではない。人々の生活向上のためには、どんな援助が必要だろうか。それは、経済的自立を促す援助である。

筆者の調査地のひとつがケニアの北東部にあるソマリ人居住地域である。植民地時代も独立後も開発から取り残された結果、この地域はケニアでもっとも貧しい地域となった。ソマリ人の多くは遊牧で生計をたてている敬虔なイスラーム教徒である。電気、ガス、水道がない生活が当然で、近年降雨量が減っているにもかかわらず、灌漑施設などのインフラ整備が進まないため、水や牧草地といった限られた資源をめぐってクラン（clan）（氏族(55)）間の衝突がしばしば起こっている。中等学校を卒業しても定職がなく、若者の失業率も住民の貧困率も高い。

まだ暗いうちから働きだすソマリの人々の生活向上のために、何を優先的に行なうべきか。灌漑設備も大切であるが、ここでは、幹線道路の整備をあげたい。ケニア北東部とナイロビを結ぶバスがあり、早朝、多くのソマリ人女性が、ラクダのミルクが入ったプラスチックのボトルを持ってバスに乗り込み、ナイロビに売りに行く。この幹線道路は、ナイロビ周辺部は整備されている。もっとはっきりと言えば、ケニアの主要民族の居住地域内では整備が進んでいるが、ソマリ人居住地が近づくにつれ、道路に大きな穴が目立つようになる。高速走行で穴に入ると車はジャンプして死亡事故になる。徐行して走らざるをえない。旧北東州の州都ガリッサからナイロビまで、三三〇キロメートル足らずの距離であるから、日本の高速道路の規格であれば四時間ほどで到着するが、(車の性能によるが）実際には五—六時間かかるのである。幹線道路の整備が進めば物流が改善され、北東部の経済にも大きく貢献することは間違いない。

5　テロ対策の軍事行動を削減し、その軍事費を貧困対策に用いる

構造調整政策は現在まで生き続けている。二〇一二年一月、国民の大反対にもかかわらず、ナイジェリアのグッドラック・ジョナサン大統領が燃料への補助金を廃止したことにより、ガソリンの値段は数時間のうちに、六五ナイラ（ナイラはナイジェリアの通貨）から一五〇ナイラに値上がったという。[56] 燃料費の値上げは輸送コストの上昇につながり、穀物や野菜などが普通の人々の手のとどかない値段になった。[57] これに抗議して各地で労働組合がゼネストを行ない、警察の発砲などにより死者が出た。この補助金廃止騒動に、ＩＭＦが重要な役割を果たしたことが指摘されているのである。[58]

ナイジェリア政府は、燃料への補助金に毎年一兆三〇〇〇億ナイラを費やしており、これを継続できないことを補助金廃止の理由としている。石油輸出国機構（ＯＰＥＣ）第七位の産油国（二〇一二年）でありながら、ナイジェリアは自国で消費する石油を輸入している。石油の国際市場での高騰はさらなる補助金の膨張を招く。この状況に対して、ＩＭＦは、燃料への補助金が貧しい人々への効果的な直接支援になっておらず、汚職を助長していることを指摘し、削減された。[59] ＩＭＦのこの方針により、ナイジェリアだけではなく、ギニア、カメルーン、チャド、ガーナでも燃料への補助金が削減された。[59] 燃料への補助金が貧困層への支援にならず汚職を助長しているというＩＭＦの主張に対して、ウィリアム・イングドールは、燃料への補助金廃止がナイジェリア国民を利することにはならないと主張する。[60] 貧しい人々にとって、燃料への補助金は、強欲な政府から得ることのできた数少ない恩恵だったはずである。

ＩＭＦがどのように説明しようとも、ガソリンの値上げが市民生活を圧迫したことは間違いがない。そして、生活苦は明らかにテロを助長する。ナイジェリア北部では、ボコ・ハラムが自爆テロや村の襲撃、外国人の誘拐、国連施設の爆破まで行なっている。失業中で不満を持ったムスリムの若者をテロ組織がたやすくリクルートできるのは、ナイジェリア北部だけではない。筆者の調査地のケニアでも、首都のスラムや辺境の地で、若者がリクルートされている。先進国はアフリカのテロ組織を壊滅するために多額の資金を投入している。軍事産業は潤うだろうが、このような税金の使い方はもうやめてはどうだろうか。貧困に苦しんでいる人々が明日に希望がもてるように、インフラを整備し、農業を支援し、若者に仕事を与えることが、テロ組織の弱体化につながるのである。

さまざまな批判を受けた結果、一九九九年に「貧困削減戦略文書（ＰＲＳＰ）」が導入され、貧困対策に力点が置かれるなど、現在はポスト構造調整の時代に入っているが、新古典派経済学の理論に依拠していることには変わりなく、ナイジェリアの燃料への補助金廃止の事例が示すように、貧しい人々の生活を安定させる意識とそれにもとづく援助理論をＩＭＦも世界銀行も持ち合わせているようにはみえない。新自由主義というグローバリゼーションは、債務に苦しむアフリカを支配するための舞台装置であり、アフリカの貧しい人々を苦しめているとしかいいようがないのである。

（1）　チョムスキーは、グローバリゼーション自体はよいものとしながら、「グローバリゼーションの進み方をみると、地球全体を米国というモデルに近づけようという意図があって、実際に結果としてそうなって」いると指摘している。ノーム・チョムスキー『チョムスキー、世界を語る』（田桐正彦訳、トランスビュー、二〇〇二年）、一二〇頁。

（2）　本章では、サハラ以南アフリカに限定する。

（3）　新自由主義の途上国への波及と構造調整政策については第四章を参照のこと。

（4） Julius Nyerere, “Speeches in United Kingdom March, 1985,” accessed in http://www.juliusnyerere.info/images/uploads/speech_in_the_UK_1985.pdf（二〇一三年二月七日確認）.
（5）「ラゴス行動計画において、アフリカの低開発の原因は過去における植民地支配と現在に及ぶ新植民地主義的従属にあるとされていたが、バーグ報告はその主張を一部認めながらも、根本的原因は独立後に各国政府がとった政策にあるとしている」（平野克己『アフリカ問題――開発と援助の世界史』日本評論社、二〇〇九年、六五頁）。
（6） World Bank, *Tanzania at the Turn of the Century: Background Papers and Statistics* (Washington, D. C.: World Bank Publications, 2002), p. 41.
（7） 高橋基樹・正木響「構造調整計画」、北川勝彦・高橋基樹編『アフリカ経済論』（ミネルヴァ書房、二〇〇四年）、一一四頁。
（8） 平野『アフリカ問題』、二〇三頁。
（9） WHO, “Structural Adjustment Programmes (SAPs),” accessed in http://www.who.int/trade/glossary/story084/en/index.html（二〇一三年二月七日確認）.
（10） Stephen Lewis, *Race Against Time: Searching for Hope in AIDS-Ravaged Africa* (Toronto: House of Anansi Press, 2005), p. 22.
（11） Lewis, *Race Against Time*, p. 55.
（12） Elsa Artadi and Xavier Sala-i-Martin, “The Economic Tragedy of the XXth Century: Growth in Africa,” NBER Working Paper Series no. 9865 (July 2003), accessed in http://www.nber.org/papers/w9865.pdf（二〇一三年二月一一日確認）.
（13） 服部によれば、「アフリカ途上国にとって新植民地体制後遺症の最大の問題は、一次産品への過大依存問題、外国企業過大収益送金問題及び累積債務問題である」（服部正也『援助する国　される国――アフリカが成長するために』中央公論新社、二〇〇一年、一〇二頁）。一次産品依存について、服部は、工業化など経済の多様化を進め一次産品依存から脱却したブラジルと比較している（同前、一〇四頁）。
（14） 服部『援助する国　される国』、九七頁。
（15） 解放闘争を経て黒人政権を樹立したジンバブウェでさえ「植民地時代および白人支配時代に形成された差別賃金と

白人高賃金が、独立後に一部アフリカ人の高賃金となって継承された」。ジンバブウェの前身であるローデシアでは、一九七〇年代の平均で、「製造業内では白人が黒人の七倍の所得を得ていた」という（平野『アフリカ問題』、一六二頁）。

(16)　一九六〇年代以降アフリカにどのような開発理論・開発政策が適用されたのかは、平野『アフリカ問題』に詳しい。

(17)　植民地の独立について、服部は以下のように説明している。「第二次大戦後、植民地の独立が宗主国によりあまり抵抗なく承認されたのは、ド・ゴールの回顧録でも書かれているとおり、大戦で経済的に疲弊した宗主国が、植民地経営の負担に耐えられなくなったためでもあった。このことは同時に、新たに独立した旧植民地は植民地時代の態勢と政策を踏襲する限り、自立できないことを意味するのである」（服部『援助する国　される国』、八六頁）。

(18)　Joseph Patrick Purcell, "Decolonisation: Congo 1960-61," presented at the XXXVII International Congress of Military History held at Rio de Janeiro, August 30th 2011, pp. 4, 23, accessed in http://www.eceme.ensino.eb.br/cihm/Arquivos/PDF%20Files/37.pdf（二〇一四年六月二五日確認）.

(19)　UNDP, *Human Development Report 2013* (New York: United Nations Publications, 2013), p. 143.

(20)　二〇〇四年、カイザーは九〇パーセントの株をガーナ政府に売却し、現在VALCOは、残り一〇パーセントの株をもつAlcoaとガーナ政府の合弁会社になっている。

(21)　World Bank, "Infrastructure, Investment, Innovation & Institutional Capacity: The Four Big '1's Needed to Achieve Growth in Africa" (2007), accessed in http://web.worldbank.org/WBSITE/EXTERNAL/NEWS/0,,contentMDK:21121869~menuPK:34463~pagePK:34370~piPK:34424~theSitePK:4607,00.html（二〇一三年二月一二日確認）.

(22)　ザイール（現在のコンゴ民主共和国）の一九八〇年代初頭までの対外債務は約五〇億ドルであったが、これはモブツ大統領（当時）の八四年当時の個人資産と同額であるといわれている。Crawford Young and Thomas Turner, *The Rise and Decline of the Zairian State* (Madison: The University of Wisconsin Press, 1985), p. 440.

(23)　ニエレレの経済政策の失敗についての指摘は各所でみられる。たとえば、「ニエレレのウジャマー社会主義政策は惨憺たる失敗におわった」（平野『アフリカ問題』、一四〇頁）など。遠藤衛と高橋基樹は、東西冷戦に巻き込まれた代表的な事例としてタンザニアを取り上げている（遠藤衛・高橋基樹「アフリカにおける国際開発援助の展開と日本の役割」、栗田匡相・野村宗訓・鷲尾友春編『日本の国際開発援助事業』日本評論社、二〇一四年、四四―四六頁)。タンザニアは比較的平和裏に独立を果たし、西側陣営のイギリス、西ドイツ、米国に援助を依存していたが、タンザニアが「自立的な外交路線」をとったため、この三カ国の援助を失うことになった。ＩＭＦと世界銀行が一九七五年に援助を開始するまで、西側諸国からの本格的な援助は行われなかったという。その後タンザニアは「政府主導の工業化や農村集団化の政策がことごとく失敗し」、オイルショック、旱魃、対ウガンダ戦争の戦費などによって、経済が「事実上破綻状態となった」。

(24) Nyerere, "Speeches in United Kingdom March, 1985."
(25) 寺西重郎『経済開発と途上国債務』(東京大学出版会、一九九五年)、一三一―一三二頁。
(26) 高橋基樹「一九九〇年代における対アフリカ開発援助の新展開――第二世代アプローチとグローバライゼーション」、『国際協力論集』第七巻第二号(一九九九年)、一六三頁。
(27) 寺西『経済開発と途上国債務』、八頁。
(28) 服部『援助する国　される国』、四一頁。
(29) 同前、一二六―一二七頁。
(30) UNDP, *Africa Human Development Report 2012* (New York: United Nations Publications, 2012), p. vi.
(31) 服部『援助する国　される国』、一一九頁。
(32) 同前、八〇―八一頁。
(33) 同前、二〇一―二〇二頁。
(34) 平野『アフリカ問題』、七四、八七頁。
(35) Joseph Kipkemboi Rono, "The Impact of the Structural Adjustment Programmes on Kenyan Society," *Journal of Social Development in Africa*, vol. 17, no. 1, 2002, pp. 81–82.
(36) Rono, "The Impact of the Structural Adjustment Programmes on Kenyan Society," pp. 84, 87.
(37) 高橋「一九九〇年代における対アフリカ開発援助の新展開」、一六九―一七〇頁、高橋基樹『開発と国家――アフ

リカ政治経済論序説』（勁草書房、二〇一〇年）、三七五―三七七頁。

（38）高橋は、「モイ政権は、一九八〇年代、構造調整政策の枠組みによって制約を受けながらも、……構造調整の積極的な推進をサボタージュし続けた」と指摘している（高橋『開発と国家』、三七五頁）。

（39）就学率には、純就学率（net）と総就学率（gross）がある。どちらも分母は在籍すべき正規年齢の人数になるが、分子は、純就学率では在籍している正規年齢の生徒数になり、総就学率では年齢に関わりなく在籍している生徒数になる。

（40）Ibrahim M. Hussein et al., *Shariff Shibly and the Development of Education in Northern Kenya* (Nairobi: RED Design & Printing, 2013), p. 90.

（41）World Bank, *Tanzania at the Turn of the Century*, p. 87.

（42）高橋「一九九〇年代における対アフリカ開発援助の新展開」、一六五頁。

（43）小学校入学年齢に達してすぐに入学できる生徒はまだ少数である。

（44）ＵＮＥＳＣＯ統計研究所（ＵＩＳ）、accessed in http://data.uis.unesco.org/（二〇一四年一〇月九日確認）。

（45）初等教育の最終学年の正規年齢の人数が分母、最終学年に入った人数が分子。正規年齢と異なる年齢の子どもが入った場合、一〇〇を超えることがある。World Bank, "Primary Completion Rate, Total (% of relevant age group)," accessed in http://data.worldbank.org/indicator/SE.PRM.CMPT.ZS?page=6（二〇一四年六月二五日確認）。

（46）女性の家庭内での地位や社会的地位が向上し、積極的に社会に参加できるようになると、男女格差や貧困問題、また食料危機や温暖化など気候変動によるさまざまな弊害を解決する大きな力となる。日本ユニセフ協会ＨＰ「女子教育の波及力」（二〇〇九年）、accessed in http://www.unicef.or.jp/special/09sum/power.html（二〇一三年二月一九日確認）。World Bank, "Girls' Education" (2003), accessed in http://web.worldbank.org/WBSITE/EXTERNAL/TOPICS/EXTEDUCATION/0,,contentMDK:20298916~menuPK:617572~pagePK:148956~piPK:216618~theSitePK:282386,00.html（二〇一四年一〇月九日確認）. 世界銀行は女子教育が重要である理由を六点に整理している。①女性の出産率の低下、②子どもの死亡率の低下、③妊産婦死亡率の低下、④ＨＩＶ／エイズ感染の予防、⑤女性の就労率と所得の増加、⑥教育の世代間の恩恵。このように、女子教育は、当人や家族だけではなく、社会や国家にも恩恵をもたらすものなのである。

(47) 国際協力機構（ＪＩＣＡ）のＨＰ「公共財政管理改革プログラム（PFMRP）バスケットファンド」、accessed in http://www.jica.go.jp/tanzania/office/activities/project/23.html（二〇一三年二月一八日確認）。

(48) ダンビサ・モヨ『援助じゃアフリカは発展しない』（小浜裕久監訳、東洋経済新報社、二〇一〇年）。

(49) 日本貿易振興機構（ジェトロ）ナイロビ事務所海外調査部中東アフリカ課「タンザニアの政治・経済概況」（二〇一二年）、六頁、accessed in http://www.jetro.go.jp/jfile/report/07000914/tz_pol_eco.pdf（二〇一三年二月一九日確認）。

(50) グレアム・ハンコック『援助貴族は貧困に巣食う』（武藤一羊訳、朝日新聞社、一九九九年）。

(51) たとえば、ウィリアム・ルイスは、二大政党制、比較多数得票主義、小選挙区制といった「与党対野党」という両極化を生み出し中央集権化させるような諸制度は、多極社会に適さないと述べている。William Lewis, *Politics in West Africa* (Oxford: Oxford University Press, 1965).

(52) ＩＭＦ「ＩＭＦ ＷＥＯ予測　二〇一四年一月二一日」、accessed in http://www.imf.org/external/japanese/pubs/ft/survey/so/2014/res012114aj.pdf（二〇一四年六月二五日確認）。ただし、平野は、「石油を中心とした鉱物性資源価格の二〇〇〇年代における高騰が……サブサハラ・アフリカの経済成長をもたらした」と考え、「資源価格が上昇をやめればアフリカのこの高成長も終わるだろうと予想」している（平野『アフリカ問題』、二〇九頁）。

(53) 二〇一三年八月の現地聞きとり調査より。

(54) 服部『援助する国　される国』、二二五頁。

(55) ソマリ人の下位集団。共通の祖先をもつとされる。戸田真紀子「民族的少数派の抑圧と植民地化の遺産――ケニア共和国北東州の事例を中心として」、月村太郎編『地域紛争の構図』（晃洋書房、二〇一三年）、七九頁を参照されたい。

(56) 同前。

(57) Chika Otuchikere and Chibunnma Ukwu, *Nigeria: Aftermath of Subsidy Crisis Food Prices Hitting Roof Tops* (January 22, 2012), accessed in http://allafrica.com/stories/201201231627.html（二〇一三年二月三日確認）.

(58) F. William Engdahl, "Nigeria: Thrown into Chaos and a State of Civil War: The Role of the IMF," *Global Research* (January 27, 2012), accessed in http://www.globalresearch.ca/nigeria-thrown-into-chaos-and-a-state-of-civil-war-the-role-of-the-imf/28900（二〇一

三年二月三日確認).

(59) Idris Ahmed, “Nigeria: Subsidy Removal and IMF Policies,” *Daily Trust* (December 30, 2011), accessed in http://allafrica.com/stories/201112300748.html?viewall = 1 (二〇一三年二月三日確認).

(60) Engdahl, “Nigeria: Thrown into Chaos and a State of Civil War.”

6 負債の生政治

——グローバルな債務関係についての一考察——

土佐弘之

一 負債関係の新しい局面——全生活領域の金融化

グローバル金融危機以降、債務問題はますます、さまざまなかたちでわれわれの生活に暗い影を投げかけている。生活経済の金融化が進み、負債さえも金融商品になる一方で、ギリシア危機に見られるように債務返却の圧力は増税というかたちで民衆に重くのしかかっている。負債返済の圧力は、時には人身売買（トラフィッキング）、さらには臓器売買といったかたちで現代奴隷制の再興をもたらすまでにいたっている。そこには、〈債権者／債務者〉という権力関係が時には債務者から人間性そのものを剝奪しホモ・サケルの状態へと追い詰めていく生政治（bio-politics）の現実がみてとれる。[1] 歴史を振り返ってみると、負債超過の問題は奴隷制や苦力《クーリー》の主因のひとつであったことからもわかるように、決して新しい現象ではないが、ネオリベラリズム全盛期以降、〈債権者／債務者〉という権力関係は新たなステージに入っているように見える。その一方で、ジュビリー二〇〇〇（最貧国債務取消運動）、ウォール街占拠運動やギリシアやスペインでの叛乱が示しているように、〈債権者／債務者〉という枠そのものを問い直す動きも見られる。本章の目的は、そうした新しい〈債権者／債務者〉の権力関係に焦点を当てながら、負債の生政治の構図を解き明かすことにある。

実際、欧州債務（ソブリン）危機に代表されるように、グローバル資本主義の危機の深まりと連動するかたちで債務問題は諸個人の生活に重くのしかかっている。またプラスティック・カード（クレジット・カード）などを使用しながら消費に駆り立てられるなかで、多くの人々が多重債務を抱えていくといった問題も深刻化している。[2] 一方で、グローバル金融危機の発端となったサブプライム・ローンのように債務を証券化するなど、負債関係は金融拡大の大きなうねりのなかに呑み込まれている。サブプライム・ローン危機は、まさに日常のなかに借金に頼った生活様式が完全に埋め込まれていることと、ローンというリスクを投機的チャンスに読み替えようとするグローバル金融市場が密接につながっていることの証しであったといえよう。[3] 負債関係の金融化は、マイクロクレジットにみられるように小起業家の育成という名目で世界経済の最底辺層にまで及ぼうとしている。[4] そうした金融化の流れは、年金基金の投機的市場への投入のように未来が抵当に入れられるところにまで至り、労働は金融資本に完全に包摂されるようになるなど、全生活領域の金融化は資本主義の新たなステージへと導いているようにも見える。とくにイタリアの認知資本主義論を展開している研究者たちなどは、こうした全面的金融化とその危機に資本主義の大きな質的変化を見ている。[5]

こうした金融化の大きなうねりは、フォーディズムの行き詰まりを受けて台頭してきたネオリベラリズムを軸とする金融の規制緩和によって形づくられたものではあるが、資本主義の全面的金融化は、レント（寡占等による超過利益）と利潤の区分を不鮮明なものにしながら、地球全体を覆うようになりつつある。こうした金融化を推進するネオリベラリズムは同時に自己責任化というかたちでリスクと保護の新たな再配置をもたらしてきている。しかし、ここで注意すべきは、自己責任という主張は、社会的紐帯を解体し責任の個人化を促すことを通じて結果として他者に責任を帰せるためのものだということである。当然、他者に責任を帰せようとする者はネオリベラルな競争のなかでの富める勝者である。しかも、その豊かな生活は投機マネーなどからのレント収入によるものである点に注意が必要だ。その一方で、トヨタ方式（ジャスト・イン・タイムやゼロ・ディフェクト（欠陥零）運動）に代表されるように、ネオリベラリズムは弱い者に対しては無駄のない（リーン）生産などを限りなく要求し続けている。つまり、ネオリベラリズムの深化にともなう社会の再編は、〈レント経済＝富裕層／リーン経済＝貧困層〉といった一種の二重経済構造をもたらしているといってもよいだろう。そこに、前者が後者を搾取するような、デイヴィッド・ハーヴェイたちが言うところの略奪的資本蓄積（accumulation by dispossession）の過程を見いだすこともできよう。

ネオリベラリズムが社会的再生産コストの外部化や社会政策プログラムの解体をもたらした結果、アノミー化した諸個人はますます債務への依存を余儀なくされている状況が、そこにあるといってよい。債務関係の全面化という状況に警鐘を鳴らしている社会学者のマウリツィオ・ラッツァラートが、「ホモ・エコノミクスは今やホモ・デビトル（借金人間）となっている」と喝破しているとおりである[6]。こうした債務関係の本質を捉えるには、債務関係についてのメタ・ヒストリー的な考察が必要であろう。本章では、負債関係の新たなグローバルな広がりとホモ・デビトル問題の深化という状況についての考察を深めるため、まずは神（宗教的権力）、貨幣（経済的権力）そして暴力（物理的権力）といったものの絡み合いに光を当てながら負債関係の系譜を検討していきたい。資本主義と主権国家体系が西洋で最初に誕生したという事実を鑑み、債務政治の系譜を考えるうえでも、まずはキリスト教的道徳などとの関係性から見ていくのが適当であろう。

二　債務関係の原基――高利の禁止と神への債務

キリスト教的道徳世界においては元来、同朋から利子をとることがタブーとされてきたことは、新旧約聖書を繙いてみればおのずと明らかであろう。

あなたが同胞に、あなたのもとにある貧しい者に金を貸す場合、彼に対して高利貸のようにふるまってはならない。彼から利子を取ってはならない。（出エジプト記二二・二四）

主よ、あなたの幕屋に宿り、あなたの聖なる山に住まう人はだれですか。それは完徳の道を歩み……金を貸して利子を取らない人……（詩編一五）

返しを期待して貸したとて、どんな感謝が得られようか。罪人でさえ、同じ値打ちのものを返してもらおうとして、罪人に貸すのである。だが、あなたがたの敵を愛し、善を行い、返しに何も期待せず貸しなさい。（ルカ六・三四―三五）

あなたと共にある兄弟が困窮し、あなたに頼らねばならぬ身となったときは、異邦人や滞在客を助けるようにその人を助け、共に生活させなければならない。労を強いても、利子を取ってもならない。あなたの神を怖れ、あなたの兄弟をあなたと共に暮らさせなければならない。利を引き出そうとして金を貸してはならず、得を取ろうとして食糧を与えてはならない（彼にウスラを目あてに金を貸してはならず、また過剰の糧を要求してはならない）……（レビ記二五・三五―三七）

歴史家ジャック・ル・ゴッフも指摘しているとおり、ここで重要な鍵概念は「ウスラ」である。(7) 英語で高利を

“usury”というが、それは、このラテン語の「ウスラ（usura）」からきたものである。一二、一三世紀、ヨーロッパ社会に貨幣経済が浸透していくなかで、教会側は高利断罪の長いキリスト教的伝統に沿ったかたちでウスラを厳しく指弾した。[8] ウスラは罪、悪、そして地獄と同値とされたわけだが、一方で労働を富と救済の基礎と考えるようになる。そうした勤勉革命に支えられた資本主義的発展の萌芽とともに、地獄行きが定めであった高利貸に対しても煉獄という第三の道が用意されるようになり、ウスラは適法と違法のあいだの線をずらしながら資本主義という新たな経済的・社会的な現実のなかに確固たる居場所を確保するようになるのである。また、適法と違法のあいだの線の不鮮明化ないしは線そのもののシフトが促された背景として、異邦人への高利貸しは構わないという二重基準が用意されていたことも忘れてはならないであろう。

金であれ食糧であれ、また利子の取れるどんなものでも、あなたの兄弟に利子を付けて貸してはならない。異邦人には利子を付けて貸してもよいが、あなたの兄弟に貸すときには利子を取ってはならない。（申命記二三・二〇）

つまり、「同朋には利子を付けて貸してはならないが異邦人には利子を付けて貸してもよい」という二重基準が用意されていたことで、利子を含む債務関係は、同朋という社会的紐帯が弛緩しアノミー化するとともに拡大、深化していくことになる。しかし、ここで注意すべきことは、ウスラを禁ずるキリスト教的道徳自体が、イエス・キリスト、すなわち神への負い目、原罪という債務関係に支えられているということであろう。負債（Schulden）という概念に由来する負い目（Schuld）がキリスト教的道徳のなかで中心的役割を果たしてきたことを鋭く指摘したのは周知のとおりニーチェであるが、彼は『道徳の系譜』（一八八七年）の第二論文のなかでつぎのように書き記している。

歴史の教えるところによると、神性に対して債務を負うているという意識は、「共同体」の血縁的な体制形式が衰頽した後といえども決して終末に達しなかった。人類は「よい・わるい」という概念を貴族から受け継いだのと同様の仕方で、種族神および血族神という遺産とともに未済の債務の負担およびその返済に対する願望をも受け継いだ。この神性に対する債務感情は、数千年にわたって絶えず増大した。……これまでに到達せられた最大の神としてのキリスト教の神の出現は、それ故にまた最大限の責務感情を地上に持ち来たした。[9]

神は人間に対して債権者である訳だが、イエス・キリストは債権者であるにもかかわらず、その限りない愛によって自ら犠牲となることで、その債務の帳消しをはかったということになる。[10] そのことによって、逆説的であるが、人間は神に対して無限の負い目、債務を抱えることになる。それは、原罪という絶対的な負い目、債務であり、人間は時には懺悔しながら時には神から与えられた使命（労働）に励みながら果てしなく返済を行なうことを通じて、「約束できる」家畜へと飼い慣らされていくことになる。

以上は、キリスト教文明における話であるが、非キリスト教文明においても同様の構図は見て取れる。たとえば、日本でも、金融行為は神のものの貸与、農業生産を媒介とした神への返礼というかたちで成立したと網野善彦は指摘している。[11] つまり、すでに七、八世紀、出挙という利子付き賃貸の慣習が行なわれていて、神聖な種籾を貸し出された農民は収穫期がくると借りた種籾に神へのお礼の利稲（利息の稲）をつけて蔵に戻さなければならなかったという。こうした債務関係は、日本では一三世紀後半頃から、金属貨幣の流通にともなう商業、金融経済の進展へと世俗化していき、ただ利息を取るための銭の貸し付けが行なわれるようになっていったようだが、[12] キリスト教世界においても同様に債務関係の世俗化が起きた。つぎに、このことについて見ていく。

三　債務関係の世俗化――国家・債権者への債務

債権者と債務者という非対称的な支配関係にこそ社会関係の一原型があるわけだが、この債権者と債務者という非対称的な関係の拡大と浸透は、宗教的次元を起点にして世俗化するとともに経済的次元へとすすみ、やがて全生活領域にいきわたることになる。「経済は別の手段による聖なるものの継続である」という命題を出したのは、ジャン＝ピエール・デュピュイであるが[13]、このことを理解するには、もうひとつの重要なポイントである暴力の問題も含めて考える必要がある。デュピュイは、ルネ・ジラールによる「暴力と聖なるもの[14]」の関係性の整理、すなわち「暴力は聖なるものによって自分と距離を取り、より適切に自分を限界づける」、つまり「聖なるものとは制度化された「善き」暴力、見かけのうえでは自分の反対物である無秩序な「悪しき」暴力を制御する暴力である」という図式を拡張しながら、「経済は暴力によって暴力を堰き止める」とみる。つまり、「暴力によって暴力を堰き止める」という機構そのものは変わらず、その司令塔が聖なるものから経済的なものへと変わっていっただけということである。いいかえるならば、世俗化とともに聖なるものが後景に退きメタ権力（統治性）に該当するものが宗教的権力から経済的権力に置き換わるものの、「権力は己のうちに暴力を含んでいるが、また暴力を抑えている」という権力の二重的性質は変わらないということである。

そうした権力構造を貫いているものが債権者／債務者という非対称的関係ということになるが、このことは、貨幣の性格を考えるうえでも重要な論点となる。通常の経済学では、貨幣は価値尺度、流通手段、そして価値貯蔵の三機能をもった、水平的な交換関係を媒介するメディアとしてとして考えられているが、負債関係が貨幣に先立つものだとすれば、貨幣は負債（税金を含む）を返済させるものとしての性格ももつことになる。交換メディアとしての側面を強調する主流の貨幣論に対して、ニーチェの問題提起を受けるかたちで、負債と貨幣の補完的関係を大胆に指摘したのはドゥルーズ＝ガタリである。ドゥルーズ＝ガタリは、『アンチ・オイディプス』（一九七二年）のなかで、「債権の循環は、国家が設定した新しい形態――つまり貨幣の下で維持される。というのも、間違いなく、貨幣は商業に役立つことによって始まるものではなく、少なくとも自律的な商品的モデルをもつものではない」[15]と述べたうえで、「商業において貨幣の演ずる役割は、商業そのものよりも、国家による統制に依存するのだ。商業と貨幣との関係は総合的であって、分析的ではない。基本的には、貨幣は商業と一体ではなく、国家装置の維持費としての税金である。……要するに、貨幣または貨幣の循環は、負債を無限にする手段なのである」[16]と踏み込んだテーゼを提示している。

貨幣を負債関係の表現とみなす、このドゥルーズ＝ガタリの貨幣論は、貨幣を交換の仲介物とみなす一般的な貨幣道具論に対する挑戦となっているが、それは、自立した諸主体間の水平的交換関係のみを見て、経済的活動における垂直的権力関係を捨象してしまう主流の新古典派経済学パラダイムそのものへの挑戦にもなっている。また、貨幣を社会的関係の表出とする見方は、合理的個人を前提として、その個人が行なう貨幣的取引を含む経済的活動を考えるといった主流派経済学の拠って立つところの方法論的個人主義に対する批判ともなっている。[17]この批判的見方によれば、債務的関係を含む社会構造の理解を欠いている主流派経済学では、金融危機などの貨幣や信用が引き起こす問題の本質的理解は不可能だということになる。この異端派的な貨幣論を、より全面的に展開し論じたものとして、ミシエル・アグリエッタとアンドレ・オルレアンの『貨幣主権論』（一九九八年）や『貨幣の暴力』（一九八二年）などの仕事がある。アグリエッタらによれば、近代貨幣は、依然として、全体性《トタリテ》としての社会の表現であり、主権に対する債務から、したがって価値におけるヒエラルキー化から派生するものである。[18]つまり、債務は自立した諸主体間の関係ではなく、当該社会において「主体とは何か」を定義する社会的紐帯であり、[19]その社会的紐帯は債務の上に成り立っているということになる。[20]ニーチェが着眼していたように、こうした債務関係は、生者たちが主権的権力（神々や祖先）に依存していることを表わしている。そうした債務関係の表現形態でもある貨幣は、貸し借りの尺度であると同時に債務を消滅させるもの、すなわち借入れの関係を一時的もしくは永続的に終了させるものでもある。[21]

こうしたアグリエッタらの貨幣論もまたジラールの社会理論に依拠している。ジラールの欲望理論によれば、時には選好関数で表わされる主体の欲望は独立したものではなく、他者の欲望を模倣することによってのみ充足される。しかし他者は同時に欲望実現をめぐる競争相手となるので模倣は敵対関係をもたらすことになる。この相互的暴力による分裂を阻止し社会を束ねるものこそ、創始的暴力としての貨幣的主権ということになる。[22] 貨幣によって模倣の一点集中を遂げることができるようになるからである。[23] この貨幣の唯一の保証は私的主体が通貨制度の超越性を信ずることだが、この信念が得られるのは、通貨制度の発生を隠蔽することによってである。つまり、生贄を捧げる儀礼の反復が創世神話の聖性に対する信念を打ち固めるのと同じように、通貨改革の繰り返しにより貨幣とその背後にある貨幣的主権に対する「根拠なき」信用を維持する必要がある。[24] 逆に言えば、それができなければ、貨幣を通じて不可視化されていた債権者／債務者関係が紛争関係などのかたちで顕在化して貨幣的主権に対する信用そのものが吹き飛んで、金融危機が招来されることになる。その先には、押さえ込まれていた相互的暴力による社会の分裂、商品的秩序の解体が待っている。それは、暴力を払い除け管理の枠組みに押し込めようとしていた宗教的思考と同様の働きをしていたはずの経済的思考の危機または貨幣主権の危機である。その危機を克服しながら債権者／債務者関係を回復するには、所有権などを盾に取ったかたちの法にもとづく物理的暴力の行使が必要となる。

ニーチェの言を借りるならば、かつては、「債権者は、債務者の肉体にあらゆる種類の陵辱や拷問を加えることができた。例えば、責めの大きさに相当すると思われるだけのものを債務者の肉体から切り取ることができた」。そして、今日でも、債務者が所有している抵当にあたる自分の身体、自由、時には生命が、債務に対する等価物として算定されながら帳簿に記載され、債務者は法にもとづき粛々と返済義務を遂行しなければならない。ふたたび、ドゥルーズ＝ガタリによるテーゼであるが、「法とは、無限の負債が法的な形式をとったものである」[25] という指摘とも照らし合わせてみると、債権者／債務者という関係性を束ねるものは、重なり合うように作動している宗教的、貨幣的、そして政治的な主権権力であるといえよう。デイヴィッド・グレーバーがアグリエッタらの貨幣論を原初的負債理論（Primordial-debt theory）と呼んで批判したように、「神への債務は税を通じて国家によって領有されるようになった」という議論にはいささか飛躍がある感が否めない。(26) グレーバーが指摘した問題点、つまり債務をお互いに負う人々の範囲の歴史的変遷に注意を払わないと、(27) 債務関係の系譜学は非歴史的な形而上学的考察になってしまう。つまり、共同体のなかで神や祖先などに対する原初的負債を共有する関係に、やがて領域的近代国家の範囲に区切られたなかの負債関係が上書きされていく歴史的過程を見なければならないということである。もちろん領域的主権国家のなかに囲い込まれようとされていた負債関係のネットワークは、今日においては、グローバル化の深化とともに、脱領域的なものへと新たに再編されつつある。

四　経済的権力（債務的関係）と軍事的主権権力の連結

貨幣的主権と政治的主権との深い結びつきを考えるうえで、近代的主権国家という装置を媒介にして両者が連結した経緯をいまいちど振り返ってみる必要があろう。貨幣商品説や金属説など貨幣を実体のある交換メディアとして捉える見方に対して、「貨幣は国家が作ったもの」とする名目説的貨幣法制説または表券主義（Chrartalism）が、その手掛かりを与えてくれているが、その典型例は、大量の不換紙幣の流通という事態を前提としたゲオルグ・フリードリヒ・クナップの『貨幣国定学説』（一九〇五年）(28) であろう。岩井克人が言うように、この貨幣法制説の流れはアリストテレスまで遡ることも可能かもしれないが、(29) 現在流通しているような形態の貨幣の法制的契機は近代国家成立過程に立ち現われてきた中央銀行制度を抜きにしてはありえない。さらにいえば、中央銀行の発行する貨幣は戦争の資金調達のために始まったように、債務、その表現形態である貨幣そして戦争は切っても切れない関係にある。つまり、中央銀行の先駆であるイングランド銀行が一六九四年に、アウクスブルク同盟戦争（一六八八―九七年）の軍事費を調達するために創設されたという事実が示しているように、軍事的権力と金融的権力は、中央銀行という制度化を介して国家が債務を負うかたちで強く結びついたのである。このとき、実際には、イギリスの銀行家連合がイングランド王のウィリアム三世に対して一二〇万ポンドを貸し与え、その見返りとして設立されたイングランド銀行は銀行券の発行独占権を得たわけだが、今日に至るまでその返済はなされていない[30]。つまり国家は、王の債務（返済約束）を半永久的に繰り延べにし貨幣のかたちで流通させながら、その貨幣による国民からの租税徴収（軍事的保護への見返り）を通じて通貨主権を確立していったと言ってもよい。ついでにいえば、歴史家のニーアル・ファーガソンが指摘しているように、軍事的要請による公的債務を持続的に維持・拡大するには徴税のための官僚制、中央銀行とともに自由な代表制民主主義制度（議会）が必要とされ、結果として戦争のための公債と税は制度としてのデモクラシーをもたらしたという見方も可能である[31]。

戦争のたびに欧米諸国の債務が膨れあがることは常であったが、時には敗戦国からの賠償金によって相殺されることもあった。結果として、世界最強のヘゲモニー国家の軍事力は、その累積する債務にもかかわらず賠償金や植民地などの見返りによって維持することが可能になり、戦争と債務の相補的関係性も同様に持続的に再生産されることになった。大英帝国は兵士の血よりも債務によって支えられたともいわれるゆえんであるが、その構図は、パックス・ブリタニカ後を襲ったパックス・アメリカーナにも受け継がれることになった[32]。第二次世界大戦中、そして冷戦期のアメリカ政府の軍事費の拡大と債務累積額の推移がほぼ同じような上昇曲線を辿っているように、とくに国際政治におけるヘゲモニー国家の場合、膨大な軍事的権力とそれを維持するための債務との相補的な関係は強いものとなっていった[33]。もちろん巨額の債務原因をもっぱら軍事支出に求めるのは間違いであろうが、軍事ケインズ主義が財政拡大を牽引し結果として債務累積を間接的に引き起こした側面があることは否めないであろう。

そうしたなかで、覇権国の強みは、さまざまな制度的操作を通じて自らの債務の一部を実質的に帳消しにする方向に誘導できるところにある。実際、一九七一年のニクソン・ショック（ドルと金の兌換停止とそれにともなう為替の変動相場制への移行）は、ある意味でヴェトナム戦争などによって累積していたアメリカの債務の一部を実質的に帳消しにする効果を狙ったものだといってよいだろう。一九七〇年代前半以降、変動相場制への移行にともなうドル安によってアメリカ国債の実質的価値は低落していくが、各国の中央銀行、とくにアメリカと非対称的な軍事的同盟関係にある国（当時の西ドイツ、そして日本、韓国など）の中央銀行は、だぶついたドル（外貨準備高金）をもってアメリカ国債を引き受けるしか選択肢はないという構図ができあがっていった。そして一九八〇年代に入ると、海外資本を呼び戻すべくアメリカ政府が高金利政策に転じた結果、南米やアフリカなどの発展途上国における深刻な債務危機を引き起こすこととなった。この金融緊縮政策はケインズ主義の破綻にともなうインフレーションの抑制とともに、賃金の実質的抑制など、労働に対する資本の優位性を再確立するものでもあったが、米ソ冷戦終焉前後からネオリベラリズムが席捲しだすとともに、その影響は南北関係にも及ぶことになる。アメリカの高金利政策や構造調整プログラムという名の返済義務をともなうかたちの国際通貨基金（ＩＭＦ）などによる融資は結果として、第三世界の債務危機をさらに悪化させることとなった[34]。さらに、スーザン・ジョージが指摘していたように、北から南に課せられた慢性債務は、経済的疲弊を介して環境破壊や麻薬生産、さらには内戦による大量の難民などのかたちで、ブーメランのように北へ跳ね返っていったのである[35]。いいかえれば、それは、債務関係によって人々から物質的、精神的な資源を奪い取っていく非対称的な構造的暴力が、結果として叛乱を含む直接的暴力の連鎖を引き起こす過程でもある。つまり、金融的な構造的権力と武力による直接的権力は、その非対称的な権力関係を媒介にしつつグローバルな広がりをもちながら絡み合ってきたといえよう。

そのことと関連して、ここで指摘しておきたい重要なポイントは、金融という領域と安全保障という領域における支配の構図はお互いに酷似しているだけではなく、相補的な関係にあることである。安全保障領域における支配の構図は、「主権国家は国民の安全を守ってやるから国民は国家主権に従いつつ国家が提供する公共財のための税を払え」という論理、つまり見ヶ〆料（protection racket）の論理に貫かれている。歴史的に振り返っても、対外戦争の遂行と税の体系的整備という財政の制度化の連動というかたちで「財政＝軍事国家」の形成が進められていったということがある。[36] その際、通貨は税（という名の国家への債務）の支払いのための手段という性格ももつ。[37] そして市民間の互いの債務関係を裏づける性格ももった貨幣を創出するのも国家であるが、その貨幣の信用を最終的に保証するのも国家が占有する暴力である。つまり、一般に信じられているように、国家の論理と市場の論理は対立するものではなく、国家が貨幣を通じて市場を作り、そこから吸い上げた税金の一部を軍事力に転換しながら国家装置を生成していくといったように、両者は相補的な関係にある。

今日では、そうした構図は一国単位にとどまらずグローバルな広がりをもつようになっている点に注意を払う必要があろう。つまり、アメリカというヘゲモニー国家が擬似公共財（正確にはクラブ財）としての軍事力を世界中に投射するかたちで国際政治経済の安定性を維持する見返りとして、従属的同盟国は在外米軍基地の受け入れなどの見ヶ〆料の支払い請求がされるだけではなく、先にも触れたようにアメリカ国債の引き受けなど相応の負担の分担が要求される。このように、見ヶ〆料の論理は、安全保障と金融を束ねるかたちで貫かれている。つまり、貨幣的主権権力は、軍事的なそれと同様に、国民に保護を与える反面、そこに支配－従属関係を埋め込むのである。そして、パックス・アメリカーナにおけるＩＭＦを軸とする金融の構造的権力は、軍事力という直接的権力との相互補完によって、より絶対的なものになっていった。

しかし、やがてヘゲモニーの黄昏とともに、その相互補完関係は綻び出すことになる。それは、見ヶ〆料の論理が正当性を失っていく過程でもあるし、過剰に蓄積された資本が一連の戦争を通じて蕩尽されながら、軍事的権力と金融的権力の結合が緩んでいく過程でもある。その過程で、アメリカ社会はドル基軸体制という特権を濫用しながら債務に頼り消費を続け、二〇〇三年には、個人の債務累積額は約八兆ドル（全可処分所得の約一三〇パーセント）にまで至った[38]。生産性の上昇に応じて所得も上昇するフォーディズム全盛期が終わって、実質的所得が年々下降していくにもかかわらず、消費水準を維持する以上、債務への依存が強まっていくのは当然である。いわゆるヘゲモニー・サイクル論から見れば、二一世紀に入ってからのグローバル金融危機に至る過程は、そうしたヘゲモニーの黄昏、つまり長期波動の下降局面に現れるシステム的危機（生産拡大局面に続く金融拡大の最終局面に現われる危機）ということになろう。

しかし、現在直面している長い経済的危機は、単なる循環的危機というよりは、資本主義の全面的金融化、つまり利潤のレント化を通じた債務関係の全領域化という新しい局面によるものであるというのが、認知資本主義論などの見立てであることは先に触れた。たしかに、すでにフォーディズム期においてもクレジット・カードの普及など、個人消費においてローンは必要不可欠なものになっていたが[39]、ポスト・フォーディズム期に入ると、生産コストは消費者などに外部化されるだけではなく、価値創造はモノの生産の外部にシフトし、知識など非物質的なものの生産や流通を通じて行なわれると同時に、派生的金融商品などによる金融的レントは利潤を生み出す中核を構成するようになっていった。いままで述べてきたように、債務関係を基調とする社会関係は通時的に見られるものであったが、資本主義の全面的金融化とその深化・拡大とともに、債務関係は脱領域化（グローバル化）しながら現代奴隷制といってもよい状況を引き起こしている。つぎに、そのことについて見ていきたい。

五　グローバル・バイオ・キャピタルに呑み込まれて――債務関係のさらなる深化

サブプライム・ローンに代表されるように、個人ベースの借金までが証券化されるなど債務の金融商品化は拡大・深化し、レントと利潤の区分がいっそう不鮮明になり利潤がレント化しつつあるのが、現在の金融資本主義の一特徴といってよいであろう[40]。一方で、消費を促すために借金を促し続け、その借金のために未来の時間から身体、家族まで、ありとあらゆるものが抵当に入れられるようになっている。債務関係の拡大・浸透は、ポスト・フォーディズムの特徴であるフレキシブルな労働システムに起因する不安定な雇用形態への移行、いわゆるプレカリアート化によって、よりいっそう加速化している。激動する労働市場で生き残るには恒常的に人的資源としての自分に付加価値を付けていく必要があり、そのためには債務をしてでも（再）教育を受け続けなければならなくなっている。「ポスト・フォーディズムの資本主義により、主体は、自分自身に充足するもの、完結し自立したモナド、みずからの個人的運命を繰る唯一の存在という幻想の表象を自己に与え／自分自身を代表するよう導くことになる」[41]。その結果、生きた労働は、――企業としての個人すなわち人的資本と化すなかで――公的領域からナルシスティックに切断され、孤立した個人は、生産（労働）と消費の両局面において債務関係に絡め取られてしまっている。

重債務の行き着く先は自死であろうが、グローバル・サウスにおける債務者は、より過酷な状況に直面させられているといってよいであろう。たとえば、インドのアーンドラ・プラデーシュ州では、一九八九年から二〇〇四年の一五年間に、干ばつ、不作、そして重債務の結果、三〇〇〇人以上が自殺したとされている[42]。しかし、債権者は、債務者が自死する前のところで、できる限り返済をとりたてようとする。そのひとつの究極の選択が、人身売買や臓器売買である。たとえば、インド・マドラス（チェンナイ）、ボンベイ（ムンバイ）、フィリピン・マニラなどのスラム街では、貧困のために借金返済に行き詰まった債務者が債務返済のために自らの腎臓を売ることが常態化していたことが報告されている。[43] インド・マドラスでの調査報告では、九割以上のドナーが債務などの返済のために腎臓を売ったとされている。[44] グローバル・サウスのドナーは腎臓一つを一〇〇〇ドルから五〇〇〇ドル程度で売り、グローバル・ノースのレシピエントはそれを三万五〇〇〇から一五万ドル程度のパッケージ価格で買い求めることが行なわれているという。[45] グローバル・ノースにおける臓器に対する需要は高く移植用臓器は不足しているため、時には患者自らが「移植ツアー」というかたちで発展途上国へ赴くことも行なわれるようになってきている。こうした臓器売買を通じた事実上の搾取は、時には違法な手術を通じて行なわれ、[46] 術後のケアも不十分なため日常生活に支障を来たす場合も少なくないばかりか、[47] 腎臓を売ったことがスティグマとなり本国社会から差別、排除されることになる。[48]

重債務に陥った諸個人が家族や自らの身体を切り売りするといった現実は、多少誇張されたかたちでフィクションの世界にも反映されるようになってきている。たとえば、梁石日《ヤンソギル》の小説『闇の子供たち』[49]、およびそれを原作とする映画（『闇の子供たち』阪本順治監督、二〇〇八年公開）は、タイ北部の貧しい山岳地帯の村で親に売り飛ばされた子どもたちが、バンコクで売買春のみならず臓器売買の対象となっているといったスキャンダルをＮＧＯの活動家たちが暴いていくストーリー展開になっている。タイ北部の貧しい家庭の子どもが心臓移植のために命を奪われるというような小説・映画における設定には虚構性が強いところがあり、偏見を助長するといったタイ社会側からの反撥などがあったものの、日本人家族がタイへ臓器移植の手術に来るというプロット、つまり南北関係をはじめ非対称的な権力関係の連鎖に翻弄される無力な子どもたちという筋書きは、現実から決してかけ離れたものではないといえよう。

同様に、南北関係と臓器移植が絡んだストーリーのものとしては、『堕天使のパスポート』（原題 *Dirty Pretty Things*, Stephen Frears 監督、二〇〇二年公開）という映画も衝撃的である。その映画の主たるプロットは、「不法」移民が偽造パスポートを入手するための現金一万ポンドを得るために自らの腎臓を危険な手術で摘出して闇で売っているという事実が、ロンドンのホテルの一室のトイレに捨てられた人間の心臓を、ホテルの従業員として働いていた主人公のオクウェが発見したことから明らかになっていくというものである。トイレに詰まっていた心臓は、手術が失敗した時に切り刻まれて流し捨てられた体の一部ということになる。主人公のオクウェは、ナイジェリア人の元医師で、本国から政治的迫害を受け殺人罪という濡れ衣を着せられて国外逃亡していて、ロンドンでは昼はタクシー運転手として夜はホテルのフロントで働いているが、彼の同居人であったシェナイ（トルコからの難民女性）もまたパスポートを入手するために危うく魔の手にかかるところを助け、彼女の念願であったアメリカ行きを実現させる。これもまたフィクションではあるが、実際に違法な手術による臓器摘出・移植そして臓器売買は世界のさまざまな場所で行なわれており、今日ではグローバルな広がりをもつようにさえなっている。[50]

これらのフィクションで描かれている擬似的現実は、南北関係などの圧倒的に非対称的な権力関係に翻弄され続ける小さき民たちの姿であると同時に、豊かな場所で生まれた者のより長く生きたい、また血液透析に縛られず快適に暮らしたいという欲望が[51]、その構造的権力を通して生み出す不条理、不正義であろう。重債務、人身売買、売買春や臓器売買といったものが絡み合いながら進んでいる状況は、まぎれもなく現在のバイオ・キャピタル（bio-capital）の一側面を物語っている。バイオ・キャピタルという言葉は、ミシェル・フーコーが使ったバイオ・ポリティクス（生政治）という言葉を念頭に置きながら使われるようになったものだが、社会学者のニコラス・ローズなどによれば、バイオ・キャピタルとは、バイオ・テクノロジーの革新にともない、生そのものを経済関係に組み込んでいく新たな資本形態であり、それは、同時に新しいバイオ・ポリティクスとも密接に絡みあっている。[52]これまでのバイオ・ポリティクスが、被統治者を政治的算術の対象（人口）として数え上げつつ統治管理する政治であるとすれば、新しいバイオ・ポリティクスは、人々の身体をバイオ・テクノロジーによって功利的に活用しようとするポリティカル・エコノミーといえよう。バイオ・キャピタルは、ｉＰＳ細胞など最先端の科学技術革新と投機的資本を結びつけながら回り続ける一方で[53]、拒絶（免疫）反応抑制剤などの医療技術開発と債務関係の深化の双方と絡みながら臓器売買といった現象を産出する。皮肉なのは、臓器売買という身体の商品化の極端なケースが、他者の生を救うための臓器提供という利他主義的レトリックによって正当化され、債務返済のために身体を切り売りする者をドナーと呼ぶことであろう。

なぜ、このような債務奴隷化といった不条理な状況が現出することになるのか。端的にいえば、非対称的な債務関係のグローバル化が、債務者、とくに南北、ジェンダー、人種といった関係において相対的に弱い者を事実上の債務奴隷へと追いやりながら、時には身体の商品化を媒介にしながら臓器の切り売りを迫っているということであろう。くわえて、債務奴隷化は、ある意味で、債務者が約束を履行しようとする誠実性をもっていることで初めて確実なものになるということを忘れてはならないであろう。「約束をなしうる動物を育て上げる――これこそは自然が人間に関して自らに課したあの逆説的な課題そのものではないか[54]」と言ったのは、ニーチェであるが、まさに現在の統治性は、そうした人間の約束を果たそうという良き性質を利用して、「債務を返済する動物に育てあげる」方向で作動していると言ってよいであろう。メガ・バンクは破綻させるには大きすぎるとして、公的資金が惜しみなく注がれ救済措置がとられる一方で、重層的な構造的権力の重みの下で、小さき民は、重債務の結果、臓器売買、人身売買、最後は自死へと追い込まれている。あこぎなウスラの魔の手から逃れる方法のひとつは、ジュビリー二〇〇〇の時にも行なわれた債務帳消し運動であろう。最後に、バイオ・キャピタルに呑み込まれていく生政治に対する抵抗としての債務帳消し運動について振り返ってみたい。

六　債務帳消し運動について

ジュビリー二〇〇〇は、二〇〇〇年を祝典の年ジュビリーとして、重債務貧困国（HIPC: Heavily Indebted Poor

Countries）の債務九〇〇億ドルの帳消しを求めた運動で、ロックバンドU2のボノなどの有名人も加わったことで知られる。とくに一九九八年五月には、イギリスのバーミンガムで開かれたG8サミットに際して、約七万人の人々がおよそ一〇キロにわたる「人間の鎖」を演出し、G8諸国の首脳に対して債務帳消しを強く働きかけたことで記憶されているであろう[55]。ジュビリーとは、旧約聖書レビ記に記された「ヨベルの年」をラテン語化したもので、ユダヤ教とキリスト教における半世紀ごとの聖なる特赦の年を意味する。ヨベルの年について、レビ記にはつぎのように記されている。

七年目には全き安息を土地に与えねばならない。これは主のための安息である。畑に種を蒔いてはならない。ぶどう畑の手入れをしてはならない。休閑中の畑に生じた穀物を収穫したり、手入れせずにおいたぶどう畑の実を集めてはならない。土地に全き安息を与えねばならない。安息の年に畑に生じたものはあなたたちの食物となる。あなたをはじめ、あなたの男女の奴隷、雇い人やあなたのもとに宿っている滞在者、更にはあなたの家畜や野生の動物のために、地の産物はすべて食物となる。あなたは安息の年を七回、すなわち七年を七度数えなさい。七を七倍した年は四十九年である。その年の第七の月の十日の贖罪日に、雄羊の角笛を鳴り響かせる。あなたたちは国中に角笛を吹き鳴らして、この五十年目の年を聖別し、全住民に解放の宣言をする。それが、ヨベルの年である。あなたたちはおのおのその先祖伝来の所有地に帰り、家族のもとに帰る。五十年目はあなたたちのヨベルの年である。種蒔くことも、休閑中の畑に生じた穀物を収穫することも、手入れせずにおいたぶどう畑の実を集めることもしてはならない。この年は聖なるヨベルの年だからである。あなたたちは野に生じたものを食物とする。ヨベルの年には、おのおのその所有地の返却を受ける。（レビ記二五・四―一三）

もしその人が身売りしたままで買い戻されなかった場合、ヨベルの年にはその人もその子供たちも手放される。

（レビ記二五・五四）

つまり、ヨベルの年には、負債のために奴隷にされた人々は解放され、奪われた土地は返却されなければならないことになるが、ジュビリー二〇〇〇の運動は、こうしたカノンなどを援用しながら、重債務貧困国の債務帳消しを求めたのである。[56]しかし、最初から債務帳消しが認められたわけではない。先にも触れたように、債務は返却すべきものであり、それを帳消しすることはモラル・ハザードを生み出すだけだという考え方が根強いなか、一九八〇年代から九〇年代にかけて貧困国の債務問題は悪化の一途を辿り解決からいっそうほど遠くなっていくにつれ、徒に貧困層の負担をより大きくするよりは、返済不能なものについては帳消しにすべきであるという考え方が、グローバル市民社会のなかでしだいに強くなっていった。そうした新しい流れをつくったのが、一九九六年にイギリスを拠点に結成された債務危機ネットワーク（Debt Crisis Network）などで、[57]その後、債務削減・帳消しを求める社会運動はカトリック海外開発機関（Catholic Agency for Overseas Development）などのＮＧＯのイニシアティブのもとで、しだいにアフリカのウガンダ、ザンビアなど、南北を跨ぐかたちでグローバルな広がりを持つようになっていく。[58]

こうした圧力に呼応するかたちで、ＩＭＦおよび世界銀行も一九九六年には、重債務貧困国イニシアティブ（ＨＩＰＣＩ）を打ち出し、債務削減に乗り出すが、債務帳消し運動を推進する側は削減が「少なすぎるし、遅すぎる」と批判、さらに圧力をかけ続け、ジュビリー二〇〇〇へとつながっていくことになる。こうした運動によって、実際に、一九九八年のバーミンガム・サミットにおいてはブレア英首相から債務削減の約束を引き出し、一九九九年のケルンＧ７サミットにおいては、先のＨＩＰＣイニシアティブよりも「より深く、より早く、より広く」（債務削減率の増加、救済措置実施までの期間の短期化、対象国の拡大）債務救済を行なうという「拡大ＨＩＰＣイニシアティブ（the Enhanced

HIPC Initiative またはＨＩＰＣⅡ）」が合意されるなど、一定の成果（総額七〇〇億ドルの債務削減や二国間ＯＤＡ債務の一〇〇パーセント取り消しなど）を挙げることができた。さらに、二〇〇五年七月のエディンバラでのＧ８サミットでもセレブ（有名人）を巻き込みながら債務帳消しを目標に掲げる「貧困を過去の歴史としよう（Make Poverty History）」運動が推し進められるなど[59]、ボトムアップ型の反貧困キャンペーン（Global Call to Action Against Poverty）は続けられた。しかし、ＨＩＰＣイニシアティブでは不十分とし、不満を強めていたグローバル・サウスのＮＧＯが主導するジュビリー・サウスが袂を分かつかたちで立ち上げられ、トランスナショナルな運動に亀裂が見られるようになっていった[60]。実際、ＨＩＰＣイニシアティブでカバーされる国が限られていることやその救済の遅さなども問題となっており、重債務貧困国問題も根本的解決からほど遠く[61]、またグローバル金融危機以降、私的債務が公的債務の倍以上に膨れあがるなど、債務問題はその深刻さを増してきている[62]。その一方で、先にも述べてきたように、グローバル・ノースもまた全生活領域の金融化とともに〈債権者／債務者〉の権力関係の再強化の方向へと再編されていった。

そうしたなかで、ジュビリー二〇〇〇などについてあえてポジティブに再評価すべき点は、それらの運動が、重債務を強いる〈債権者／債務者〉の権力関係を不正義であると捉え直していく過程、つまり「返済すべきもの」とされてきたものを「帳消しにして構わないもの」に認識し直していくリフレイミングのプロセスを、推し進めたことにあろう[63]。それは、まさに人間を債務返済遂行のための動物に育てあげようとするネオリベラルな統治性に対する抵抗運動という側面も有していたともいえよう。債務関係の深化とともに人間が商品パーツ化していく趨勢に抗して、人間存在の根拠である自身の身体のインテグリティを守る倫理（人間の尊厳）を取り戻していくことができるか否かは[64]、そうしたトランスナショナルな抵抗運動の潜勢力にかかっている。

（1）　ホモ・サケルと生政治については、つぎを参照。ジョルジョ・アガンベン『ホモ・サケル――主権権力と剥き出し

の生』（高桑和己訳、以文社、二〇〇三年）。
（2）たとえば、日本では、個人の自己破産申立件数は二〇〇三年の二四万二三五七件をピークに減少してはいるものの、二一世紀に入っても毎年一〇万件を超える状況が続いている。宇都宮健児編『多重債務被害救済の実務』（第二版、勁草書房、二〇一〇年）、一六頁。
（3）Paul Langley, *The Everyday Life of Global Finance: Saving and Borrowing in Anglo-America* (Oxford: Oxford University Press, 2008), pp. 230–242.
（4）Ananya Roy, *Poverty Capital: Microfinance and the Making of Development* (New York: Routeldge, 2010).
（5）アンドレア・フマガッリ＆サンドロ・メッザードラ『金融危機をめぐる10のテーゼ』（朝比奈佳尉・長谷川若枝訳、以文社、二〇一〇年）、Christian Marazzi, *The Violence of Financial Capitalism*, Translated by Kristina Lebedeva (Los Angels: Semiotext(e), 2010).
（6）マウリツィオ・ラッツァラート『〈借金人間〉製造工場――〝負債〟の政治経済学』（杉村昌昭訳、作品社、二〇一二年）。
（7）ジャック・ル・ゴッフ『中世の高利貸――金も命も』（渡辺香根夫訳、法政大学出版局、一九八九年）、一一頁。
（8）同前、二〇頁。
（9）F・ニーチェ『道徳の系譜』（木場深定訳、岩波書店、一九四〇年）、一三八―一三九頁。
（10）同前、一四一―一四二頁。
（11）網野善彦『日本の歴史をよみなおす㊧』（筑摩書房、二〇〇五年）、六〇―六一頁、三上喜孝「古代の出挙に関する二、三の考察」、笹山晴生編『日本律令制の構造』（吉川弘文館、二〇〇三年）、一一七―一四二頁。
（12）網野『日本の歴史をよみなおす㊧』、六八―六九頁。
（13）ジャン＝ピエール・デュピュイ『経済の未来』（森元庸介訳、以文社、二〇一三年）、四六頁。
（14）ルネ・ジラール『暴力と聖なるもの』（古田幸男訳、法政大学出版局、一九八二年）。
（15）ジル・ドゥルーズ＆フェリックス・ガタリ『アンチ・オイディプス――資本主義と分裂症』上巻（宇野邦一訳、河出書房新社、二〇〇六年）、三七三頁。

（16）同前、三七二―三七三頁。二〇〇八年の金融危機を念頭におきながら貨幣と負債は表裏一体の関係にあるという見方に立ったジャーナリストによる一般書として、次を参照。Philip Coggan, *Paper Promises: Money, Debt and the New World Order* (London: Penguin Books, 2011), pp. 61–63〔フィリップ・コガン『紙の約束――マネー、債務、新世界秩序』松本剛史訳、日本経済新聞社、二〇一二年〕.

（17）Geoffrey Ingham, "Money Is a Social Relation," *Review of Social Economy*, vol. 65, no. 4 (1996), pp. 507–529; idem, "Capitalism, Money and Banking: A Critique of Recent Historical Sociology," *British Journal of Sociology*, vol. 50, no. 1 (1999), pp. 76–96; idem, "'Babylonian Madness': On the Historical and Sociological Origins of Money," in John Smithin, ed., *What is Money?* (London: Routledge, 2000), pp. 16–41.

（18）ミシェル・アグリエッタ&アンドレ・オルレアン『貨幣主権論』（坂口明義監訳、藤原書店、二〇一二年）、一九、三〇頁。

（19）同前、三九頁。

（20）同前、二〇〇頁。

（21）同前、二〇一頁。

（22）ミシェル・アグリエッタ&アンドレ・オルレアン『貨幣の暴力』（井上泰夫・斉藤日出治訳、法政大学出版局、一九九一年）、三九―四八頁。

（23）アグリエッタ&オルレアン『貨幣の暴力』、七四―七五頁。

（24）同前、四八頁。

（25）ドゥルーズ&ガタリ『アンチ・オイディプス』、四〇〇頁。

（26）David Graeber, *Debt: The First 5,000 Years* (New York: Melvillehouse, 2011), pp. 59–60, 63. 同書の要約的紹介については、つぎを参照。松村桂一郎「負債とモラリティ――デヴィッド・グレーバーの負債論」、『現代思想』第四〇巻第二号（二〇一二年二月）、二一八―二三一頁。

(27) Graeber, *Debt*, p. 67.
(28) クナップ『貨幣国定学説』（宮田喜代蔵訳、岩波書店、一九二二年）。
(29) 岩井克人『貨幣論』（筑摩書房、一九九三年）、九〇―九五頁。
(30) Coggan, *Paper Promises*, p. 52; Graeber, *Debt*, p. 49.
(31) Niall Ferguson, *The Cash Nexus: Money and Power in the Modern World, 1700–2000* (New York: Basic Books, 2001), p. 15.
(32) H. A. Scott Trask, "Perpetual Debt: From the British Empire to the American Hegemon," *Mises Daily*, Ludwig von Mises Institute, January 17, 2004, https://mises.org/daily/1419.
(33) Graeber, *Debt*, p. 366.
(34) スーザン・ジョージ『債務危機の真実』（向壽一訳、朝日新聞社、一九八九年）。
(35) スーザン・ジョージ『債務ブーメラン――第三世界債務は地球を脅かす』（佐々木建・毛利良一訳、朝日新聞社、一九九五年）。
(36) ジョン・ブリュア『財政＝軍事国家の衝撃――戦争・カネ・イギリス国家 1688–1783』（大久保桂子訳、名古屋大学出版会、二〇〇三年）。
(37) Graeber, *Debt*, p. 55.
(38) Brett Williams, *Debt for Sale: A Social History of the Credit Trap* (Philadelphia: University of Pennsylvania Press, 2004), p. 3.
(39) Louis Hyman, *Debtor Nation: The History of America in Red Ink* (Princeton, N. J.: Princeton University Press, 2011), pp. 132–172.
(40) Marazzi, *The Violence of Financial Capitalism*, pp. 43–66.
(41) フェデリコ・キッキ「資本を越えてコモンへ――生政治資本主義の両義性に関する覚え書き」、フマガッリ＆メッザードラ『金融危機をめぐる10のテーゼ』、一三九頁。
(42) Kaushik Sunder Rajan, *Biocapital: The Constitution of Postgenomic Life* (Durham: Duke University Press, 2006), p. 77〔カウシック・S・ラジャン『バイオ・キャピタル――ポストゲノム時代の資本主義』塚原東吾訳、青土社、二〇一一年〕.
(43) Lawrence Cohen, "Where It Hurts: Indian Material for an Ethics of Organ Transplantation," *Daedalus*, vol. 128, no. 4 (1999), pp.

135–165; Leigh Turner, "Commercial Organ Transplantation in the Philippines," *Cambridge Quarterly of Healthcare Ethics*, vol. 18 (2009), pp. 192–196.

(44) Madhav Goyal, Ravindra L. Mehta, Lawrence J. Schneiderman, and Ashwini R. Sehgal, "Economic and Health Consequences of Selling a Kidney in India," *Journal of the American Medical Association*, vol. 288, no. 13 (2002), pp. 589–593.

(45) Tazeen H. Jafar, "Organ Trafficking: Global Solutions for a Global Problem," *American Journal of Kidney Diseases*, vol. 54, no. 6 (2009), pp. 1145–1157.

(46) インドでは一九九四年に人間臓器移植法（the Transplantation of Human Organs Act）を制定し、臓器の売買を禁止したため、臓器売買を前提とした移植手術は非合法となり、地下に潜ることになった。

(47) Goyal, Mehta, Schneiderman, and Sehgal, "Economic and Health Consequences of Selling a Kidney in India," p. 1591.

(48) Nancy Scheper-Hughes, "Rotten Trade: Millennial Capitalism, Human Values and Global Justice in Organ Trafficking," *Journal of Human Rights*, vol. 2, no. 2 (2003), p. 200.

(49) 梁石日『闇の子供たち』（幻冬社、二〇〇四年）。

(50) Nancy Scheper-Hughes, "The Global Traffic in Human Organs," *Current Anthropology*, vol. 41, no. 2 (2000), pp. 191–224.

(51) Scheper-Hughes, "Rotten Trade," p. 212.

(52) Nikolas Rose, *The Politics of Life Itself: Biomedicine, Power, and Subjectivity in the Twenty-First Century* (Princeton, N. J.: Princeton University Press, 2007), pp. 6–7; Rajan, *Biocapital*, pp. 78–79.

(53) Rajan, *Biocapital*, pp. 110–111.

(54) ニーチェ『道徳の系譜』、八〇頁。

(55) Romilly Greenhill et al., *Did the G8 Drop the Debt? Five Years after the Birmingham Human Chain, What Has Been Achieved and What More Needs to Be Done?* (London: Jubilee Research, Jubilee Debt Campaign and CAFOD, 2003).

(56) もちろん債務帳消しを求める民衆運動のエートスは、必ずしもキリスト教文明に限らない。日本における徳政一揆もそのひとつである。それは、天道思想にもとづき、天変地異による災害・飢饉や戦乱などによる改元や代替わりを契機に恩赦・減税・債務破棄などの徳政を民衆が求める運動で、一五世紀半ば以降、見られるようになったという。黒田基樹『戦国期の債務と徳政』（校倉書房、二〇〇九年）、二五―五二頁、黒田基樹『百姓から見た戦国大名』（筑摩書房、二〇〇七年）、一七―一八頁。

（57）Greenhill et al., *Did the G8 Drop the Debt?*, pp. 6–7.

（58）Ruth Reitan, "Toward Jubilee 2000 and beyond," in Ruth Reitan, *Global Activism* (London: Routledge, 2007), pp. 66–107; Nick Buxton, "Debt Cancellation and Civil Society: A Case Study of Jubilee 2000," in Paul Gready, ed., *Fighting For Human Rights* (London: Routledge, 2004), pp. 54–75.

（59）Nicolas Sireau, *Make Poverty History: Political Communication in Action* (London: Routledge, 2009).

（60）Reitan, "Toward Jubilee 2000 and beyond," pp. 93–94.

（61）Sarajuddin Isar, "Was the Highly Indebted Poor Country Initiative (HIPC) a Success?" *Consilience: The Journal of Sustainable Development*, vol. 9, no. 1 (2012), pp. 107–122.

（62）Jubilee Debt Campaign, *The State of Debt: Putting an End to 30 Years of Crisis* (London: Jubilee Debt Campaign, 2012).

（63）Joshua Willaim Busby, "Bono Made Jesse Helms Cry: Jubilee 2000, Debt Relief. And Moral Action in International Politics," *International Studies Quarterly*, vol. 51 (2007), pp. 247–275.

（64）Nancy Scheper-Hughes, "The Last Commodity: Post-Human Ethics and the Global Traffic in 'Fresh' Organs," in Aihwa Ong and Stephen J. Collier, eds., *Global Assemblages: Technology, Politics, and Ethics as Anthropological Problems* (Oxford: Blackwell, 2005), p. 164.

第Ⅱ部　人間存在の変容と国際関係の再編成

7　グローバル化と安全保障パラダイム転換
――ガバナンスを問う安全保障観の形成過程――

吉川　元

一　安全保障概念の変容

核戦争の危機と常に背中合わせであった冷戦が終結したあと、なぜか平和と安全保障に関連するさまざまな用語が氾濫している。「民主主義による平和」、「平和創造」、「平和構築」、「平和活動」、それに「協調的安全保障」、「共通の安全保障」、「包括的安全保障」、「人間の安全保障」など、なぜ今になって平和と安全保障関連の新用語が流通するようになったのであろうか。

「安全」とは、人間が生存していくうえで脅威が存在しないことを意味する。重い病気にかかり治療費が払えなくなったり、失業して生活費に事欠くようになったりすると、生きていけなくなる。そうした事態を予防するために政府は医療制度や失業保険など社会保障制度を充実させ、人々の安全を保障しようとする。一方、国際政治の世界では、安全保障に関する定義はいまだ定まらず、しかも安全保障をどのように定義するかは国内政治および国際政治のいずれにおいても重要な意味を持つ。なぜならば安全保障関連の予算は、一般的に社会福祉、教育関連の予算より大きいことからも明らかなように、安全保障政策はどの国にとっても優先課題だからである。それに何の（誰の）安全を保障しようとするかによって、また脅威をどのように見立てるかによって、国民は高い税負担を強いられ、場合によっては自国の安全保障のために他国の人々の安全を脅かすことにもなるからである。

二〇世紀から今日に至るまでの安全保障パラダイム（概念）の変容を整理してみよう。まず、何の（誰の）安全なのか、すなわち安全の保障対象を中心に安全保障概念の歴史を整理すると、それは「国防」に始まり、第二次世界大戦後に「国家安全保障」なる用語がそれに代わり[1]、近年では「人間の安全保障」が通用するようになる。国防にせよ、国家安全保障にせよ、保障しようとする対象は国家の政治的独立と領土保全である。しかしながら東西イデオロギー対立の冷戦期には、国家安全保障は、国によっては国家体制安全保障と同義になる。そして冷戦の終結を境に人間の安全保障が国連から提起され、今日に至っている。

つぎに誰が安全を保障するのか、すなわち安全保障の担い手を中心に安全保障概念を整理してみると、それは国家安全保障と国際安全保障に分けることができよう。国家にとって脅威が認識されるということは、国家のどこかにそうした脅威に対する脆弱性が存在すると考えられる。イギリスの国際政治学者バリー・ブザンは、国家への脅威について、第一に、軍事脅威、第二に、政権転覆や分離独立運動、イデオロギー対立など国家の政治的安定の妨げとなっているような政治的脅威、第三に、言語、文化、宗教、あるいは国民アイデンティティなど国民統合に挑戦する社会的脅威、第四に、国家の福祉と経済力を維持するうえで必要な天然資源、財政および市場の獲得をめぐる対立がもたらす経済的脅威、そして第五に、大気汚染、国際河川の汚染、森林伐採がもたらす洪水など、生態系や自然環境の破壊がもたらす生態系の脅威、の五つの脅威を指摘する[2]。こうした脅威に対して、国家は安全強化のために脆弱性を除去しようと戦略を練り、安全保障政策を実施する。それが国家安全保障戦略（政策）である。国家安全保障戦略とは、自助を意味し、軍事的脅威に対しては軍備増強をもって応えるであろうし、経済的脅威に対しては資源の供給源を多様化し、あるいは自給自足体制を整えることになる。国家体制があまりに脆弱であり、対外的脅威や対内的脅威が強調され、過度に国民の一致団結を求めるようになると、軍事国家や独裁国家に陥りやすくなる。

国家安全保障戦略が優先される地域では他国の軍事脅威に対して国家の安全を保障する主たる手段は軍事力であり、それゆえに軍事力の増強にしのぎを削る。他国よりも少しでも安全になろうとして軍備増強を図れば、安全保障ディレンマに陥り、際限のない軍拡競争にはまることになる。(3) しかも、国力にはばらつきがあることから、国家安全保障政策は自ずと軍事同盟による勢力均衡の安全保障を追求する傾向にあり、果てしなく追及される軍事的な均衡というものはいつかは崩れるものである。かつて、統一を果たし大国になったドイツは、勢力拡張政策をとり海外に植民地を求めた結果、北アフリカ、中東で英仏と紛争を起こすと同時に、英独のあいだで熾烈な建艦競争を繰り広げ、それが第一次世界大戦の遠因となった。国際連盟を脱退した日本が、中国に侵略する一方で、ドイツと軍事同盟を結び、第二次世界大戦へ突入していったことも広く知られている。

一方、国際社会が、特定地域や国際社会全般の共通利益を守るために、共通の脅威の除去に協力して取り組もうとするのが国際安全保障戦略（政策）である。国際安全保障とは、国際関係または国際システムの構造を変革することで国家が互いにより安全であると認識できる状況を創ることを意味する。(4) 国際安全保障戦略においては、国際社会の共通利益を見出し、国際社会が協力して各国の安全を保障するための国際安全保障機構や国際制度（レジーム）を必要とする。これまで国際連盟や現在の国連のような普遍的国際安全保障機構による集団的安全保障体制の創設、CSCE（欧州安全保障協力会議）／OSCE（欧州安全保障協力機構）、ASEAN（東南アジア諸国連合）など地域機構の設立、軍縮・軍備管理制度の設立、GATT（関税及び貿易に関する一般協定）、WTO（世界貿易機関）など自由貿易体制の設立、あるいはEC（欧州共同体）／EU（欧州連合）といった国際政治経済統合など、さまざまな国際安全保障の手立てが考案され、試されてきた。国家安全保障政策と国際安全保障政策は、併存するのが一般的であるが、国や地域によっていずれか一方へ偏重する場合もある。もっとも、地域レベルで、あるいはシステム次元で、脅威が除去されるのであれば、なにも国家安全保障政策で対応する必要はなく、しかも低コストで国家安全保障が達成されるとあって、独自の国家安全保障への取り組みに限界がある中小国にとって国際安全保障戦略は最善の策である。(5)

安全保障概念は、今日では、国家安全保障、国際安全保障、人間の安全保障、さらにはグローバル安全保障にまで多元化し、拡散する勢いである。こうした安全保障概念の変容をもたらす要因として、第一に、国際秩序の再編の契機となる世界大戦、あるいはロシア革命のような国内の社会政治変動をもたらす革命などの歴史的大事件（出来事）、第二に、産業革命、電子革命といった技術革新、とりわけ機関銃、ミサイル・核兵器といった軍事技術の革新、そして第三に、国際関係秩序を規定する国際関係原則・規範の形成と発展が考えられる。本章では安全保障概念の変容をもたらす上述の要因を軸に、二〇世紀初頭から今日に至るまでに国防から人間の安全保障へと安全保障概念が変容した過程、そしてそれぞれの安全保障概念において人間がどのように安全保障の対象に据えられてきたかについて明らかにしたい。

二　人民の安全と国家の安全

1　平和のための戦争論

近代の戦争は、軍事・通信技術の革新、常備軍、徴兵制といった管理・行政組織、およびナショナリズムや自由主義といったイデオロギーの活用によって可能になった。一九世紀末には、産業革命の結果もたらされた通信技術の飛躍的な進歩によって地球は一つに結ばれ、遠隔地から戦争の作戦指揮が可能になり、また鉄道網の発達によって兵器と兵員の遠方への大量輸送が可能になり、さらに機関銃の実用化、長距離砲の発達、また軍艦、潜水艦の発達に象徴される戦争の機械化が進んだことで、大規模戦争が可能になった。(6) なかでも戦争の機械化によって戦争が大規模戦争になることは必至であった。そのことから各国とも大量の兵力を動員する態勢を整えるために徴兵制を敷いたのである。さらに一九世紀後半から欧州各国で進展していった民主化の結果、世論が力を持つようになると、政府は軍の近代化に必要な軍事費を確保しようと、来る戦争の準備に向けてナショナリズムをあおり、戦時体制を整えていった。こうして戦争に向けて国民を総動員する態勢が整えられ、大規模戦争、それも総力戦争への道が敷かれていったのである。

ナショナリズムが高揚するなかで第一次世界大戦が勃発した。この戦争は、最終的に三二カ国が参戦する世界大戦となり、軍服を着た七〇〇〇万人の兵士による四年に及ぶ長期の戦争となった。軍事動員の可能な人的資源を意味する「マンパワー」なる新しい用語が大戦さなかに流通したことに象徴されるように[7]、各国とも戦争の遂行に銃後の一般市民の協力を求めた結果、この戦争は一般市民を巻き込む史上初の総力戦になった。国民は戦争を支持し、そして兵器生産に協力し、戦闘員と非戦闘員の区分が事実上なくなった。国民の士気をそぐために一般市民（非戦闘員）そのものが攻撃対象になった結果、一般市民の犠牲者がそれまでの戦争に比べようがないほど増加した。大戦の戦死者は一五〇〇万人を超したが、その内訳は八五〇万人の兵士の犠牲に対して一般市民の犠牲が六六〇万人に及んだことが、そのことを物語る[8]。

ところでこの大戦中に平和のために戦争を行ない、人民を救済するために戦争に訴えるという、いかにも人道的目的を掲げた戦争論が展開されていることに注目したい。アメリカでは、「旧世界」で繰り広げられる戦争への参戦を正当化することが容易ではない特別の国内事情があった。それゆえにアメリカ大統領ウィルソンは対ドイツ宣戦布告に関する議会へのメッセージにおいて実に手の込んだ戦争論を展開することになる。「すべてが独裁者の意思によって統制されている軍部に支えられた独裁政府の存在によって、世界の平和が脅かされ、人々の自由が脅かされている」。「この戦争も昔の戦争のように、人民には諮られることもなく支配者の意のままに始められた戦争である」。つまり、独裁体制の存在自体が国際平和の脅威だと見立てたのである。アメリカは「世界の究極の平和のために」戦うのであり、「ドイツ人を含め人民の解放のために戦う」。「諸国の自由のために、また人民が自らの生活の方法を選ぶ権利を求めて戦う」。世界は「民主主義にとって安全でなければならない」。平和というものは「政治的自由という揺るぎない基礎の上に打ち立てられなければならない」[9]。ウィルソンは、その後、頻繁に演説を行ない、敵はドイツではなく専制政治であると説き、アメリカの参戦なしには、そして諸外国の国内改革なしには、自由主義的平和は実現しないと国民に説いてまわった。しかしながら、当時のドイツはけっして軍部独裁の国ではない。ドイツ系移民が多くいるアメリカの国内事情もあり、ドイツを敵に回す戦争にかかわるには自国民を説得しなければならなかったのである。こうしてドイツ独裁体制を転覆させてドイツ人を救うという、アメリカ独自の戦争論が編み出されたのであった。

2　国家体制安全保障の芽生え

未曾有の惨劇をもたらした第一次世界大戦を契機に恒久平和を追求する動きが盛んになる。その願いは集団安全保障体制、戦争の禁止、自由貿易体制、相互理解、あるいは軍縮・軍備管理といったさまざまな国際平和と国際安全保障への具体的な取り組みに結びついた[10]。なかでも第一次世界大戦後には国際安全保障の対象領域に民族マイノリティ保護が含まれるようになったことに注目したい。宗教マイノリティや民族マイノリティの保護を口実に人道的干渉が行なわれてきた歴史は知られている。第一次世界大戦のあとに崩壊したオスマン帝国、オーストリア・ハンガリー帝国、およびロシア帝国の旧版図に、民族自決の原則にもとづいていくつもの民族国家が誕生したが、同時にそれらの国に民族マイノリティが取り残されることになった。民族自決の原則で民族国家が誕生したとあって、そのなかの民族マイノリティによる次なる民族自決の動きが発生することは十分に予測され、それが国際平和を脅かす要因と考えられるようになった。それゆえに、大戦後には戦勝国と戦敗国との講和条約において、また戦勝国と民族自決で独立を達成した国々との二国間条約において「人種的、宗教的、言語的マイノリティ」の保護を取り決め、これらのマイノリティ保護の履行と監視に国際連盟と常設国際司法裁判所が責任を負うことになった。[11] 史上初のマイノリティ国際保護制度の設立である。

第一次世界大戦後には、国家体制の安全保障という新しい安全保障観の芽生えがあった。そのきっかけとなった出来事がロシア革命である。ロシア革命によってソ連に世界初の共産党政権が誕生し、爾来、共産主義者は、世界各地の資本主義国家の打倒と共産主義革命を支援するコミンテルン外交（イデオロギー外交）を展開する。すると各国の国家安全保障政策は、単に外国からの侵略に備えるにとどまらず、国の内外の敵対イデオロギー脅威に対しても備えなければならなくなる。国の内外のイデオロギー脅威から国家体制を守るという国家体制安全保障観がこうして芽生えたのである。

一九二〇年代には国際平和と国際主義を説く勢力を中心に世界が一つにまとまっていたが、世界大恐慌をきっかけに三〇年代になるとブロック経済化が始まり、世界経済の分断化が始まる。欧州国際社会の内部ではイデオロギー対立が深刻化し、「持てる国」の西欧諸国、ドイツ、イタリア、日本など西欧文明基準から逸脱する「持たざる国」、そして革命政権のソ連とのあいだで、三つ巴のイデオロギー対立が始まった。コミンテルンはナチス・ドイツと軍国主義日本を侵略戦争の主たる勢力とみなし、日独に対する連合を呼びかけた。それに対して日独両国は一九三六年に日独防共協定を結び、勢力の均衡を図ろうとした。その前文に書かれている通り、コミンテルンの活動目的が「既存国家の破壊」にあって、「世界平和を脅かす」ものであるがゆえに、共産主義の破壊活動から国家を防衛するために協力することを約している。この協定は、国家体制安全保障を目的とする初の軍事同盟である。同協定は、翌一九三七年一一月にイタリアを加えた日独伊防共協定に拡大され、四〇年には日独伊三国の軍事同盟に発展する。

一九三〇年代には国家体制安全保障観が次第に支配的になり、しかも国内に潜むイデオロギー「第五列」（同調者）

が国家体制の安全を脅かすものとして認識されるようになる。その結果、国際関係において友好関係が重視されるようになり、国家体制にとって脅威となる国内の民族集団や政治勢力は抑圧されていき、マイノリティ国際保護制度は事実上、機能不全に陥る。そして持たざる国は、国際正義の旗印のもと大国が作り上げた第一次世界大戦後の国際平和と安全保障体制に挑戦し、国際秩序の変革を主張し、第二次世界大戦に突入していった。

三　人権尊重の国際平和と安全保障

1　封印された民族問題

第二次世界大戦は、帝国主義勢力のあいだの戦いではあったが、それでも戦前から戦中にかけて人間の存在を軸に据えた平和観が芽生えている。欧州で大戦の火ぶたが切って落とされ、ドイツが優勢に戦っていた一九四一年一月六日、アメリカ大統領フランクリン・D・ローズヴェルトは議会の年頭教書演説において、戦争後の国際秩序に関する「四つの自由」演説を行なっている。ひとつは、言論と表現の自由、二つは、神を信仰する自由、三つは、欠乏からの自由、そして四つは、恐怖からの自由である。[12] なかでも欠乏からの自由および恐怖からの自由は、連合国の戦争目的に掲げられ、後に国連の人権尊重の国際平和観の形成に影響を与えるほど、重要な自由概念であり、また冷戦の終結後に国連開発計画（UNDP）が提案した「人間の安全保障」概念の中核をなす自由概念でもあった。続いて一九四一年八月一四日、アメリカ大統領ローズヴェルトとイギリス首相チャーチルは、両国の戦争目的に関して大西洋憲章を発表する。それは、領土拡張は求めない（第一項）、関係する人民の合意にもとづかない領土変更を求めない（第二項）、すべての人民の政体を選択する権利の尊重（第三項）、通商の自由および天然資源への機会均等（第四項）、恐怖からの自由、欠乏からの自由を保障するような平和の確立（第六項）など、自由主義と民主主義を前面に押し出す国際平和秩序を構想するものであった。大西洋憲章で謳われた諸原則は、その後、連合国宣言（一九四二年一月一日）に引き継がれ、そして連合国は、文明、自由、人民の解放を大義に掲げて戦った。アジア・太平洋では日本は人種差別の廃止、植民地解放、アジアの共存共栄の国際秩序を掲げて戦った。このように今回の大戦では、領土拡張のような伝統的な戦争目的は、少なくとも公然と主張されることはなく、国際秩序の変革とともに人民の解放、自由の擁護など国際正義の実現が戦争の大義となったのであった。

第二次世界大戦は、文明、人権と自由、人民の解放を掲げた戦争であっただけに、戦後には当然のことながら人権尊重と人民の自決を基調とする国際平和秩序が模索されることになる。こうした平和秩序の構想は、国連憲章に反映されている。国連の創設目的を記した第一条には「人民の同権および自決の原則の尊重」に基礎を置く諸国間の友好関係を発展させる、とあり（第一条第二項）、続いて「人種、性、言語または宗教による差別なく、すべての者のために人権および基本的自由を尊重」するように助長奨励し国際協力を行なう、と記されている（第一条第三項）。しかし、「人民の自決」と「民族の自決」は同じものではない。国連憲章を最終的に確定したサンフランシスコ会議において、ソ連の提案にもとづいて民族マイノリティ保護が検討されたが、その際には、民族マイノリティ保護を全面的に否定する国がすでに多数派となっていた。民族マイノリティ保護が実際の国際政治の場で主張されるとき、それは「民族の統一」、「失地回復」、「民族の独立」を意味し、国家の分裂を促し、領土拡張を正当化する政治用語として活用された苦い経験があったからである。チェコスロヴァキアとポーランドは、ドイツ系民族保護がドイツの侵略の口実になったことを指摘し、いかなる民族マイノリティ保護規定にも反対した。欧米諸国は植民地を失うのを恐れてやはり民族マイノリティ保護規定に反対した[13]。民族マイノリティ保護は国際平和に資するどころか、逆に国際平和と安全への脅威になったことから、この大戦を機にかつてのマイノリティ保護をめぐる国際安全保障観は根本的に修正を迫られ、その結果、戦後国際政治の世界において民族問題は封印されたのである。二つの大戦のあいだに民族マイノリティをめぐる国際安全保障観に大きな転換が生じていた。

2　人権尊重の国際平和と人種主義問題

民族問題が封印される一方で、新たに人権問題と人種問題が国際政治の俎上に載ることになる。先述のとおり、国連の目的には「人種、性、言語または宗教による差別なく、すべての者のために人権および基本的自由を尊重」するように助長奨励し国際協力を行なう、と記されている。ところが国連憲章の起草段階では人権尊重に関する提案は存在しなかった。あれほど自由や人民の解放を掲げ、文明をかけて戦った連合国ではあるが、勝利が決定的になるこの時期には、その戦争目的は後景に押しやられていたのである。しかしながら、英米の帝国主義支配の脅威を感じる中小国の要求にもとづいて、先述のような人権規定が盛り込まれることになった。もっとも英米の消極的な姿勢を反映して人権尊重は「奨励する」と、その実現を遮るような細かな施しが加えられるとともに、英米の提案で加盟国に対して国連の内政干渉を禁じる原則が盛り込まれた(14)。

第二次世界大戦後には、民族問題に代わって人種問題が国際問題として浮上する。ドイツが犯したユダヤ人ジェノサイドは、「人道に対する罪」として裁かれ、人種問題を国際政治の俎上に載せるきっかけとなった。ニュルンベルク裁判で、あのおぞましいジェノサイドの犯罪が明るみに出るや、国連は早速、国連総会第一回会期で、ジェノサイドを国際犯罪として裁くことを決議した（国連総会決議、九六㈠）。一九四八年一二月九日、国連総会においてジェノサイド条約が採択され、こうしてジェノサイド行為が国際犯罪に位置づけられるようになる。一方、国連経済社会理事会の人権委員会を中心に世界共通の人権基準づくりが始まり、ジェノサイド条約採択の翌日、すべての人民と国が「達成すべき共通の基準」として世界人権宣言が採択された。世界人権宣言の前文には、人権の尊重が「世界の自由、正義、そして平和の基礎」であり、「人間が言論および信仰の自由ならびに恐怖および欠乏からの自由」を享受できる世界の実現こそ「一般の人々の最高の願望」であり、「法の支配によって人権を保護することが肝要である」と述べられている。これは国際平和の条件に人権尊重を位置づける初の試みであった。

第一次世界大戦後に芽生えた相互理解の平和論は、その役割を国際連盟の知的協力委員会が担い、第二次世界大戦後にはユネスコがその役割を引き継いだ。ユネスコ憲章には「人間や人種の不平等」という教義を広めることで戦争が生じたとの反省が綴られている。平和は「人類の知的かつ精神的連帯」の上に築かれねばならない。無知と人種偏見に戦争原因を見出せばこそ、相互理解の促進が平和の処方箋であり、そのために教育と文化の普及に努めねばならない、というのがユネスコの相互理解の平和論の要諦である。

ところで国連の創設によって戦後の国際平和秩序観が一変したと考えられる傾向にあるが、実はそうでもない。欧米の戦勝国の植民地支配体制は引き継がれている。しかしながら人権の国際化が始まり、そして人種問題が国際問題化するなか、アジアとアフリカで脱植民地化の動きが進む。一九五五年にはインドネシアのバンドンで「初の有色人種の大陸横断」首脳会議であるアジア・アフリカ会議が開催される。植民地支配という「無慈悲な歴史的経験」を絆に、アジア・アフリカの指導者は、二つの人種差別問題の解決、すなわち植民地支配の終焉および国内の人種差別制度の廃絶を国際反人種差別闘争の目的に据えることを取り決めた。こうしてアジア・アフリカ諸国は、人権尊重、人種平等を基調とし、主権尊重と人民の自決の原則にもとづく自由で平等な国際平和の秩序作りに取り組んでいった。

3　平和共存体制

第二次世界大戦後に冷戦が始まる。冷戦とは、東西両陣営のあいだで、主権国家モデルの優劣を競うイデオロギー対立である。しかも冷戦が核開発の黎明期と重なったことから、核時代にあっては国家はもはや単独では領土も政治的独立も、さらには国家体制の安全も保障できないと認識されるようになり、こうした脅威認識が米ソ両超大国を中心に集団的自衛権に根拠をおくブロック（陣営）安全保障体制の編成につながった。来る世界大戦は核戦争である。しかしながら核戦争は総力戦とはなりえず、瞬時にして決着がつく戦争であり、しかも人類の滅亡すら予期される戦争である。かくして核戦争はもはや政治の延長としての紛争解決手段とはなりえず、その結果、東西両陣営のあいだで平和共存体制が模索されていった。

平和共存とはイデオロギー対立を前提にした不戦の共存関係を意味する。両陣営間でイデオロギー対立は続けられ、西側諸国には共産主義者の「第五列」が、そして東側諸国の政権には人民の蜂起の可能性が慢性的な内部脅威であった。両陣営の枠外では武力紛争が発生し、内戦も頻発した。しかも、内戦に東西両陣営のいずれかが干渉するという国際干渉戦争が頻繁に発生した。国際干渉戦争は、一九四五年─九二年の間に、アメリカ八回、イギリス七回、ソ連、インド、北ヴェトナム、南アフリカが、それぞれ四回行なっている[15]。

冷戦期の内戦はアジア・アフリカに集中している。植民地から独立した国は、国家建設の途上にあり、国内に安定した統治制度が確立されておらず、それに国民統合（国民意識）が未形成であり、国家の領域的な外枠も国家の制度も「脆弱な国」だったからである[16]。途上国の多くは独立時点で国民アイデンティティが未形成のままに西欧的な国民国家および領土国家の体裁を所与の前提に国際社会への参入が認められていった経緯がある。アジア・アフリカの独立国に共通する点であるが、これらの国は独力で政治的独立を維持するほどの国力と国民に文明的な生活を保障しうるほどの統治能力を備えていることが求められたかつての「文明国」の資格要件を満たさない点で、ロバート・ジャクソンが言うところの「準国家（擬似国家）」である。その準国家に領域支配が認められ、外部介入を許さない程度の統治を確立している国に「消極的主権」を世界が認めたのである[17]。こうした脆弱な国の安全保障政策は政治的に安定している国のそれとは自ずと異なる。途上国の安全を脅かすのは政権を転覆させようとする反体制派集団からの内部脅威であり、あるいは分離独立しようとする分離主義者からの内部脅威である。さらに国の内部には東西両陣営のいずれかの陣営が支援する外部脅威があり、外部勢力と連携する国内の反政府勢力があった。冷戦期の国際政治構造はアメリカとソ連をそれぞれ覇権国とする二つの勢力圏から成り、この二つの勢力圏の内側であろうと、外側であろうと、勢力圏からの自立の動きは均衡を脅かすものとして押さえつけられた。

このように、東西陣営も途上国も、共通して内部脅威と外部脅威にさらされていた。その結果、安全保障概念は、途上国では現政権の統治権の保障を意味する政権の安全保障に変容し、東西両陣営では国家安全保障の一変種としての国家体制安全保障が支配的となった。そのことが、つぎに見るように冷戦期特有の地域的な国際安全保障機構の設立につながる。

四　人間不在の国際平和秩序

1　地域協力と国際機構

脆弱な国の国家安全保障は、大国との軍事同盟の締結によって達成されるようなものではない。なぜならば、国家の独立に加え、国民の一体性の強化および領土の一体性の強化、すなわち国家の強靭性の強化が国家安全保障政策の最重要課題だったからである。加えて脆弱な国がひしめく地域では国家の強靭性と同様に、東西対立に巻き込まれないよう地域の強靭性の強化も国家安全保障にとって重要な課題であった。アジア・アフリカの独立したての国はそれまでまったく経験したことのない国家建設という大規模なプロジェクトに取り組まねばならなかったが、それには国家間の信頼醸成、経済協力、文化協力といった多角的な地域協力が求められ、そうした目的を実現するために地域的な国際協力と安全保障協力を目的とする国際機構が必要とされたのである。

第二次世界大戦前までは国際機構の数そのものが少なく、国際安全保障機構としては国際連盟が唯一の存在であった。ところが第二次世界大戦後から二〇世紀末のおよそ半世紀のあいだに二五の地域安全保障機構が誕生している。[18]こうした地域安全保障機構の設立には三つの大きな波があった。第二次世界大戦後から冷戦初期にかけての第一の波、冷戦中期の第二の波、そして後述するように冷戦末期から冷戦終結後にかけての第三の波である。最初の波で設立された地域安全保障機構は、冷戦のイデオロギー対立を反映した国家体制安全保障を目的とするもので、しかも集団的自衛権に根拠を置く国際機構であることがその特徴をなす。NATO（北大西洋条約機構、一九四九年設立）、WEU（西欧同盟、一九四八年設立）、WTO（ワルシャワ条約機構、一九五五年設立、九一年解体）のように、欧州には国家体制安全保障を目的とする地域安全保障機構が設立されている。非欧州地域では、東南アジアのSEATO（東南アジア条約機構、一九五四年設立、七七年解体）、中東のCENTO（中央条約機構、一九五五年設立、七九年解体）、オセアニアのANZUS（太平洋安全保障条約、一九五一年設立）の例にみられるように、共産主義勢力に対抗するための地域安全保障機構の設立が相次いだ。

一方、まず欧州の植民地支配からいち早く独立した中東でアラブ連盟（一九四五年）、そして戦後まもなくアメリカでOAS（米州機構、一九四八年設立）が設立され、そしてアジア・アフリカ諸国が独立する一九五〇年代から冷戦中期にかけて、アフリカでOAU（アフリカ統一機構、一九六三年設立、二〇〇二年AU（アフリカ連合）に改編）、ASEAN（一九七四年設立）、CSCE（一九七五年設立、一九九四年OSCEに改編）といった多角的地域協力を目指す地域機構が設立されている。先に述べたように独立を達成し、国家建設も国民統合も緒に就いたばかりのアジア・アフリカ諸国には、国家の強靭性の強化が安全保障政策上の喫緊の課題であった。それだけに地域機構で確立された国際関係原則には脆弱な国からなる地域独自の国際原則が取り決められている。たとえば、OAUの国際関係原則には、主権尊重、内政不干渉、領土保全といった、すでに普遍的原則になっている国際関係原則に加えて「あらゆる形態の政治的暗殺」および「近隣諸国または他のすべての国に対する破壊活動を無条件に非難する」といった独自の国際関係原則が取り決められている（ＯＡＵ憲章第三条第五項）。ＡＳＥＡＮ諸国の国際関係原則と国際協力を定めた東南アジア友好協力条約（一九七六年）では、その前文において「地域的な強靭性」を強化することを謳い、続いて国際関係原則として、独立、主権、平等、領土保全とともに「国家の一体性」の相互尊重（第二条ａ）、外部干渉、転覆または強制されずに存在する権利（第二条ｂ）、相互に内政不干渉（第二条ｃ）が続く。さらに締約国は「国家の一体性」を保持するために「外部からの干渉および内部の破壊活動」を受けずに、政治、経済、社会文化および安全保障の各分野において各国の「国家の強靭性」の強化に努めることを取り決めている（第一一条）。こうした地域独自の国際関係原則を規定せねばならないほど、途上国は国家の分裂や政権の転覆の危機に直面していたのである。

2　人民を抑圧した人民の国家

平和共存体制下で、東西間に戦争は発生していない。しかし、国家体制安全保障に汲々としていた社会主義諸国やアジア・アフリカ途上国では、国家と社会の対立が日常化し、また武力紛争が頻繁に発生している。一九四五年からユーゴスラヴィア紛争が収束する九五年にかけて発生した武力紛争の犠牲者数は三〇〇〇万人を超える[19]。一般市民の犠牲者の割合は一九六〇年代に六三パーセント、八〇年代に七四パーセントで、その後も上昇傾向にあった[20]。難民も急増した。一九六〇年代初頭には百数十万人であった難民数は、七五年には二八〇〇万人に増加し、冷戦末期の九〇年には一五〇〇万人に膨れ上がる。その三分の二以上がアジア・アフリカで発生した難民であった。

ところで国家体制安全保障観が支配的となる冷戦期には多くの人民が政府の国家安全保障政策の犠牲になったことが近年、明らかになった。共産主義革命で人民を解放したはずのプロレタリア独裁の国家で、あるいは植民地から独立した開発独裁の国家で、政府は無辜の民に容赦がなかった。二〇世紀を通して民衆殺戮や政治的殺戮の犠牲者数は同時期の戦争の犠牲者数をはるかに凌いでいたことが明らかになった[21]。共産主義革命が成就した国々で、植民地支配から解放された国々で、著しい人権侵害がまかり通り、人民は抑圧され、殺害されていった。政治学者ルドルフ・J・ランメルは、二〇世紀を通して、政府の手による一般市民の政治的殺戮を意味する「民衆（デモ）殺戮（サイド）」の驚くべき実態を明らかにしている。[22]「民衆殺戮」なる用語を作り上げたランメルによれば、民衆殺戮は、一党独裁体制の社会主義国家と開発独裁の途上国に集中している。ソ連で六二〇〇万人、中国で三五〇〇万人、四年にも満たぬポル・ポト政権下のカンボジアで同国の人口の三分の一にあたる二〇〇万人が民衆殺戮の犠牲になった。バンドン会議を主催し、反人種主義闘争および非同盟主義の雄であったインドネシアでは、とくにスハルト政権のもとで約七〇万人の民衆殺戮が行なわれた。

むろん、こうした統計値には表れないものの、自由を奪われ、著しい人権侵害の犠牲になった無数の人々がいたことも忘れてはならない。アジア諸国で一九八〇年代に盛んに使用された「国家安全保障」という言説は、国家の一体性を強化するうえで、また開発政策を推し進めるうえで、国家の側からみて邪魔になる人間を排除するのに使われた言葉であった、という指摘はまさしく正鵠を得ている。[23]

3　友好関係の論理

それにしても人権の国際化時代にあって、なぜこうした惨劇が見過ごされたのであろうか。実はこうした非人道的な国家犯罪を看過せざるをえないような冷戦期特有の国際政治構造と国際関係秩序があったと考えられる。冷戦期には侵略戦争が激減し、植民地の無条件解放が実現し、そして自由貿易体制が整備されたことから、勢力拡張の方法が侵略による領土拡張から友好国の獲得へと代わったことに注目したい。両陣営とも、できるだけ多くの国を自陣営に取り込もうと友好国の獲得競争に入った。国家建設の緒に就いたばかりのアジア・アフリカ諸国を自陣営に取り込むには、経済援助や軍事援助による戦略的援助外交が有効な手段である。ソ連は、反植民地主義、反人種主義を掲げて途上国をひきつけようとし、ソ連自身が社会主義国家建設に取り組んだ豊富な経験をもとに国家建設マニュアルを途上国に提示した。西側は西側で、途上国が東側陣営に取り込まれないようにと、経済援助や軍事援助を惜しまなかった。味方につきさえすれば、その国の非人道的な統治のあり方などお構いなしだったのである。

冷戦期に国家体制安全保障を支えるような、そして結果的に民衆殺戮を看過せざるをえないような国際平和秩序が形成されていたことにも注目したい。冷戦期特有の国際秩序とは、主権の尊重、人民の自決、領土保全、内政不干渉といった国際原則を軸に形成され、国家統治の有り方を問うことを禁止する「消極的主権」国際秩序である。[24] 侵略と内政干渉を控えさえすれば国家はなんら倫理的拘束を受けずに行動の自由が保障されたのである。なかでも植民地独立付与宣言において初めてその定義を得た人民の自決権とは、政治的地位を自由に決め、そして経済的、社会的、文化的発展を自由に追及する権利であるが、こうした自決権の定義の国際政治上の含意は、事実上、政府は好き勝手に自国を統治してよいということに他ならない。それゆえに人民を抑圧し、民衆殺戮という国家犯罪を犯したプロレタリア独裁の国家や開発独裁国家は、人民の自決権を心底、国際原則として確立することを欲した。

一方、領土的一体性を相互に認める領土保全原則も、消極的主権国際秩序を補強する国際規範となった。領土保全原則とは国家が存続する必須条件である領土的一体性を互いに保障することを意味する国際原則である。国連憲章に規定される領土保全原則とは、「外部侵略」に対して領土的一体性を保全するという文脈で規定されたのであって（第二条第四項）、自決権あるいは分離独立との関連については意識されていなかった。[25] ところが分離主義の動きを国内に秘めている独立したての国にとっては、領土的一体性を保持するうえで、領土保全原則は国家の外枠の保持にかかわる死活の原則であった。外部侵略から自国を守るためのみならず、見せ掛けの領土的一体性を保持し、内部脅威を除去するためにも、領土保全原則は遵守されなければならない。

領土保全原則が国際規範になるにつれ、国際政治には領土に関する新たな慣行が始まる。ひとつは、戦後の講和会議における領土変更に関する取り決めがなされなくなったことである。国力（パワー）の源泉が、人口や領土に求められていた時代には、侵略戦争が発生し、また戦争後の講和では戦勝国による領土拡張が一般的慣行であった。たとえば一六四八年から一九四五年にかけて発生した戦争の後の講和（戦後処理）の八〇パーセントが、領土変更の取り決めを行っているが、一九四五年以降、領土変更をともなう戦後処理は三〇パーセントに減少し、一九七六年以降、領土拡張に成功した事例はまったくない(26)。もうひとつは、新たな慣行として国際社会は分離主義を支持しなくなったことである。チベット、東ティモール、カタンガ、ビアフラにおいて、またイラク（クルド人）において分離主義の動きがあったにもかかわらず、アジア・アフリカでは、こうした分離独立の動きが弾圧された一方で、国際社会はそれを国際問題化させなかった。先述の通り、民族問題はすでに封印されていたからである。植民地から独立した国のさらなる分離独立の例は、平和的に分離独立を達成したシンガポール、それに力ずくで独立を勝ち取ったバングラディッシュなどきわめて例外的である。

人民の自決および領土保全原則と並んで冷戦期に主要な国際関係原則となるのが内政不干渉原則である。人権問題が当時「アキレス腱」と言われたソ連・東欧諸国のプロレタリア独裁国家はいうに及ばず、アジア・アフリカ諸国の開発独裁国家も、人民の自決権とともに、内政不干渉原則の国際規範化を欲した。その結果、内政不干渉原則は二国間関係で、また地域レベルで取り決められ、やがて普遍的な国際規範となる(27)。内政不干渉原則は人民の自決権と表裏一体をなし、消極的主権国際秩序を支える重要な国際原則となった。こうした内政不干渉の国際政治の政治的効果は、独裁国家に対しては政権の安全保障を補強することにつながった。国連人権委員会委員（当時）でルーマニア人のドミトル・マジルによる国連経済社会理事会の差別防止少数者保護小委員会に向けた報告書のつぎの一節は、国際政治の場での内政不干渉原則の政治的効果を厳しく告発するものとして、示唆的である。ルーマニアのように世界人権宣言、国際人権規約、国内憲法を含め人権が系統的に侵害されている場合、「内政不干渉を言い立てることは不法行為であるばかりでなく、徹底的に不道徳な行為ですらある」。「内政不干渉」は圧政者が重大な犯罪を隠す際に「行動の自由を確保するために用いる手段の一部にすぎない」[28]。こうした国連報告書がまとめられたのは冷戦末期の一九八九年五月のことで、その圧政者が人民の反乱によって銃殺される半年前のことである。

冷戦期の各国の安全保障政策は、基本的には国家体制安全保障政策であった。しかしながら、すでに一九七〇年代には安全保障概念の多様化が始まっている。一九七〇年代といえば、東西対立はデタント期に入り、アジア・アフリカ諸国の独立と国際社会への参入によって西欧的国際政治システムはグローバル・システムへと拡大し、さらに、一方で経済の相互依存関係が進み、他方で、国際地域主義が台頭するように、国際政治に構造的変容がみられる時期である。そして、オイルショック、自然環境破壊の問題への認識、核戦力の均衡による手詰まりなど、一連の出来事を契機に、安全保障概念の見直しが始まった。欧州の国際関係の見直しと戦後の現状の固定化のために一九七五年夏、ヘルシンキで開催されたCSCE（欧州安全保障協力会議）首脳会議で採択されたヘルシンキ宣言で、人権の尊重が歴史上、初めて国際関係原則のひとつに規定され、このCSCEの取り決めをもとに欧州域内で始まったCSCEプロセスと呼ばれる多国間の政治・経済協力フォーラムにおいて、東側の人権問題が国際政治の俎上に載る。まずソ連においてヘルシンキ・ウォッチを中心に始まる東側陣営内のヘルシンキ宣言履行監視を目指すヘルシンキ人権運動が、チェコスロヴァキアの憲章七七運動、ポーランドの市民運動へと静かに広まり、こうした人権運動の広がりとともに「国家と社会の戦争」と当時、呼ばれた戦争観が提起された。これが社会主義圏の人権運動が主導し構築していった「民主主義による平和」という独自の平和観である。その結果、「民主主義による平和」の思想に導かれた人権運動は、東西陣営間のトランスナショナル運動へと発展し、やがて硬直した東欧の社会主義体制からなるソ連ブロックの崩壊に寄与することになる[29]。

五　グローバル化と国内統治国際規範

1　求められるグッドガバナンス

一九八九年、人民が反乱し、東欧民主革命が発生した。続いて東側陣営の集団的自衛目的のＷＴＯ（ワルシャワ条約機構）が解体され、そして最終的にソ連の崩壊によって冷戦は終結する。冷戦の終結によって東西イデオロギー対立の構造が消滅し、そのことが安全保障、なかでも国家体制安全保障の見直しの一大契機となったのは言うまでもない。不戦の平和共存は、必ずしも人間の安全を保障しえなかったし、さらに冷戦の終結後にグローバル危機への認識が広く共有されるようになったことから、安全保障概念は再検討の必要に迫られたのである。そうした中、脚光を浴びたのが人間の安全保障概念である。

西ドイツの元首相ブラントの発案で一九九二年に創設されたグローバル・ガバナンス委員会が九五年にまとめた報告書『地球リーダーシップ』において、グローバルな安全保障取り組みの必要性を提起しているが、そのなかで安全保障の脅威をより広義に定義することを提案し、国家と社会の関係という視点から安全保障概念の中に人間の安全保障概念を含めるよう重要な提案を行っている。プロレタリア独裁の社会主義国および開発を優先した開発独裁国で人民の安全を脅かしたのは国家体制そのものであり、しかもこれまで「国家安全保障」というものが人々の安全を脅かす政策を正当化する口実としてあまりにも頻繁に悪用されてきたからである。安全保障を、国家の安全、国益の保護に限定すれば、それは「政権を握る政府が安全に対する国民の権利を好き勝手に乱用できると思うような事態」につながりかねず、その国家の主権管轄権内で脅かされている人々の安全を無視することになると、国家安全保障概念の陥穽を鋭く指摘している。[30]

脅威は確かに多元化し、しかもグローバル化している。核・ミサイル技術者の移転にともなう大量破壊兵器の拡散問題、麻薬の密売や女性売買などのトランスナショナル犯罪、ＡＩＤＳ、新型肺炎（ＳＡＲＳ）など国境を越えて広がる疾病、国境の再編または修正を求める民族戦争の勃発、国際テロリズム、そして地球温暖化をはじめとするグローバル危機は深刻化の度合いを強めている。なかでも、民族紛争の勃発は、従来の国家安全保障概念を根本的に揺るがすほどの大きな出来事であった。ユーゴスラヴィアやソ連が崩壊する過程で勃発した民族紛争は、特定の国における自民族支配の領域拡大を目指す紛争であり、民族浄化を行なう武力紛争であるだけに難民や国内避難民が急増する。国際安全保障の視点から民族マイノリティ国際保護制度を設立せず、領土保全原則に固執してきた国際社会の懸念がついに現実となったのである。従来の国家安全保障観は見直しを迫られることになり、人権の尊重、民族マイノリティ権利の尊重、法の支配、そして民主主義を基調とする「グッドガバナンス」を与件とする安全保障概念の構築のきっかけとなった。

グッドガバナンスを与件とする安全保障概念の形成は「民主主義（民主国家）による平和」という新しい平和思想を普及させることになる。これまで民主国家のあいだには戦争は発生していない。民主国家には、制度的にも政治文化的にも武力紛争の歯止めとなるメカニズムが整備されている。となれば世界のすべての国が民主化すれば、論理的には国際平和が保障されるはずである。[31]それに自由主義と民主主義は人間の安全を保障するものである。つまり、自由で民主的な国家が全地球に広まれば、その論理的帰結は国際平和と人間の安全保障の同時実現ということになる。人権および民族マイノリティ権利の尊重、民主制度および法の支配の確立といった国内秩序の変革によって人間の安全と国際平和のいずれも保障しようとする安全保障概念は「民主主義による安全保障」（欧州審議会）、「共通・包括的安全保障」（ＯＳＣＥ）と呼ばれる新しい安全保障概念の形成につながっていく。[32]

2　人間中心の安全保障観の芽生え

ところでかつて消極的主権国際秩序の形成を主導した国連が、冷戦後には人間の存在を中心に据えた安全保障観への転換を主導したことは注目に値する。そもそも国連は、創設以来、加盟国の内政への干渉を禁じていた。しかし、ガリ国連事務総長（当時）がまとめた報告書『平和への課題』（一九九二年六月）には、主権尊重の国際関係の見直しを迫る注目すべき次の一節がある。「絶対的かつ排他的な主権の時代は過ぎ去った。その理論は結局、現実に合致しなかった」と。それと同時に、各国の指導者に対して「良好な国内統治」の必要性を説き、そして国連が、紛争の防止、紛争の解決、平和の維持において中心的役割を担うために予防外交、平和創造、平和維持、および紛争後の平和構築といった新たな取り組みを行なうことを提言している[33]。第二次世界大戦後、国連が鋭意築き上げた内政不干渉と人民の自決権にもとづく国際平和秩序が、そして国家の独立と領土保全の安全保障を企図した国連の集団的安全保障体制が、ここにきて転換を迫られたのである。国連が主催した世界人権会議（一九九三年六月）の最終合意書「ウィーン宣言」においては、すべての人権の伸長と保護が「国際社会の正当な関心事項」であることを確認し（第四項）、全世界における民主主義、および人権の尊重の強化を支持することに合意し（第八項）、人権の享受のための援助、法の支配および民主主義の制度作りへの支援、選挙支援、市民社会の創造への支援など、国連の新たな支援領域に合意した（第三四項）[34]。

ウィーン宣言は、人権の国際関心事項化と民主主義の強化を国際社会の課題とすることを確認した画期的文書である。その後、国連開発計画（ＵＮＤＰ）はかつて連合国が戦争の大義に掲げた「恐怖からの自由」と「貧困からの自由」を軸に据えた「人間の安全保障」を提起する。さらに国家が人民の安全を保障できないような事態に際しては、国連は国際介入の正当化を意味する「保護する責任」を検討しはじめた。こうしてグッドガバナンスを問うグローバル安全保障概念が普及するにつれ、国連は選挙監視と民主化支援、予防外交、平和構築といった新たな平和・安全保障活動に取り組むようになる。
冷戦後に国際秩序の再編が始まるなか、冷戦の勝ち組みである欧米諸国のガバナンスの主要な基準、すなわち法の支配、人権尊重、および民主主義をグッドガバナンスの基準にしたグローバル安全保障への取り組みが始まる。その実現にはなによりも消極的主権国際秩序の再編をはからねばならない。国家が唯一の国際関係の法主体であった古き良き時代は去った。人権の尊重、民族マイノリティの安全、人間の安全保障、法の支配と民主制度の確立、地球環境問題、そして国際テロリズムなど、それまでは到底、安全保障とは直接かかわりがあるとは考えられなかった領域がグローバル安全保障の対象領域に加わった。[35]

安全保障概念の変容に合わせて地域の安全保障の組織再編も始まった。ARF（ASEAN地域フォーラム）、APEC（アジア太平洋経済協力会議）、MERCOSUR（南米南部共同市場）など新たな地域協力機構が設立される一方で、ASEM（アジア・ヨーロッパ会議）のような政治対話フォーラムやSCO（上海協力機構）といった内部脅威に対する国際協力を目指す新しいタイプの地域安全保障機構も設立される。さらに地域共通の安全保障脅威へ対応するために既存の地域安全保障機構は、ECがEUへ、CSCEがOSCEへ、OAUがAUへ、SADCC（南部アフリカ開発調整会議）がSADC（南部アフリカ開発共同体）へと、組織の再編を図り機構名称の変更を行った例もある。

とくに欧州では、欧州の東方拡大にともない安全保障概念の積極的な転換の試みがあり、新たな安全保障活動も展開されるようになった。ユーラシア大陸から北米大陸にまたがる世界最大の地域安全保障機構であるOSCEを舞台に、欧州全域にわたって共通の安全保障を実現するために共通・包括的安全保障概念が練られ、確立されていった。[36]共通・包括的安全保障の特筆すべき特徴は、軍事的脅威のみならず、人権、民主制度、法の支配、民族マイノリティ保護、報道の自由、移動の自由などの諸領域を安全保障の「人間的次元（human dimension）」と規定して、この領域にかかわる諸問題の解決に向けて地域をあげて包括的な安全保障活動を展開している点にある。

安全保障の人間的次元が規定されることによって、それがOSCE地域共通のグッドガバナンス基準となり、東欧の旧社会主義諸国およびソ連の承継国の体制移行に際してグッドガバナンスの制度移植と法整備支援にOSCEが関与する根拠となった[37]。しかも、人間的側面に民族マイノリティ保護が含まれていることから、人間的側面の逸脱を匡正する目的でOSCEは予防外交を展開できるようになった。

今日では国際社会が選挙監視を通して政権や議会の正当性にお墨付きを与えるようになったが、それはグッドガバナンスを国際平和や人間の安全保障の与件とする安全保障観が普及していった結果だといえる。国際政治の世界では依然として主導国である欧米諸国からの要請であるだけに、これらの欧米諸国との安全保障上の友好関係を重視する国は、グッドガバナンスを受容する以外に道はない。一方、貧困にあえぐアジアの途上国の多くは、人権問題、民主化問題、あるいは民族問題を国際政治の俎上に載せることに反対する。国連の紛争予防への取り組みにも、「保護する責任」の国際規範化にも、面従腹背である。アジアには、国家安全保障への内部脅威も地域の安全保障上の脅威も、依然として存在するからである。いまだに国内統治が安定しない地域では、欧米的なグッドガバナンス基準のグローバル化には強い抵抗がみられる。二〇〇〇年代に入りロシアや中央アジア諸国のOSCE離れが進む一方で、これらの国はグッドガバナンスのグローバル化から身を守るために中国とともに上海協力機構（SCO）に結集する。SCOは、分離主義（＝民族分離・独立運動）、過激主義（＝反政府活動）、それにテロリズム（＝武装集団）を共通の敵とみなす反グローバル化勢力が、冷戦期の国際平和秩序を維持するために起こした新手の地域機構である。

3　ふたたび平和のための戦争論

グッドガバナンスが国際平和の与件と考えられるようになると、逆説的ではあるが、それが平和のための戦争論を復活させることになる。国家体制安全保障政策に重きを置く国は、権力が集中する非民主的な国家であり、グッドガバナンスを受容しようとはしない。そうした国は、欧米的な基準からすれば「無法者国家」であり「ならず者国家」であり「逸脱国家」である。そうした反グッドガバナンスの国の存在自体が国際平和と安全への脅威であるとみなされるようになると、ここにかつてウィルソンが説いた平和のための戦争論が復活する土壌がある。

実際のところ、二〇〇二年九月に発表された「アメリカの国家安全保障戦略」（ブッシュ・ドクトリン）は、国際テロ組織アルカイーダの犯行による九・一一国際テロ事件の後に練られたものであるが、そこには国際テロの脅威に対して、またイラク、北朝鮮など「ならず者国家」の脅威に対しては先制攻撃を辞さないこと、そして人間の安全保障と人権尊重の実現のために自由民主主義的な社会を広める「アメリカの国家戦略とすることが明確に述べられている。アメリカの国家戦略とは「アメリカの価値とアメリカの使命」をアメリカの国家戦略とすることが明確に述べられている。アメリカの国家戦略とは「アメリカの価値とアメリカの国益」を反映した「アメリカ的な国際主義」にもとづくもので、その目的は世界を単に公正なものにすることを目指すのみならず、より良いものにすることにあり、さらには「政治的自由、経済的自由、平和的な国際関係、そして人間の尊厳の尊重」にある、という。[38] つまりアメリカの国家安全保障戦略とは、アメリカ的な価値にもとづくグローバル・システムの構築ということになろうか。

ならず者国家を脅威に見立てるアメリカの国家安全保障戦略は、さっそく対イラク戦争で試された。武力で独裁体制を崩壊させたものの、体制崩壊後のイラクに自由で民主的な国家体制の構築の見通しは立たない。欧米的なグッドガバナンスが根づく保証はどこにもないのである。アフガニスタン戦争後の平和構築も、行く先がまったく見えぬほど泥沼化している。実際に、これまでの平和構築は、ことごとく失敗に帰しているという。[39] 脆弱な国家の外枠を壊せば、そこに残されるのはエスニシティに覚醒し、対立する民族（エスニック）集団である。脆弱な国家の枠組みというものは壊してはならないということか。

安全保障パラダイムの変遷の一〇〇年の歴史を振り返ってみると、安全保障戦略とは、国家安全保障戦略と国際安全保障戦略のいずれかが優勢である場合もあれば、両者が併用される場合もあった。権力政治が旺盛を極める時代や地域では、国際紛争が頻発することから、領土保全と独立を重視する国家安全保障観が支配的となり、なかでも非民主的な国の国家安全保障観が、国家体制安全保障に発展するのは不可避的である。一方、国際安全保障戦略を採用し、安定した国際平和秩序を築き上げてきた地域では、相互依存関係が進展し、人権尊重、民主主義、法の支配が根付き、国際機構が平和維持に貢献し、その結果、日常生活レベルでの人々の安全が確保されている。グローバル化時代に突入した今日、グローバル安全保障体制がどこまで確立できるかが、人類全体の平和と安全保障の実現にかかっているといえよう。

（1）「国家安全保障」は、一九四五年以降、使用されるようになる。その由来は、アメリカ国防長官ジェームズ・フォレスタルが、アメリカの対外政策の指導原則として使用したことに始まるという。Ramesh Thakur, *The United Nations, Peace and Security: From Collective Security to Responsibility to Protect* (Cambridge: Cambridge University Press, 2006), pp. 75–76を参照。

（2）Barry Buzan, *People, States and Fear: An Agenda for International Security Studies in Post-cold War Era* (Brighton: Wheatsheaf, 1991), pp. 116–134.

（3）John Harz, "Idealist Internationalism and the Security Dilemma," *World Politics*, vol. 2 (January, 1950), pp. 157–180.

（4）Buzan, *People, States and Fear*, pp. 331–333.

（5）*Ibid.*, p. 335.

（6）軍事技術革新と戦争の形態の変化について、Paul Hirst, *War and Power in the 21st Century: The State, Military Conflict and the International System* (Cambridge: Polity Press, 2001)〔ポール・ハースト『戦争と権力』佐々木寛訳、岩波書店、二〇〇九年〕参照。

（7）Charles Townshend, ed., *The Oxford History of Modern War* (Oxford: Oxford University Press, 2000), p. 135.

（8）Matthew White, *The Great Big Book of Horrible Things* (New York: W. W. Norton & Company, 2012), pp. 344–358.

（9）　Address to Congress, April 2, 1917, in E. David Cronon, ed., *Political Thought of Woodrow Wilson* (Indianapolis: Bobbs-Merrill, 1965), pp. 337–348.

（10）　入江昭『二十世紀の戦争と平和』（東京大学出版会、一九八六年）、吉川元『民族の自決の果てに』（有信堂、二〇〇九年）参照。

（11）　Jennifer Jackson Preece, *National Minorities and the European Nation-States System* (Oxford: Clarendon Press, 1998), pp. 74–75.

（12）　Franklin D. Roosevelt, 1941 State of The Union Address ("The Four Freedoms"), January 6, 1941, http://voicesofdemocracy.umd.edu/fdr-the-four-freedoms-speech-text/（二〇一四年取得）.

（13）　Antonio Cassese, *Self-Determination of Peoples: A Legal Reappraisal* (Cambridge: Cambridge University Press, 1995), pp. 37–38; Jackson Preece, *National Minorities and the European Nation-States System*, pp. 100–101.

（14）　Paul Gordon Lauren, *Power and Prejudice: The Politics and Diplomacy of Racial Discrimination* (Boulder, Colorado: Westview Press, 1988), pp. 167–168〔ポール・ゴードン・ローレン『国家と人種偏見』大蔵雄之助訳、ＴＢＳブリタニカ、一九九五年〕.

（15）　栗原優『現代世界の戦争と平和』（ミネルヴァ書房、二〇〇七年）、二五頁。たとえば、米国は、イランのモサデク政権の転覆（一九五一年）、グアテマラ政権の転覆（一九五四年）、一九五〇年代末から始まったヴェトナム戦争、グレナダ政権の転覆（一九八三年）、パナマのノリエガ政権の転覆（一九八九年）など武力による干渉を行っている。ソ連とて同様であった。共産主義政権が動揺すれば軍事介入を行ない、旧体制の復活をはかった。ハンガリー動乱（一九五六年）、チェコ事件（一九六八年）、アフガニスタン軍事介入（一九七九―八九年）はそうした例である。ただし、チェコ事件とハンガリー動乱は同盟国への干渉である。

（16）　「脆弱な国（weak state）」の国家論については、Buzan, *People, States and Fear*, pp. 96–107 および Kalevi J. Holsti, *The State, War, and the State of War* (Cambridge: Cambridge University Press, 1996), pp. 99–122 参照。

（17）　Robert H. Jackson, *Quasi-states: Sovereignty, International Relations and the Third World* (Cambridge: Cambridge University Press, 1990), pp. 21–31.

（18）　Paul D. Williams, *Security Studies: An Introduction* (London: Routledge, 2008), p. 308.

(19) Frank R. Pfetsch and Christoph Rohloff, *National and International Conflicts, 1945–1995* (London: Routledg, 2000), p. 155.
(20) Ruth L. Sivard, ed., *World Military and Social Expenditure 1996* (Washington, D. C.: World Priorities), 1996, p. 7.
(21) たとえば、以下の研究を参照。Michael Mann, *The Dark Side of Democracy: Explaining Ethnic Cleansing* (Cambridge: Cambridge University Press, 2005); Ben Kiernan, *Blood and Soil: A World History of Genocide and Extermination from Sparta to Darfur* (New Haven: Yale University Press, 2007); Matthew White, *The Great Big Book of Horrible Things: The Definitive Chronicle of History's 100 Worst Atrocities* (New York: W. W. Norton, 2012).
(22) 民衆殺戮とは、銃殺、ジェノサイド、強制労働による死といった政府による計画的な殺戮または政治的殺害に加え、政治犯の死亡、強制収容所における死、餓死、拷問死、強制移住における暴行死等々、政府が意図的に無視したことで、あるいは死に至ることを知りつつも救済しようとしなかったことでもたらされる死を意味する。Rudolph J. Rummel, *Death by Government* (New Jersey: Transaction Publishers, 1994), pp. 36–37.
(23) 武藤一羊・越田清和「民衆の安全保障をめぐって」、『月刊フォーラム』第九巻第一号（一九九七年）、三一頁。
(24) Jackson, *Quasi-states*, pp. 32–49.
(25) 曾我英雄「領土保全原則と分離独立権の相克」、『国際問題』第三七八号（一九九一年九月）、三三頁。
(26) Kalevi J. Holsti, *Taming the Sovereigns: Institutional Change in International Relations* (Cambridge: Cambridge University Press, 2004), p. 92.
(27) 吉川元「国内統治を問う国際規範の形成過程」、『社会科学研究　東京大学社会科学研究所紀要』第五五巻第五・六合併号（二〇〇四年）。
(28) E/CN.4/Sub.2/1989/41/Add.1, July 10, 1989, pp. 135–146.
(29) 宮脇昇『ＣＳＣＥ人権レジームの研究——「ヘルシンキ宣言」は冷戦を終わらせた』（国際書院、二〇〇三年）、吉川元『ヨーロッパ安全保障協力会議（ＣＳＣＥ）——人権の国際化から民主化支援の発展過程の考察』（三嶺書房、一九九四年）。
(30) グローバル・ガヴァナンス委員会編（京都フォーラム監訳・編集）『地球リーダーシップ——新しい世界秩序を目

指して』（ＮＨＫ出版、一九九五年）、一一三―一一四頁。

（31）　Bruce Russett, *Grasping the Democratic Peace: Principles for a Post-Cold War World* (Princeton, N. J.: Princeton University Press, 1993).

（32）　冷戦後の新しい安全保障概念について、吉川元「グローバル化と国際安全保障」、吉川元編『国際関係論を超えて』（山川出版社、二〇〇三年）、吉川元『国際安全保障論』（有斐閣、二〇〇七年）、David Dewitt, "Common Comprehensive, and Cooperative Security," *The Pacific Review*, vol. 7, no. 1 (1997) 参照。

（33）　Boutros Boutros-Ghali, "An Agenda for Peace: Preventive Diplomacy, Peacemaking and Peacekeeping," UN Doc. A/47/277, S/24111 (June 17, 1992), para. 17.

（34）　The Vienna Declaration and Program of Action, Adopted June 25, 1993, by the World Conference on Human Rights.

（35）　吉川元「グローバル化とグローバル・ガヴァナンス」、吉川元・首藤もと子・六鹿茂夫・望月康恵編『グローバル・ガヴァナンス論』（法律文化社、二〇一三年）参照。

（36）　欧州における安全保障モデルに関する協議については、Marjanne de Kwaasteniet, "The Security Model Discussion and Its Importance for the Evolution of the European Security Architecture," *Helsinki Monitor*, vol. 7, no. 3 (1996) 参照。

（37）　民族マイノリティ権利と保護に関して、欧州、とくに東中欧諸国のあいだで結ばれた二国間条約、それにすべての欧州諸国が加盟する欧州安定化条約、旧ユーゴスラヴィア諸国の周辺国とのあいだで結ばれた南東欧安定化条約といった多国間条約網を形成して、その履行監視をＯＳＣＥに委ねるとともに、規則違反を欧州人権裁判所に出訴することを可能にする民族マイノリティ国際保護制度を復活させている。

（38）　*The National Security Strategy of the United States of America* (September 2002) 所収の "Overview of America's International Strategy" (West Point, New York, June 1, 2002).

（39）　Roland Paris, *At War's End: Building Peace after Civil Conflict* (Cambridge: Cambridge University Press, 2004).

8　平和構築と紛争予防ガバナンス

——東ティモールの治安部門改革（SSR）を事例として——

山田　満

一　東ティモールの平和構築レジームの形成と紛争予防ガバナンス

1　東ティモール独立移行期の状況

東ティモールは、一九九九年八月三〇日のインドネシアによる特別自治案の是非を求める住民投票において、それを否決するかたちで独立のプロセスを歩むことになった。二四年間に及ぶインドネシア支配のもとで、たび重なる人権侵害を受け、また住民投票前後、とくに直後からのインドネシア統合派民兵らによる一〇〇〇人以上の独立派に対する虐殺行為と、インフラの約七〇パーセントに及ぶ破壊と放火という焦土化を経験した。さらには、同統合派民兵らによるインドネシア領西ティモールへの強制連行を含む二〇万人に及ぶ避難民を出すことになった。

国連安全保障理事会（安保理）は、このような惨状を踏まえ、東ティモール人の被害者救助と、国連憲章第七条を援用した「平和と安全に対する脅威」と認定して、武力鎮圧を前提に治安回復のための東ティモール国際軍（INTERFET）を「人道的介入」の観点から派遣した[1]。INTERFETによる治安回復を待って、国連安保理はPKO（国連平和維持活動）史上初の立法・司法・行政の全権を委託される国連東ティモール暫定行政機構（UNTAE

T）を設立した。しかしながら、UNTAET主導の東ティモールの平和構築レジームは米国主導のリベラル・ガバナンスの導入であった。[2]それは新自由主義経済下のグローバル化にもとづく国際通貨基金（IMF）や世界銀行への加盟であり、一九一番目の国連加盟国を誕生させることであった。

リベラル・ガバナンスを基本とした東ティモールの平和構築と国家建設が外発的に進められる一方で、二〇〇六年にはふたたび一五万人に及ぶ国内避難民を流出する騒擾事件[3]を経験することで、国連平和構築委員会が成功事例とした国連主導の同国の平和構築は頓挫することになる。つまり、東ティモール自身のオーナーシップにもとづかない国連主導の平和構築レジームが、リベラル・ガバナンスの強要によって問題を残したのである。

本章では東ティモール人自身が改革の主体となるポスト・リベラル・ガバナンス論の視点を踏まえて、なぜ、国連PKO史上初めての国家の全権を委託された国連主導の平和構築レジームが十分に機能しなかったのか、今後の東ティモールの政治社会の安定と正義の確保を前提とする紛争予防ガバナンスの確立を考察してみる。

2　平和構築レジームの形成と紛争予防ガバナンス

国連が積極的に国際平和活動に関与し始めた契機は、米ソ冷戦構造の終結であった。冷戦下の両国は過度の軍事支出と援助合戦によってかなり厳しい財政状況を強いられていた。結局、ソ連は崩壊し、米国も「援助疲れ」を引き起こす。その結果、米ソ冷戦構造下で維持されてきた主権国家の抱える多くの矛盾が顕在化することで、民族、宗教、言語、文化などアイデンティティを理由とする紛争が激化することになる。[4]

このような悲惨な状況を回避するべく、当時の国連事務総長ブトロス＝ガリは、一九九二年に『平和への課題』を安保理に提出して、冷戦後の国連の平和活動の役割を国際社会に提起した。また、ガリは一九九五年に『平和への課題――補足』を提出するが、内戦や地域紛争の激化を踏まえて、紛争後の復興を見据えた紛争再発防止を重視する平和構築を強調するようになる。つまり、国連中心の平和構築レジームの形成と紛争再発を防ぐための紛争予防ガバナンスの確立を展開していくことになる。

国際レジームに関する定義は多々ある一方で、さまざまな定義を包括したものとして、山本吉宣は「レジームとは、国際関係の特定の分野における明示的、あるいはインプリシットな、原理、規範、ルール、そして意思決定の手続きのセットであり、それを中心として行為者の期待が収斂していくもの[5]」とステファン・クラズナーの定義を紹介する。また自らは「国際レジーム論の基本は、国家をはじめとする主体間の規範とルール」であり、「規範とルール」は、基本的には合意にもとづき、その「合意と協力を通して、共通の問題を解決し、共通の利益を達成しようとするのが国際レジーム論の思想である[6]」と述べている。

国際レジームとグローバル・ガバナンスの関係については、前者が「ある問題領域において、共通する課題を、国家間の協力、それもルールのセットを作ることによって解決しようとするもの」であるのに対して、後者は国際レジームを含み、「単に国家だけではなく、さまざまな非国家主体を含み、またルールのセットを国家間に作るだけではなく、さまざまな方法（たとえば、問題を解決するプログラム）が使われる」。さらに、「国際レジームが特定の問題領域に焦点を合わせるのに対して、複数の問題（およびそれらの間の関係）に焦点を合わせ」、「国際レジームのガバナンス化を含むものである」と述べ、また「グローバル・ガバナンスは、グローバル化した世界において、諸国家の協力、非国家主体の協力なしでは解決できない問題（グローバル・イッシュー）が数多く出現し、それらの問題をいかに有効に解決していくのか（効率性）とともに、いかに民主的に解決していくのか（民主性、説明責任）という（時に矛盾する）問題を含む[7]」と指摘している。

東ティモールにおける紛争予防ガバナンスは、すでに述べたように直接住民投票後の東ティモール国際軍（INTERFET）の治安回復を引き継ぐかたちで設立されたUNTAETによって進められた。そのUNTAETのマンデート（委任された権限）は六項目から構成されている。第一に東ティモールの全土にわたる安全保障の供与と法と秩序の維持、第二に有効な政府の成立、第三に市民・社会サービスの発展に対する支援、第四に人道的支援の供給と調整、復旧と開発支援の確保、第五に民政政治のための能力構築支援、第六に持続可能な開発のための必要条件設定に対する支援からなっている。(8)

このように、UNTAETに関するマンデートには多様な役割が求められている。つまり、東ティモールの平和構築レジームは、安全保障レジーム、民主化支援レジーム、人道支援レジーム、制度構築レジーム、開発レジームなどが含まれる複合型レジームとして、同国の紛争予防ガバナンスの確立がめざされている。これらレジームの行為体にはすでに述べたように、主権国家のみだけではなく非国家体も含まれており、東ティモールにおける各レジーム形成の主体は、国連PKO、国際機関、市民社会組織・NGO（非政府組織）、カトリック教会、協同組合など多岐にわたる。

東ティモールの平和構築における非国家体の役割は、独立前のインドネシア支配下から継続しており、主に三つのグループに分類できる。第一は国連決議にもとづき東ティモールの自決権を支持する国際連帯のグループ、第二にはカトリック教会などキリスト教系のグループ、第三はインドネシアの人権侵害を追及する人権NGOのグループである。これら三つのグループは、インドネシア軍・警察に人権侵害を受けている東ティモール人に対する救済支援であり、国際世論を喚起させることでインドネシア政府に対して政策の変更を迫る国際的包囲網を構築するための人権レジームを形成していった事例である。(9)

たとえば、国際NGOのオックスファムなどの支援を得て設立されたNGOのアンブレラ組織・東ティモールNGOフォーラムは、一九九九年の住民投票後の焦土化された国土の復興と再建に直面して、二〇〇〇年一二月には登録六八団体とともに「地域社会とともに学び、協力、共同の文化を促進させ、国内外NGO、他の開発に関わる行為体を含む組織間において人権重視と良き慣例を推進させ、さらに地域社会の権利と要求のために、集団で独立して党派に属しない意見で対応すること[10]」を憲章で謳っている。

他方、国連主導の安全保障レジームを考えると、住民投票後に東ティモール国際軍が派遣され、つぎに大規模なPKOのUNTAETが設立された。その後は四〇〇〇人以上の平和維持部隊と一〇〇人以上の軍事監視団から構成される国連東ティモール支援ミッション（UNMISET）を展開する。国連PKOミッションは徐々に規模を縮小させながら二〇〇五年八月に撤退する。それ以降は政治ミッションとしての東ティモール事務所（UNOTIL）が設立され、国連主導の平和構築レジームを終了させる予定であった。しかしその一方で、紛争予防ガバナンスの確立の観点からは多くの問題を積み残したままの国連の撤退であり、その矛盾は「二〇〇六年騒擾事件」として顕在化する[11]。結局、治安維持機能を有する新たな安全保障レジームとして国連東ティモール統合ミッション（UNMIT）を再登場させるという最悪のシナリオになってしまう。

一〇〇万人規模の小国の住民は、自前の安全保障レジームであるはずの東ティモール国防軍（F－FDTL）内の対立に懸念を抱き、同様に同レジームを構成する東ティモール国家警察（PNTL）とのあいだの銃撃戦という最悪の政治社会不安をふたたび経験し、すでに述べたように一五万人に及ぶ国内避難民（IDP）を流出する事態を迎えた。二〇〇六年の騒擾事件を契機に、東ティモール政府から治安回復の要請を受けたオーストラリア軍などの国際治安部隊とUNMITに派遣された国連警察がふたたび同国の安全保障レジームを形成することで、なんとか独立後初の二〇〇七年大統領選挙と国民議会選挙を終わらせることができた。

そして、国連など外部主導の安全保障レジームの支援は、こんどは東ティモール自身の安全保障レジームであるPNTLの治安責任のもとで実施された二〇一二年の独立後二度目の大統領選挙と国民議会選挙を無事に終わらせることを確認したことでUNMITの任務を終了している。

二　東ティモールにおける移行期の正義と安全保障レジームの形成

1　移行期の正義におけるSSR問題の位置づけ

まずSSR（Security Sector Reform）とは何かである。SSRは冷戦後の国内紛争や地域紛争の激化にともない破綻国家が続出し、自らの国内治安を維持できない国家が増大したことで、一九九〇年代後半に関心が高まった治安部門改革を意味する。SSRのガイドラインとして広く利用される経済協力開発機構・開発援助委員会（OECD／DAC）は、①国家が提供する主要な治安組織（軍隊、警察、憲兵隊、諜報組織、海上警備隊、国境警備隊など）、②治安管理・監視組織（行政組織、国家治安諮問組織、国防省、内務省など）、③司法・懲役関連組織（裁判所、検察、刑務所、人権委員会・オンブズマンなど）、④法令にもとづかない非国家治安勢力（解放軍、ゲリラ、私兵、民間軍事会社など）の四つのグループにSSRを分類している。[12]

このように、OECD／DACが定義するSSRの対象範囲は広いが、しかし近年は治安組織の体質改善と文民組織による監視体制の強化に重点が置かれている。[13] また、SSRの今後の方向性として、藤重博美は「能力構築」の支援が重要であると指摘する。とくに「法の支配」、「民主的統治」、「ローカル・オーナーシップ」の必要性を挙げている。まず「法の支配」は国家権力の濫用による国民の人権蹂躙を防ぐ一方で、法に則した裁判制度にもとづいて紛争時の残虐行為を裁くことの重要性を指摘する。つぎに「民主的統治」に関しては、国家の統治機構を一部の既得権益者から国民全体の利益の奉仕者に転換する必要性を訴える。さらに、「ローカル・オーナーシップ」では、被支援国側の意向を十分に反映し、現地政府自身の秩序維持能力を養成する一方で、可能な限り速やかに治安維持権限を現地側に移譲させることが重要であると指摘する。しかし他方で、国際社会の長期的視野にもとづく安全保障レジームの前提を築くSSR支援の必要性を訴えている。[14]

ＳＳＲは、国家の安全保障に関わる軍事的な安全保障のみならず、人間の安全保障にもとづく政治、経済、社会を含む非軍事的な安全保障を包括している。すなわち、「恐怖からの自由」に対処する伝統的な安全保障のアプローチと「欠乏からの自由」に対処する開発のアプローチを包含している。[15] 換言すると、「治安提供組織側の能力向上に力点を置くのがＳＳＲの安全保障アプローチであり、治安提供組織を監督する側のガバナンスに力点を置くのがＳＳＲの開発アプローチ」となる。[16]

開発アプローチは、治安提供組織の国家や国民に対する説明責任を果たし、同組織が効率的な財政運営を行なうことで、国民からの正当性を獲得し、国民に対する人権擁護などの国際規範や国際基準を満たしていくことを主目的とする。[17] したがって、ＳＳＲが安全保障レジームの核心である一方で、治安提供組織のガバナンス能力のモニタリングを重視する点では民主化支援、人権擁護などの入れ子型の複合的なレジームを形成している。[18]

2　東ティモール住民における移行期の正義

東ティモール住民は、一九七五年にインドネシアによる軍事侵攻を受けてから九九年八月三〇日の住民投票で独立への意思表示を国際社会に明らかにするまで、相当の人権侵害をインドネシア軍や警察から受けてきた。直接の軍事侵攻からその後の弾圧を含む人権侵害となる暴力を含めると約二〇万人の犠牲者がでたといわれている。とくに、住民投票直後からの殺戮とインフラの破壊・放火による焦土作戦で多くの住民が犠牲になった。

そこで第一義的には、東ティモールにおける移行期の正義は、これらインドネシア軍・警察らによる人権侵害に対する裁きであろう。東ティモールでは、二〇〇〇年にＵＮＴＡＥＴによって重大犯罪部（SCU: Serious Crimes Unit）および重大犯罪特別法廷（SPSC: Special Panels for Serious Crimes）が設立された。[19] 重大犯罪は国連が担当し、軽犯罪は受容真実和解委員会（ＣＡＶＲ）で対応することになったが、重大犯罪（ジェノサイド、戦争犯罪、人道上の犯罪、殺人、性的虐待、拷問）で起訴されたウィラント国軍司令官をはじめとする当時の治安を担当したインドネシア軍関係者は、東ティモールの司法権外として出頭に応じなかった。結局、四四〇人（延べ被告数）の起訴に対して、わずか八七人の判決が行なわれ、八三人が有罪判決を受けただけに終わっている。その結果、三三九人の被告者が出頭しなかったことになる[20]。

それに対して、国連安全保障理事会は専門家委員会設立を事務総長に要請し、その報告書で重大犯罪部の責務が十分に果たされていないことを指摘する[21]が、結果的に国連安保理は、国連東ティモール支援ミッション（ＵＮＭＩＳＥＴ）の任期満了とともに重大犯罪特別法廷における裁判を終了した[22]。コフィ・アナン国連事務総長は重大犯罪特別法廷による裁判終了に対して、懸念を表明したものの、結局重大犯罪を裁く司法機関の継続には言及しなかった[23]。

その一方で、東ティモール政府指導者は、二〇〇五年八月一一日にインドネシア政府と共同で「真実友好委員会」の設立を決定する。しかし、同委員会の目的はあくまで両国の和解と友好を促進することであった。一九九九年騒乱にともなう人権侵害を明らかにすることには言及しても、訴追しないことを宣言しており、それは正義の回復という視点よりも、政治社会の安定、国家の安全保障を優先する政治指導者の決断だったといえよう。

両国の和解を優先した背景には、当時シャナナ・グスマン大統領が発言したように、「国の将来にとっていま重要なことは、過去を見つめることではない。我々は国境を閉ざすために独立しているのではない。そして国境を接しているのはインドネシアだけだ。過去に多くの問題があったが、乗り越えなくてはならない。友情を強化していく必要がある[24]」という考え方が、東ティモール政治指導者の対インドネシア政策の共通した認識と立場であった[25]。また、インドネシアのユドヨノ政権にとっては、国連の介入の阻止と国際世論からの批判回避、さらには米国との軍事協力の再開などの目論みが背景にあったといわれている[26]。

つぎに、東ティモール受容真実和解委員会（ＣＡＶＲ）にも触れておきたい。ＣＡＶＲは、国連が重大犯罪を扱ったのに対して、殴打、破壊、窃盗などの比較的軽微な犯罪を扱った真実の追及、加害者と被害者の和解を対象にして設立された。ＣＡＶＲ設置法によると、同委員会の目的は人権侵害の調査をして、真実を確立し、それを報告すること、人権侵害の再発を防ぐ方法と政策を確認し、検察官に対する人権侵害の照会、犠牲者に対する尊厳の回復支援、和解の促進、コミュニティに損害を与えた加害者の受容と再統合を支援すること、そして人権を促進することであると謳っている(27)。

二〇〇二年に始まったＣＡＶＲは、真実の究明と国民和解をマンデートに、とくに和解を「コミュニティ和解プロセス（ＣＲＰ）」という具体的な手続きで実施し、陳述を中心部分に据え、東ティモール全土から七八二四個の陳述を集めた。陳述の内容は、「飢餓と強制労働」、「インドネシア軍・警察」、「フレティリン・ファリンティル」、「拘禁と拷問」、「殺害と非自発的失踪」、「子ども」、「女性」、「一九七四―七六年の政党対立」、「自決権に関する国際的アクターの役割」、「虐殺」の一〇個のテーマをもとにインタビューとデーター、資料収集を実施した。さらに、調査をもとに被害者、目撃者らを集めて公聴会を行なっている(28)。

ＣＡＶＲは、約八〇〇〇人の自発的な陳述の採集と、約一〇〇〇人に及ぶ関係者に対する若い世代からのインタビューを実施し、二〇〇五年一〇月三一日に最終報告書を完成させ、それを大統領に提出することで、同年一二月に解散した。多くの人々を巻き込んだＣＡＶＲは真実を明らかにし、和解をすすめるうえで大きな成果を残したといえる。しかしその一方で、現在進行形であった東ティモール政治における権力闘争に抵触するような微妙な問題を十分に真相究明できなかった。そしてさらに、一九七四年四月以来、最大の加害者の立場にあったインドネシア軍・警察自身からの陳述採集ができなかったことがＣＡＶＲの大きな欠陥であったことも紛れもない事実である(29)。

移行期の正義の問題は、東ティモールに限らず世界各地で取り組まれている紛争後社会の平和構築の問題であり、その後の国家建設における主要課題である。杉山知子は移行期正義のアプローチとして「人権侵害を受けた被害者の傷を癒すこと、加害者の責任を追及すること、加害者と被害者の間での和解を促進すること、再び人権侵害を繰り返すことのない諸制度を構築すること」を挙げている。[30] 本章では「人権侵害を繰り返すことのない諸制度を構築する」うえで必要なSSR問題を中心に論じているが、すでに本項で述べてきたように東ティモールの場合、「人権侵害を受けた被害者の傷を癒すこと」と「加害者の責任を追及すること」に関しては「移行期の正義」として不十分であるといわざるをえない。

これら両者の問題は、「人間存在」を主要テーマに据えている本書にとって避けて通れないテーマである。現実に東ティモール社会においては現在もなお紛争時における「被害者」と「加害者」が存在し、「被害者」に関しては国民の大多数が親族、友人を失い、また自らも心身ともに傷ついている人々が多数存在している。彼ら彼女らの「紛争」に対する恐怖と、「平和」に対する希求はさまざまな機会を通じて感じ取ることができる。

二〇〇六年騒擾事件時における一五万人に及ぶ国内避難民の数は、いかに恐怖を感じた人々が多かったかを反映する数字である。人々は空港、外国人が宿泊するホテル前、教会近くなど安全と思われる、至る場所に移動し、UNHCR（国連難民高等弁務官事務所）等から支給された青テントやシーツを利用した住まいを建て、劣悪な生活環境のなかで、自らの「安全」を求めた。避難民のなかば強制的な移動は過去の長い紛争という辛い「恐怖」の経験からの回避と表裏一体の行動であることはいうまでもない。こうした国内避難民の存在は「人権侵害を受けた被害者の傷を癒すこと」の重要性を考えるうえで重要な示唆を与えている。

他方で、「加害者の責任を追及すること」の難しさは想像に難くない。既述したように国民の大多数は直接間接的に必ず何らかの被害や犠牲を強いられている「被害者」である。その意味で「加害者」がいる以上は正義を回復するうえで彼らが裁きを受けるのは当然であろうし、「被害者」はそれを求める。しかし、既知のごとく、一九七五年の軍事侵攻以来、東ティモールに関わる紛争のもう一方の当事者はインドネシアという主権国家である。あるいは、インドネシア軍・警察の後ろ盾をえて住民投票後の焦土化を行なったインドネシア統合派の民兵たちであった。

インドネシアは小国である東ティモールにとって隣国であり、東南アジアの地域大国である。インドネシアに対する「加害者」としての責任追及は、人権侵害の問題を超えた外交問題、安全保障の問題に転換される。グスマンをはじめノーベル平和賞受賞者であるラモス・ホルタでさえも、インドネシア軍への責任追及よりも隣国との友好関係を重視する立場をとり、それは独立前後から一貫した指導者の外交政策になっている。

それでは東ティモールの一般人の対インドネシア認識はどうであるのか。筆者の知る限り、まずは自らの「平和」と「安全」を第一義的に考えており、紛争の再発はもちろん望んでいない。しかし、それは決して過去の犠牲を受け入れているのではない。むしろ「正義の回復」を望んでいるのは間違いない。しかしながら人々はせっかく勝ち得た東ティモール民主共和国の独立を尊重し、つぎに安定した国民国家を望み、そのために政治指導者らの国民統合政策を受け入れている。

筆者は、東ティモールの独立を決定づけた一九九九年の住民投票など同国の主要な選挙を選挙監視員としてみてきた。その一〇年以上にわたる人々の民主化への意識は、生活水準の向上、教育の普及とともに格段に高まってきていることを実感している。しかしながら、それらの意識向上の前提にあるのは人々の生活基盤の保障であることはいうまでもない。「移行期の正義」を経験してきた東ティモールの人々にとって、何よりも必要なことは「欠乏からの自由」と「恐怖からの自由」が担保された「安全な生活の保障」であり、「人間の安全保障」であることは間違いないであろう。

人々に安全な日常生活を保障することが最大の「移行期の正義」であることは間違いない。そのためには人々が安心して日常生活を送れる正義の回復が求められ、それによって広く治安も回復されることになる。副題にあるSSR問題は正義の回復と治安の回復を担保するうえでの安全保障・治安部門改革を意味する。それは、いうまでもなく人々の安全な日常生活への回帰につながる。次節以降では「人権侵害を繰り返すことのない諸制度を構築する」安全保障レジームの形成過程に焦点を当てて論じたい。

三　国連暫定統治下のＳＳＲ問題

本節ではＯＥＣＤ／ＤＡＣが分類した国家が提供する主要な治安組織である軍および警察という安全保障レジームの改革に焦点を絞って論じてみたい。ＳＳＲ問題は、紛争後国家においてはＤＤＲ（Disarmament／武装解除、Demobilization／動員解除、Reintegration／元兵士の社会復帰（社会統合））問題と事実上表裏一体の関係にある。つまり、紛争が終わって元兵士に社会復帰を促すとき、軍や警察に採用する場合がもっとも一般的である。しかしながら、士官学校等で訓練された正規軍と自然発生的に集まり一定の規律をもたない元ゲリラ兵士の間には対立が起こりやすい。また、権威主義体制から民主主義体制への移行にともなう軍や警察の意識変革にタイムラグがあり、国民への対応から軋轢を起こしたりしている。東ティモールでは、司法・立法・行政という国連ＰＫＯ史上初の国家の全権を委託されたＵＮＴＡＥＴ下で、ＳＳＲ（軍と警察の改革）が行なわれた。

１　軍改革

ＳＳＲにおける軍改革は、肥大化した軍の縮小であり、財政的支出を軽減することである。東ティモールにおいても外的脅威をもはや想定できない状況下にあって、ＵＮＴＡＥＴ設立を決めた安保理のマンデートには国防軍の創設は含まれていなかった[31]。なぜＵＮＴＡＥＴの国連事務総長特別代表のセルジオ・ビエイラ・デメロは国防軍を創設する決断を行なったのか。

東ティモールには一九七五年のインドネシア侵攻後に創設されたフレティリン（東ティモール民族解放戦線）の軍事部門としてファリンティル（東ティモール解放軍）が存在していた。もちろん、インドネシア併合後は二七番目の州として、インドネシア国軍とインドネシア国家警察が国防と治安を担当していたが、当然独立を選択した時点で、これら「表」の国防治安組織は撤退し、「裏」の国防治安組織であったファリンティルが独立の過程で「表」の顔になるはずであった。

しかしながら、住民投票後の騒乱を鎮圧し、治安を回復したのはオーストラリア軍中心のＩＮＴＥＲＦＥＴであった。同多国籍軍は国連安保理の決議にもとづき東ティモール全土で危険に晒されている人々の保護、避難民の安全な帰還、効果的な人道援助支援を理由に、例外なく武装集団に対して武力を用いて鎮圧する任務を命じられた。[32]いわゆる安保理決定の「人道的介入」であった。

ＩＮＴＥＲＦＥＴのマンデートにはとくにファリンティルとの連携はなく、逆に武装集団であるファリンティルとの緊張関係が生じた。一方、ジャカルタのチピナン刑務所近くに軟禁されていたファリンティル最高司令官（東ティモール民族抵抗評議会（ＣＮＲＴ）議長）のグスマンは無線でファリンティル指導者に対して「武器を向けてはいけない。戦ってはいけない」と、住民投票後の騒乱時に平静を保つように現地ファリンティル司令官らに指示を出していた。[33]このようにファリンティルの存在は、ＩＮＴＥＲＦＥＴが攻撃する対象ではなかったし、むしろファリンティルは東ティモール住民を保護する側にいた。

しかしながら、冒頭で指摘したように、ＳＳＲにおける軍改革は軍の縮小であり、財政的負担の軽減であったこともあり、ＵＮＴＡＥＴも当初はファリンティルの武装解除をする予定であった。しかしその一方で、武装解除・動員解除されたファリンティル兵士の社会統合がうまくいかない限り逆に政治社会の不安定要因になることが容易に判断できた。なぜなら、平和構築を進めるうえで深刻化するＤＤＲ問題は、紛争後国家が抱える共通の課題だったからである。[34]

また、住民投票後の騒乱でインドネシア領西ティモールに連行された住民の帰還事業を円滑に進める必要性、さらに国境を侵犯して度々事件を引き起こす統合派民兵の存在は、ＵＮＴＡＥＴ撤退後の東ティモールの安全保障上の大きな不安要因として認識されはじめていた。このような状況下で、ＵＮＴＡＥＴは東ティモール内にファリンティルを中核にする国防軍（Falintil-FDTL）の設立を決定した。[35] 国防軍創設に関しては、英国ロンドン大学キングス・カレッジの現地調査を踏まえた報告書の提言にも書かれており、同報告書が有力な設立根拠にもなった。[36]

2　警察改革

東ティモールのような紛争後国家の多くは、ガバナンス能力自体が低い「脆弱国家」である。脆弱国家の警察の特徴には、秩序を維持するうえでの実務能力の低さ、国民に平然と危害を加える残虐性、職業意識の欠如、汚職や犯罪行為への関与、特定の政治勢力との癒着などが挙げられる。[37] これら脆弱国家の警察の特徴を踏まえて、東ティモール国家警察（ＰＮＴＬ）設立の経緯と問題点を明らかにしたい。

ルドビック・フッドは、ＵＮＴＡＥＴ指導部がＰＮＴＬ設立において、東ティモール政治指導者を関与させなかった点を指摘する。したがって、ＰＮＴＬには戦略的展望、一貫したアイデンティティ、制度への忠誠心が欠けてしまったと述べている。[38] 安保理では「信頼できる専門性の高い公正な警察」（国連警察）を派遣することを決定し、二〇〇〇年から〇二年までに一六四〇名の国連警察（ＵＮＰＯＬ）が東ティモール全土に配置された。[39] 独立後に引き継いだ国連東ティモール支援団（ＵＮＭＩＳＥＴ）でも最大時で一二五〇名が派遣されている。ＵＮＰＯＬの役割はＰＮＴＬ候補生の選抜を行なうことと、候補生に対する基本的な知識の供与と実践的な訓練を行なうことであった。

しかしながら、実際に派遣されたＵＮＰＯＬは警察官の訓練を行なううえで適切な資格もないばかりか、キャパシティ・ビルディングを助言する能力さえ持ち合わせていない場合がほとんどであった。訓練の質を上げるよりもむしろ訓練の量に目をむける近視眼的なアプローチを採用し、何よりも最大の欠点としてPNTLの組織的な能力構築の発展にほとんど寄与しなかったことが批判されている。さらに、シニアレベルのUNPOLの創造性の欠如と脆弱なリーダーシップも問題視された。このようにUNPOLの不適当な派遣の構成を鑑みると、国連安保理のマンデートであった組織の能力構築強化や適切な訓練の実施という役割とは大きく乖離したことが理解できよう。(40)

PNTL設立においてもう一点指摘しておかなければならないことはリークルートの仕方であった。UNPOLは二〇〇〇年初期から地域レベルで警察官を採用していくが、採用者の内訳をみると、三五〇名以上を元インドネシア国家警察（POLRI）から採用している。また、二〇〇〇年三月にはディリに警察学校を開設するが、UNPOLからはわずか三カ月間の訓練と地域警察署での六カ月間の現場研修（OJT）を受けるだけであった。まさに即席警察官を輩出するのみであった。他方でPOLRI出身者は四週間の集中移行訓練コースと、新規採用警察官同様の現場研修を終えただけで採用している。このような即席の警察官を二〇〇二年の独立前までに一七〇〇人採用している。(41)

大きな問題は、POLRI出身の警察官を初期の段階で、約二〇パーセント採用したことである。その結果、その後の東ティモールの政治社会に不安定要因を残してしまうことになった。まず問題なのは、PNTLとして採用されたPOLRI出身警察官がシニアレベルを構成したことである。すなわち、PNTLの地域レベルの幹部に就く者はほとんどがPOLRI出身者であった。(42)つぎに、POLRI出身者の研修期間は前述したようにきわめて短く、その結果、インドネシア時代の警察官としての意識を継続することになった。具体的には、国民や地域に奉仕する「民主的警察」というよりは、国民／住民を厳しく取り締まる国家主権に付随する権力側の意識を残存させた警察である。(43)

また、国民／住民はインドネシア支配下のPOLRI(44)を髣髴させるPNTLの高圧な姿勢に対していっそう不信感を募らせ、それが結果的に「法の支配」を揺るがす要因になった。さらに、前述したように東ティモール国防軍はレジスタンスの中核を担ったファリンティルが主体であったのに対して、ＰＮＴＬの主体はかつての支配者側のインドネシア国家警察の出身者であるといういっそう不安定な政治社会構造を創ることになった。この対立構図が二〇〇六年の騒擾事件に連動していくことなる。

最後に、フッドは国連がＰＮＴＬを設立する上でとくに三つの点で失敗したと指摘している。[45] 第一に、国連の不十分な計画にもとづく不完全なＵＮＰＯＬを派遣したこと、第二に、派遣されたＵＮＰＯＬが場当たり的で優柔不断なリーダーシップしか発揮できなかったこと、第三に、東ティモール人のオーナーシップに対する配慮が欠如していたことである。つまりは、ＵＮＰＯＬ上層部が専門性や経験よりも国籍に配慮されて派遣された結果、精彩に欠け、独創性もなく、況や進取の気象に富む率直なリーダーシップも期待できなかったと述べている。また、派遣されたＵＮＰＯＬが西欧文化に依拠していることで、たとえば、ＰＮＴＬの採用では英語力を重視するなど東ティモール人のオーナーシップに対する配慮の欠如を指摘している。[46]

このように警察改革が国連主導のリベラル・ガバナンスであったことが容易に判断できよう。フッドの批判はリッチモンドが指摘する東ティモールの文化やコミュニティを無視したトップダウン型の改革の問題点を明確化させたものであった。

四　ローカル主導のポスト・リベラルピースの紛争予防ガバナンスをめざして

本章の目的は、東ティモールにおける移行期の正義をＳＳＲ問題の視点から検証、考察することであった。少なくとも二〇〇六年騒擾事件が意味したのは国民の安全と治安秩序を担当するべきＰＮＴＬとＦ－ＦＤＴＬという安全保障レジームを構成するアクター同士が銃撃戦を演じるという最悪のシナリオに至ったことであった。[47] 換言すれば、国連主導の紛争予防ガバナンスの核心であるSSRの機能不全が明らかになったことだった。

その反省を踏まえて、安保理は二〇〇七年の大統領選挙と国民議会選挙の実施を視野に、治安維持と治安回復を前提にPNTLの再建に向けた訓練などを任務とする、国連東ティモール統合ミッション（UNMIT）の設立を二〇〇六年八月二五日に決定した（国連安保理決議一七〇四）。UNMITは一六〇八人のUNPOLを世界各国から派遣し、あらためて治安を維持するための警察執行権を保持することを決定した。懸念された二〇〇七年の国政選挙を無事に終え、今度はPNTLの治安維持のもとに、二〇一二年の大統領選挙と国民議会選挙が無事に実施された。そして同年一二月末に予定どおりUNMITは撤退している。

UNMITは、二〇〇六年の騒擾事件における警察改革の失敗に鑑みて、すべての警察官の適性を調べるためのスクリーニングを実施した。その後、二〇一一年三月一一日に東ティモール全域の警察権がUNMITから東ティモール政府にふたたび返還された。独立後二回目となった二〇一二年の国政選挙は新生東ティモール国家警察が治安維持を仕切ることになり、前記のとおり首尾良く役割を果たして、国連は撤退することになった。

ところで、今回のスクリーニングでどの程度警察の意識は変わったのであろうか。グスマン首相は警察権の移譲にともない、「PNTLが東ティモールの法律と秩序の維持に対して重要な責任を取り戻したことは嬉しい」という談話を発表している。[48] すでに本章で確認してきたSSRにとって重要な「法の支配」、「民主的統治」、「ローカル・オーナーシップ」が今後浸透していくのか。それ以上に平和構築レジームによる紛争予防ガバナンスの確立をめざしてSSRがいっそう進展するのか、今後注目すべき課題である。

筆者が聞き取り調査を行なった東ティモール東端の地域、東ティモール第三の都市を有するラウテン県警察署長は、UNPOLの警察官の個々人の能力を評価しながらも、多様な国籍を有するUNPOLの経験や知識には一貫性がなく、もちろん警察行動を担保する出身国の法律もさまざまであり、東ティモールの現状には合致していないばかりか、むしろ混乱を引き起こしただけであったと苦言を呈した。そしてそのなかで、ＪＩＣＡ（独立行政法人国際協力機構）のコミュニティ警察訓練（Training on “Community Police”）を評価していた。つまり、地域の民主的な警察官をめざす日本の“KOBAN”システム研修が彼らに役立ったというのである。(49) 東ティモールでは長年のインドネシア支配下で、警察は人々の安寧よりもむしろ人々を取り締まることに執着してきた。それに対して、コミュニティ・レベルで人々の安全な生活を地域の人々の協力のもとに構築していく日本の「お巡りさん」のような存在が求められていたのである。このような日本の支援のあり方は、東ティモール側のオーナーシップにもとづき、なおかつ民主的な警察を構築するパートナーシップのモデルとして評価できよう。

ここで、東ティモールにおける移行期の正義についてあらためて触れておきたい。狭義の移行期の正義を考えた場合、すでに述べてきたように東ティモール人を弾圧し続けてきたインドネシア軍・警察関係者に対する加害者側の裁きが実質的に行なわれていない事実をみる限り、「正義」が回復されてきたとは到底いえないであろう。むしろ、東ティモールの政治指導者は国内での権力闘争を繰り広げる一方で、対インドネシア政策に関しては、異口同音に過去の追及よりも未来への関係を重視する発言を行なっている。それが両政府で設立した真実友好委員会の設立につながったことはすでに述べたとおりである。

他方、東ティモール国民の反応はどうであろうか。東ティモール人は独立以来、隣国であり、地域の大国であるインドネシアの存在を、政治・安全保障の観点から恐れ、その結果インドネシアに対する強い批判を控えてきた経緯がある。またその一方で、インドネシア語を操る若い世代には将来の経済的連携の可能性を背景に、独立前後に燃えたナショナリズムから早い段階で一定の距離をおきはじめた者も多いと考えられる。

したがって、東ティモールの移行期の正義とは、むしろ独立以後の国内の治安であり、政治社会的な安定を射程に入れたものとなった。そのために独立後の政府は、法の支配を確立し、民主的な統治（グッド・ガバナンス）を行なうことを求められてきた。その意味で、二〇〇六年四月以降の騒擾事件は政治指導者の国民に対する裏切りであったといえよう。二〇一二年に実施された国政選挙は、絶好の国民に対する信頼の回復の機会であり、東ティモール政府のみならず東ティモール人自身のオーナーシップが試される選挙になった。なぜなら法の支配にもとづく民主的国家の建設に国際社会も注目していたからである。

最後に、民主的な選挙を終え、政治社会が安定し、石油・天然ガス資源に支えられた産業の育成が順調に進んだ暁には、東ティモール人自身による二四年間のインドネシアによる圧制・弾圧、および一九九九年住民投票前後の人権侵害の総括がふたたび問われる可能性もあるだろう。その場合、多少とも懸念されることは東ティモール国内のマイノリティ問題である。二四年間のインドネシア支配のあいだに、スハルト政権が促したインドネシア人に対する東ティモール移住政策や東ティモール人に対するインドネシアでの高等教育機関への「留学」を通じて、インドネシア人との通婚が少なからず行なわれてきたからである[50]。

独立後徐々に、巷間いわれだしたのは、悪かったのは「インドネシア人ではなく、インドネシア軍と警察であった」ということである。つまり、「一般のインドネシア人もスハルト独裁政権の犠牲者だった」という考え方である。この考え方は国民のコンセンサスとして受け入れられているが、今後もし両国の関係悪化が起きた場合には、これらインドネシア人配偶者への個人的な攻撃に摩り替わる恐れは当然あるだろう。

東ティモールにとっての「移行期」のタイムスパンは定かではないが、今後とも「正義」を求める意識は継続していくものと思われる。また「正義」には一方で、国民の社会経済的な保障、つまり国民生活の保障も含まれるはずである。そのために、国際社会には今後とも東ティモール自身のオーナーシップにもとづく「正義」を担保する民主主義の支援が求められる。当然ＳＳＲも紛争予防ガバナンスの確立のプロセスに包摂されよう。

（1）安全保障理事会決議一二六四。決議内容は援助物資の輸送支援、援助機関の保護、被害者の救助であり「人道的介入」として位置づけられた多国籍軍の派遣である。
（2）オリバー・リッチモンドは国連・西欧型主導のリベラル平和構築の手法が、東ティモールの地方の繁栄（local welfare）を無視したやり方であって、地方の経済社会の権利より政治的権利、安全保障を前提とする考え方になっている危険性を指摘している。Oliver P. Richmond, *A Post-Liberal Peace* (New York: Routledge, 2011), pp. 84–90.
（3）山田満「東ティモール政変の背景を探る――強権政治に不満を抱く市民」、『論座』通巻第一三五号（二〇〇六年八月）を参照。
（4）メアリー・カルドーは「「新しい戦争」の目標はアイデンティティ・ポリティクスに関わるものである」と述べ、さらに「アイデンティティ・ポリティクスとは、民族、氏族、宗教や言語であれ、ある特定のアイデンティティに基づく権力の追求を意味する」と指摘する（メアリー・カルドー『新戦争論――グローバル時代の組織的暴力』山本武彦・渡部正樹訳、岩波書店、二〇〇三年、八―九頁）。しかし、初瀬龍平はカルドーのアイデンティティの概念の広さと同概念が紛争の根本原因を素通りしている二点を問題視している（初瀬龍平『国際関係論――日常性で考える』法律文化社、二〇一一年、二二三頁）。
（5）山本吉宣『国際レジームとガバナンス』（有斐閣、二〇〇八年）、三四―三五頁。なお、クラズナーの原著は、Stephen D. Krasner, "Structural Causes and Regime Consequences: Regime as Intervening Variables," in Stephen D. Krasner, ed., *International Regimes* (Ithaca: Cornell University Press), pp. 1–22。
（6）山本『国際レジームとガバナンス』、三九〇―三九一頁。
（7）同前、二三頁。
（8）Security Council Resolution 1272 (October 25, 1999).
（9）山田満「東ティモールの平和構築と市民社会の役割」、竹中千春・高橋伸夫・山本信人編（アジア政経学会監修）『現代アジア研究』第二巻「市民社会」（慶應義塾大学出版会、二〇〇八年）、三四二頁。
（10）同前、三四六頁。東ティモールＮＧＯフォーラムのウェブサイト参照（現在、Forum ONG Timor Leste（FONGTIL）

に改称している。ウェブサイトは http://fongtil.org)。

(11)　二〇〇六年の騒擾事件に関して、国連事務総長特別代表であった長谷川祐弘は、当時「国連平和維持軍と国連警察隊が駐在していれば防げた」と明言している（長谷川祐弘「国連平和構築支援の新たな課題と改善策――東ティモールからの教訓を基にして」、日本国際連合学会編『国連研究』第八号「平和構築と国連」（国際書院、二〇〇七年）、四九頁）。

(12)　OECD, *Security System Reform and Governance: A DAC Reference Document* (OECD, 2005), pp. 20–21.

(13)　藤重博美「「脆弱国家」の再建と治安部門改革（ＳＳＲ）」、稲田十一編『開発と平和――脆弱国家支援論』（有斐閣、二〇〇九年）、二一〇頁。

(14)　同前、二一二―二一四頁。

(15)　上杉勇治「平和構築における治安部門改革（ＳＳＲ）」、上杉勇治・長谷川晋編『平和構築と治安部門改革（ＳＳＲ）――開発と安全保障の視点から』（広島大学平和科学研究センター、二〇一〇年）、七頁。

(16)　同前、九頁。

(17)　同前、一〇頁。

(18)　山本『国際レジームとガバナンス』、一五二―一六一頁。

(19)　UNTAET/REG/2000/15, 6 June 2000. なお、インドネシアでは、国家人権委員会が東ティモール人権侵害究明委員会（ＫＰＰ－ＨＡＭ）を設立し、人権特別法廷が開設されて、騒乱当時のウィラント国軍司令官ら六人の将軍を含む一八人を起訴したが、結果的に国軍・警察幹部関係者、元州知事ら全員が無罪になり、元民兵組織幹部エウリコ・グテレスが有罪判決を受けただけであった。国連をはじめとして、この人権特別法廷の判決結果を批判している。

(20)　石塚勝美『国連ＰＫＯと平和構築――国際社会における東ティモールへの対応』（創成社、二〇〇八年）、二一〇頁、『朝日新聞』二〇〇五年五月三〇日朝刊記事。

(21)　Report to the Secretary-General of the Commission of Experts to Review the Prosecution of Serious Violations of Human Rights in Timor-Leste in 1999.

（22）　二〇〇四年五月一四日の国連安保理決議一五四三。
（23）　Report of the Secretary-General on Justice and Reconciliation for Timor-Leste, 26 July 2006（S/2006/580）.
（24）『朝日新聞』二〇〇五年五月三〇日朝刊のグスマン大統領インタビュー記事。
（25）　高橋茂人は「真実友好委員会」の設立に関して、国連専門家委員会（ＣＯＥ）、東ティモールの人権ＮＧＯのPerkumpulan HAK，司法制度を監視しているJSMP（Judicial System Monitoring Programme），復興過程を監視しているLa'o Hamutuk，人権侵害被害者団体である国際法廷を求める東ティモール全国同盟などの東ティモールのＮＧＯ、東ティモールカトリック教会、インドネシアのＮＧＯ、国際人権ＮＧＯのアムネスティ・インターナショナルなどの広範囲の組織から批判されている事実を踏まえ、同委員会の設立はインドネシア軍・警察に対する今後の調査および訴追を阻止し、一九九九年の人権侵害問題に終止符を打つための両国政府による政治的謀議の産物であると述べている（高橋茂人「裁きと和解——インドネシア・東ティモール「真実と友好委員会」の批判的検討」、後藤乾一編『東ティモール「国民国家」をめぐるエスニシティと国際・地域環境』科学研究費補助金研究成果報告書、二〇〇六年、八九—九七頁）。
（26）　たとえば、『朝日新聞』二〇〇四年一二月二四日朝刊記事を参照。
（27）　UNTAET/REG/2001/10, 13 July 2001, Section 3を参照。
（28）　松野明久「平和構築における真実探求——紛争後の東ティモールの事例から」、城山英明・石田勇治・遠藤乾編『紛争現場からの平和構築——国際刑事司法の役割と課題』（東信堂、二〇〇七年）、九四—九七頁。なお、公聴会は「政治的投獄・拘禁・拷問」、「女性と紛争」、「強制労働と飢餓」、「虐殺」、「一九七四—七六年の政治的対立」、「自決権と国際的アクター」、「子どもと紛争」の七テーマで実施され、毎回テレビ・ラジオで生中継された（同前、九七頁）。
（29）　同前、一〇四頁。
（30）　杉山知子『移行期の正義とラテンアメリカの教訓』（北樹出版、二〇一一年）、一一頁。
（31）　S/RES/1272, 25 October 1999．治安維持関係では、一六四〇名の国連警察、八九五〇名のＰＫＦ（国連平和維持軍）、二〇〇名の軍事監視員派遣が決定されている。
（32）　S/RES/1264, 15 September 1999.

（33）松浦香恵「シャナナ・グスマンとの出会い」、山田満編『東ティモールを知るための五〇章』（明石書店、二〇〇六年）、四九―五〇頁。また、二〇〇〇年八月一〇日のファリンティル創設二五周年記念行事で、グスマンから総司令官を引き継いだタウル・マタン・ルアクは、就任演説のなかで、統合派民兵らによる住民投票後の殺戮や焦土化の挑発にファリンティルが感情を抑えて犠牲を受け入れたのはグスマンの決定的な指揮ゆえであったと述べている（青山森人『東ティモール　未完の肖像』社会評論社、二〇一〇年、六四頁）。青山森人は一九九三年から東ティモールに入り、東ティモール住民の内側、ファリンティル兵士の生の声をもとにルポルタージュを発表している。

（34）新国防軍創設をめぐる議論と軌を一にして、ドナーや国連機関でも何千人もの武装解除による失業が発生することで、不平不満を抱いている元ファリンティル兵士が国内治安に及ぼす悪影響に関心を持ちはじめていた。Ludovic Hood, "Security Sector Reform in East Timor, 1999–2004," *International Peacekeeping*, vol. 13, no. 1 (March 2006), p. 72.

（35）東ティモール国防軍創設に関する規定は、UNTAET/REG/2001/1, 31 January 2001.

（36）Conflict, Security and Development Group, King's College London, *A Review of Peace Operations: A Case For Change: East Timor* (10 March 2003), Chap. 2.

（37）藤重「「脆弱国家」の再建と治安部門改革（ＳＳＲ）」、二一六―二一七頁。当時のＵＮＴＡＥＴ代表のセルジオ・ヴィエイラ・デ・メロは、ファリンティル創設二五周年記念に向けて、現地の新聞『東ティモールの声』（*Suara Timor Lorosae*, 4 August 2008）に寄せたインタビュー記事で、「われわれは現在、ＦＡＬＩＮＴＩＬの問題に直面し、将来どのような国防軍像を描くかという問題にも直面している。キングス大学の専門家がきたが、われわれはかれらの報告をＦＡＬＩＮＴＩＬの司令官とともに研究しているところである。たぶん、ＦＡＬＩＮＴＩＬが軍の中枢におかれることになるであろう」と述べている（青山『東ティモール　未完の肖像』、四七頁掲載の新聞記事を転載）。

（38）Hood, "Security Sector Reform in East Timor, 1999-2004," p. 61. 二〇〇〇年から二年間にわたり、ＵＮＴＡＥＴの国家安全保障顧問事務局の政治問題担当官を務めたエドワード・リーズもフッド同様に、ＵＮＴＡＥＴ／ＵＮＭＩＳＥＴによるＰＮＴＬの制度設計に関する説明責任と透明性の欠如を指摘している。Edward Rees, "Security Sector Reform (SSR) and Peace Operations: 'Improvisation and Confusion' from the Field," *United Nations Peacekeeping in the Service of Peace* (March 2006), pp. 18–19.

(39) S/RES/1272 (1999).

(40) Hood, "Security Sector Reform in East Timor, 1999–2004," p. 65.

(41) *Ibid.*, p. 64. 二〇〇四年五月の最初のＵＮＭＩＳＥＴのマンデート終了時までに約三〇〇〇名の警察官が採用されている。

(42) 筆者が聞き取り調査（二〇一一年九月二日）を行なったラウテン県警察署長もＰＯＬＲＩ出身者であった。

(43) 二〇〇二年一二月にディリ市内の豪州資本のホテル、スーパーへの放火・略奪、アルカティリ首相宅への襲撃事件が起きた。事件の引金要因は、高圧的な警察官による学生逮捕であった。警察批判のために集結した群集に向かって警察官が発砲し大学生二名が死亡している。民主的警察とはほど遠いＰＮＴＬの行動が批判された（『朝日新聞』、『神奈川新聞』（共同配信）、二〇〇二年一二月五日朝刊）。

(44) スカルノ時代は大統領直属の警察軍であったが、陸軍出身のスハルトは警察を国軍の一部として組み入れたうえで、ＰＯＬＲＩと改称した。ＰＯＬＲＩが国軍から分離されたのはスハルト以後の政権で、大統領直属の文民警察として強化された。

(45) Hood, "Security Sector Reform in East Timor, 1999–2004," p. 68.

(46) *Ibid.*, pp. 64–70. 青山森人は、二〇〇二年一二月の暴動に関連して、ＰＮＴＬは国連主導で育成され、警察養成においてはわずか三時間の人権教育研修が与えられるだけであるという批判を紹介し、東ティモール指導者に対しては、「警察組織の構築をまるで外部発注している顧客である。大統領も政府も警察官の質の問題について驚くほど認識が甘く、暴動事件に関しては有効な手段は講じられなかった」と指摘している（青山『東ティモール　未完の肖像』、一〇九頁）。

(47) 国連安全保障理事会は、コフィ・アナン事務総長の通告にもとづき、独立特別調査委員会設立を歓迎する決議一六九〇（二〇〇六年）を採択した。委員会の報告書は、Independent Special Commission of Inquiry for Timor-Leste, *Report of the United Nations*, Geneva, 2 October 2006.

（48）　Joint Press Release from the Government of Timor-Leste and the United Nations Integrated Mission in Timor-Leste, *National Police Resume Responsibility in Timor-Leste*, Dili, 27 March 2001.

（49）　二〇一一年九月二日、ラウテン県警察署長（Commander of District Lautem）オラフィオ・クリストフォ（Olavio Cristovo）氏の聞き取り調査。同氏のＪＩＣＡ警察研修先は、福井県であった。インドネシア警察に欠けていた住民との親和性を強く学んだと述べていた。

（50）　東ティモール人とインドネシア人の通婚を調査した統計はおそらく存在しないと思われるが、筆者の知り合いには意外と多いのに驚かされる。自らもインドネシア支配下でインドネシアの高等教育機関に通っていた財務省のアントニオ・ダ・コンセイサン氏は五―一〇パーセント（インドネシアに住んでいる夫婦も含んで）はいるのではないかと推測している（二〇一一年一〇月三日聞き取り）。

9　子どもの権利と子どものための国際レジーム

勝間　靖

一　国際関係における子ども

「子ども」とは誰か、最初に定義しておきたい。多様な伝統的社会があるなか、「子ども」から「おとな」に移行する時期はそれぞれで違うかもしれない。しかし、本章では、国際社会における「子ども」へアプローチする際に、『子どもの権利条約』にある定義を採用したい。また、この国家間の合意にもとづく国際人権条約は、子どもを、保護されるべき客体から、権利をもつ主体へと転換した。そして、国際社会では、『子どもの権利条約』をはじめとして、子どものための国際レジーム（regime）が構築されてきた。

1　子どもとは

一九八九年に国際連合（国連）総会で採択された『子どもの権利条約』の第一条は、子どもを一八歳未満と定義している。ほとんどの国連加盟国がこの条約の締約国となっているので、国際社会においては、男女ともに、一八歳未満が子どもである、という認識が広く共有されていると言ってよいだろう。

もちろん、このような世界標準とは対照的に、それぞれの国には多様な伝統的社会が存在する。つまり、たとえ中央政府が『子どもの権利条約』の条文に調和するよう国内法を改正して、一八歳未満を子どもと国内的に定義しても、その概念がその国にある多様な伝統的社会まで十分に浸透しているとは限らない。むしろ、それぞれの伝統的社会における文化的な通過儀礼を経た者を「おとな」として扱う場合が多いだろう。また、通過儀礼は男女によって時期が異なることもある。

つまり、伝統的社会における子どもは、絶対的な年齢によって定義づけられるのではなく、文化的な過程のなかで相対的に位置づけられることもある。このような伝統的社会における子どもの多様な位置づけは、文化相対主義の立場から尊重されるべきであろう。しかし、本章では、国際レジームを論じるために、国際社会で一般的に用いられる一八歳未満という普遍性のある定義を用いることにする。

2　子どものための国際レジーム

国際社会では、『子どもの権利条約』をはじめとして、子どものための国際レジームが構築されてきた。まず、国際レジームとは何か、ここで確認しておきたい。国際レジームは、「国際関係の特定の分野において、行為主体の期待がそこに収斂されるような、黙示的または明示的な原理、規範、ルール、意思決定手続きの集合」[1]と一般的に定義される。国際社会における行為主体のあいだで相互の期待が主観的に一致できるような規範やルールに着目する点が特徴的な概念である。[2]

この「国際レジーム」という用語は、一九七〇年代前半の国際社会における構造的な変動を背景として、七〇年代半ば、国際政治学という学問のなかで誕生した。具体的には、米国と当時のソヴィエト連邦のあいだにおける緊張緩和（デタント）の進行とそれにともなう冷戦構造の変化、国際通貨体制の変動相場制への移行や自由貿易体制の動揺による国際経済の政治化、資源・エネルギー問題や気候変動に代表されるような地球規模の課題の顕在化、といった国際社会の構造的変動が七〇年代前半から見られた。そうした文脈において、とくに国家間の関係を特徴づけるときに、無政府状態（anarchy）と階層（hierarchy）秩序の中間に位置する一形態として、レジームという概念が提示された[3]。

本章においては、国際レジームを以下のように定義しておきたい。「国際社会で課題とされている特定の分野において、行為主体（国家、企業、NGOなど）のあいだで慣習化され、さらに明文化されるような国際規範。それに加えて、その国際規範に関連して制度化される意思決定の手続き[4]」。そのうえで、子どものための国際レジームについて、とくに国家に注目し、国際的な規範と、その実施を監視および促進することを含めた意思決定手続きを中心にみることにする。まず、第一に、子どもの権利レジームをみる。そして、第二に、「ミレニアム開発目標」レジームを考察する。あらかじめ、この二つの子どものための国際レジームを簡単に整理しておこう（次頁の表1を参照）。さらに、こうした国際レジームの構築とその実施を促すための活動を展開するうえで重要な役割を果たす、国家以外の非国家的な行為主体についても考察する。

二　子どもの権利レジーム

子どものための国際レジームについて、まず、子どもの権利に注目し、国際的な規範の形成と、その実施を監視することを含めた意思決定手続きをみよう。子どもの権利レジームは、『子どもの権利条約』とその選択議定書という世界的な人権規範と、締約国によるその実施について監視および促進する「子どもの権利委員会」を中心として構築されてきた[5]。

表1 子どものための国際レジーム

	国際的な規範（採択年，発効年）	締約国数[1]	国際的な実施を行なう主要な国際組織
子どもの権利レジーム	子どもの権利条約（1989, 1990）	194[2]	子どもの権利委員会 ・ユニセフ ・子どもに対する暴力に関する国連事務総長特別代表 ・子どもと武力紛争に関する国連事務総長特別代表 ・子どもの売買・買春・ポルノに関する国連特別報告者
	・武力紛争における子どもの関与に関する子どもの権利条約の選択議定書（2000, 2002）	158	
	・子どもの売買・買春・ポルノに関する子どもの権利条約の選択議定書（2000, 2002）	169	
	・通報手続に関する子どもの権利条約の選択議定書（2011, 2014）	14	
	就業の最低年齢に関する条約（第138号）（1973, 1976）	167	国際労働機構
	最悪の形態の児童労働に関する条約（第182号）（1999, 2000）	179	
	国際刑事裁判所に関するローマ規程（1998, 2002）	122	国際刑事裁判所
MDGsレジーム	国連ミレニアム宣言（2000） ・ミレニアム開発目標	（193）[3]	国連開発グループ（とくにユニセフ，WHO，ユネスコなど） ・ミレニアム開発目標に関する国連事務総長特別顧問 ・世界銀行など

註1：2014年11月27日現在.
　2：アメリカ合衆国，ソマリア，南スーダン以外の国連加盟国190カ国のほか，国連加盟国でないクック諸島，バチカン，ニウエ、パレスチナの四カ国が締約国となっている.
　3：国際法上の拘束力がない国際宣言なので締約国とは言えないが，国連総会で国連加盟国の総意として採択されたことから，参考までに国連加盟国総数を入れてある.
出典：筆者作成.

1　『子どもの権利条約』

子どもの権利、という国際的な規範は、一九二四年に国際連盟において採択された『子どもの権利に関するジュネーブ宣言』に遡ることができる。そして、その後は、とくに第二次世界大戦後に設立された国連を舞台に、世界的な人権規範として形成されてきた。一九五九年採択の『子どもの権利宣言』では、子どもは保護されるべき対象として位置づけられた。これは国際宣言なので、国際法上の拘束力はない。その後、一九八九年に採択された『子どもの権利条約』においては、子どもは権利を持つ主体として捉え直された。[6]これは国際条約であり、締約国は国際法上に拘束される。アメリカ合衆国、ソマリア、南スーダンを除くすべての国連加盟国が締約国となっている。

子どもの権利には、いくつかの原則がある。まず、ジェンダーや民族で差別しないという、「非差別」の原則がある。つぎに、「子どもの最善の利益」を優先するという原則がある。そして、「いのち・生存・発達への権利」の原則と、「参加する権利」の原則がある。こうした原則は、すべての子どもの権利を実現するにあたって、基盤となる要件として位置づけられる。

子どもの権利を大きく分類すると、生きる権利、守られる権利、育つ権利、参加する権利という四つの柱ができる。生存・発達・参加にかかわる権利については、「エンパワーメント（empowerment）」（力をつけること）として総合的に捉えることもできる。[7]そして、暴力や搾取から守られる権利については、「保護」と言い換えることも可能である。

『子どもの権利条約』は、子どもを、親によって保護されるべき「客体」から、自らが生存・発達・保護・参加の権利をもつ「主体」へと転換した。従来、家族や世帯という私的な領域内において、子どもは保護されるはずの対象であった。しかし、実際には、子どもへの虐待や配偶者（とくに女性）への暴力といった問題は、途上国だけでなく先進国でも顕著化してきている。そこで、家族や世帯のなかの「弱者」である子どもに自分の権利を与え、子どもを保護の客体から権利の主体へと捉え直すことをとおして、子どもの人権を国際的に保障するようになった。

たとえば、父母が子どもの権利に関する義務を果たさない場合、子どもは自分の権利を請求できるというわけである。子どもの成長段階や、置かれている状況によって、本人による権利請求が難しい場合には、「子どもの最善の利益」の原則によって、第三者が子どもに代わって権利を請求することも想定されている。

『子どもの権利条約』には、三つの「選択議定書」がつくられている。「選択議定書」とは、条約を補強するほか、新たな内容を追加するための文書であり、条約と同じように国際法上の拘束力をもつ。『武力紛争における子どもの関与に関する子どもの権利条約の選択議定書』と、『子どもの売買・買春・ポルノに関する子どもの権利条約の選択議定書』という二つの選択議定書は、二〇〇〇年の国連総会で採択された。ちなみに日本は、前者を二〇〇四年に、後者を二〇〇五年に批准している。三つ目として、二〇一一年の国連総会において採択された『通報手続に関する子どもの権利条約の選択議定書』が二〇一四年四月に発効している。二〇一四年一一月現在、共同提案国である日本はまだ署名および批准をしていない。

2　武力紛争における子どもの保護

武力紛争における子どもの関与、という概念は広範なものである。しかし、本章では、紙面の制約もあるので、①子どもの徴兵による人権侵害と、②子どもに対する戦争犯罪という二つの問題に焦点を絞って議論を進めたい。

第一に、『子どもの権利条約』が子どもの定義を一八歳未満としているのは先にみたとおりであるが、子ども兵士については別の年齢で制限している。第三八条は、一五歳未満の子どもの敵対行為への直接的な参加を禁じている。これは、一部の国の強い反対があり、一五歳以上の子どもについて禁止できなかったためである。また、禁止されている内容は、「敵対行為への直接的な参加」のみであり、戦闘員以外としての軍隊や武装集団への参加は含まれていない(8)。

子ども兵士の禁止を厳格化するため、一九九七年、「子どもの権利条約NGOグループ」と国連児童基金（ユニセフ）は、南アフリカで会議を開き、「ケープタウン原則」をまとめた。そこでは、敵対行為への参加だけでなく、軍隊および武装集団によるすべての形態の徴兵において、最低年齢を一八歳へ引き上げるよう提案された。そして、この原則について、『子どもの権利条約』への選択議定書というかたちで、国際法上の拘束力をもつ国際人権条約にすべきであると論じられた。

さらに、児童労働の禁止という観点からは、一九九九年、国際労働機関（ＩＬＯ）において条約第一八二号が採択されたことが注目される。そこでは、一八歳未満の子どもの徴兵が「最悪の形態の児童労働」のひとつとして分類され、即時の撤廃が求められた。また、同年、アフリカでは、『子どもの権利と福祉に関するアフリカ憲章』が採択され、そこでも一八歳未満の子ども兵士が禁止された。

こうした国際的な規範が形成される文脈において、二〇〇〇年の国連総会で、『子どもの権利条約』への選択議定書として、一八歳未満の子どもの徴兵と敵対行為への参加を禁じる『武力紛争における子どもの関与に関する子どもの権利条約の選択議定書』が採択されたのである。

また、この選択議定書に加えて、より具体的なガイドラインも必要とされている。政府や国際機構だけでなく、八つの国際的なNGOによって構成されたコンソーシアム「子ども兵士の使用を止めさせるための連帯」[9]によって、新しいガイドラインの策定が進められた。その結果、二〇〇七年、「戦争から子どもを解放せよ」会議がパリで開催された。そこで七八カ国の政府が、子ども兵士をなくすための『パリ規約』と、そのための新しいガイドラインである「パリ原則」を宣言するにいたった。

第二に、武力紛争下の子どもについて、子どもの権利の侵害だけでなく、安全保障の問題としても議論されるようになった。一九九九年から、国連の安全保障理事会において、「国際の平和と安全」という議題のもとで「武力紛争下の子ども」が正式に取り上げられるようになった（決議一二六一）。そこでは、武力紛争下の子どもの保護と、国際社会における安全保障との関連性が明示化されたため、それ以降、安全保障理事会は、この問題について積極的に議論するようになったのである。具体的には、国連の平和維持活動においては、「子どもの保護アドバイザー」が配置されるようになった。また、子ども兵士に関する違反については、違反者である政府の軍隊または非政府の武装集団の一覧表が作成されてきている。

さらに、二〇〇四年、安全保障理事会の決議一五三九は、国連事務総長に対して、以下の六つの分野における子どもの権利の侵害に焦点を絞ったモニタリングと報告のメカニズムを設置するよう求めた。つまり、①殺害または手足切断、②徴兵または武力紛争における利用、③学校または病院に対する攻撃、④レイプまたは他の深刻な性暴力、⑤拉致、⑥人道的アクセスの拒否、の六分野である。その後、二〇〇五年の決議一六一二は、そのメカニズムの設置を決定した。具体的には、二〇〇六年に、ブルンジ、コンゴ民主共和国、ネパール、ソマリア、スリランカ、スーダンの六カ国おいて試験的に設置され、その後、拡大されている。

こうしたなか、子どもに対する戦争犯罪を国際犯罪化するという新しい動きが出てきた。つまり、実行者個人を処罰する常設の国際刑事裁判所が成立したのである。一九九八年に採択された『国際刑事裁判所に関するローマ規程』は二〇〇二年に発効し、その翌年から国際刑事裁判所は活動を開始した。そこで、一五歳未満の子どもを徴兵または敵対行為へ直接的に参加させることは、戦争犯罪とされた。

このように、武力紛争における①子どもの徴兵による人権侵害と②子どもに対する戦争犯罪に対して、『子どもの権利条約』とその選択議定書を中心としながら、国連安全保障理事会の決議や『国際刑事裁判所に関するローマ規程』に補強されつつ、武力紛争における子どもの保護へ向けた国際レジームが複合的に構築されてきている。

3　性的搾取と人身売買からの子どもの保護

つぎに、子どもの商業的な性的搾取という問題をみてみよう。『子どもの権利条約』の第三四条と第三五条は、子どもの性的搾取と人身売買を禁止している。第三四条は、子どもの性的搾取をなくすために、あらゆる方策をとるよう国家に義務づけている。

また、一九九九年に採択された国際労働機関の条約第一八二号は、「最悪の形態の児童労働」として、子ども買春、子どもポルノ、子どもの人身取引の撤廃を定めている。

子どもの商業的な性的搾取をより厳格に禁止するため、「子ども買春、子どもポルノ、性的搾取を目的とした子どもの人身売買をなくす（ECPAT）」運動を国際的に展開しているNGOであるECPATは、グローバル化のなかで顕著化してきた子どもの商業的性的搾取に反対する世界会議の開催を呼びかけた。

その結果、一九九六年、子どもの商業的性的搾取に反対する世界会議が、国際ECPAT、ユニセフ、そして「子どもの権利条約NGOグループ」の三者によってストックホルムで共催された。その成果として、『宣言』と「行動計画」が全会一致で採択された[10]。

こうした国際的な規範が形成される文脈において、二〇〇〇年には、『子どもの売買・買春・ポルノに関する子どもの権利条約の選択議定書』が国連総会で採択された。そこで、子ども買春と子どもポルノは、より具体的に犯罪化されている。

性的搾取や人身売買の被害にあっている子どもについて、国際社会として、国家主権を超えて「保護する責任」を果たそうとする動きもみられる。そのひとつが、普遍的管轄権（universal jurisdiction）である。具体的に、『子どもの売買・買春・ポルノに関する子どもの権利条約の選択議定書』は、加害者の国籍、被害者の国籍、犯罪の発生地に関わらず、自国の領域内にいる加害者に対する裁判管轄権を認めるよう締約国に求めている。

4　子どもの権利委員会と第三選択議定書

『子どもの権利条約』とその選択議定書の全般にわたって、締約国による実施の監視および促進を目的とした意思決定手続きを担う主体として、「子どもの権利委員会」が設置されている。『子どもの権利条約』の第四三条にもとづき、子どもの権利委員会は一八人の独立した専門家から構成される。会合は、年に三回、ジュネーブにおいて開催される。

当初は、政府報告書の審査を中心とした手続きが進められていた。『子どもの権利条約』の締約国になると、まず二年後に政府報告書を提出する義務がある。その後は、五年ごとに提出する。子どもの権利委員会は、締約国から提出されるそれぞれの政府報告書を審査し、懸念事項や勧告を「最終所見」というかたちで採択する。また、『子どもの権利条約』の特定の条文の解釈について「一般的意見」を採択する。さらに、特定のテーマに関する理解を深めるために「一般的討議」を実施している。一般的討議では、関連する国際機関やNGOなども参加し、とるべき措置に関する勧告が採択される。

二〇一一年、国連総会において、『通報手続に関する子どもの権利条約の選択議定書』が採択された。この第三の選択議定書は、その締約国の領域内にいる子どもを含めた個人または集団が、『子どもの権利条約』、『武力紛争における子どもの関与に関する子どもの権利条約の選択議定書』、『子どもの売買・買春・ポルノに関する子どもの権利条約の選択議定書』で保障されている権利の侵害があった場合、子どもの権利委員会へ通報できるようにした。また、これらの権利の重大または制度的な侵害について、子どもの権利委員会が、締約国の協力のもとで、調査を行えるようにした。

『通報手続に関する子どもの権利条約の選択議定書』は、国連加盟国のうち一〇カ国が批准して締約国になることで、その三カ月後に発効するよう規定されている。二〇一二年に署名および批准の手続きが始まり、二〇一四年一月に一〇カ国目が批准した結果、同年四月に発効した。

三　「ミレニアム開発目標」レジーム

子どものための国際レジームのもう一つは、「ミレニアム開発目標（Millennium Development Goals: MDGs）」レジームである。ミレニアム開発目標と呼ばれる国際開発政策は、正確には、『国連ミレニアム宣言』に起因する。二〇〇〇年の国連ミレニアム・サミットにおいて採択された『国連ミレニアム宣言』は、国連加盟国の国家元首および政府首脳が、二一世紀を迎えようとするときに、「平和・安全保障・軍縮」、「開発と貧困」、「環境の保護」、「人権・民主主義・よい統治」、「弱者の保護」、「アフリカのニーズへの対応」、「国連の強化」などについて、決意を新たにしたものである。そのなかで、「開発と貧困」、「アフリカのニーズへの対応」、「環境の保護」との関連において、ミレニアム開発目標という二〇一五年までの具体的な目標が設定された。

1　「ミレニアム開発目標」における子ども

ミレニアム開発目標の内容としては、目標一「極度の貧困と飢餓の軽減」、目標二「初等教育の完全普及」、目標三「ジェンダー平等と女性の地位向上」、目標四「乳幼児死亡の削減」、目標五「妊産婦の健康の改善」、目標六「HIV／エイズやマラリアなどの疾病の蔓延防止」、目標七「環境の持続可能性の確保」、目標八「開発のためのグローバル・パートナーシップの推進」が含まれている。そして、これらの開発目標は、二〇一五年までに国際社会が達成すべきものとして年限が設定され、その進捗が監視および促進されている。

ミレニアム開発目標には、子どもに直接的に関連した国際的な規範とも言うべきものが多く見られる。たとえば、目標一の達成へ向けて監視される指標として、低体重の五歳未満児の割合の削減がある。目標二については、二〇一五年までにすべての子どもが男女の区別なく初等教育の全課程を修了できるようにする、というターゲットが設定されている。目標四は、二〇一五年までに五歳未満児の死亡率を一九九〇年の水準の三分の一へと引き下げる、というターゲットをもっている。目標六のうちＨＩＶ／エイズとの関連では、一〇―一四歳のエイズ孤児の就学率の向上や、一五―二四歳を対象としたＨＩＶ／エイズに関する情報普及とＨＩＶ感染率の削減が指標として含まれている。また、目標六のうちマラリアとの関連では、五歳未満児について、予防のための殺虫剤加工した蚊帳の普及や、治療における抗マラリア剤の使用といった指標があげられている。(11)

ミレニアム開発目標では、一九九〇年をベースラインとして、二〇一五年までに達成すべき目標およびターゲットを設定している。つまり、『国連ミレニアム宣言』が採択された二〇〇〇年を起点とするのではなくて、一九九〇年までさらに一〇年遡り、一九九〇年から二〇一五年までの二五年間において達成すべき目標となっている。

２　「ミレニアム開発目標（ＭＤＧｓ）」の監視

こうした国際的な規範とも言うべき目標の達成へ向けて、その進捗状況を監視するために、データ収集やデータベース構築が進められている。

まず、データ収集においては、米国国際開発庁（ＵＳＡＩＤ）が主導する人口保健調査（ＤＨＳ）のほか、一九九〇年代初めにユニセフが中心となって開発した複数指標クラスター調査（ＭＩＣＳ）と呼ばれる世帯調査が重要な役割を果たしてきた。人口が正確に把握されていない多くの途上国において、割合や比率を出すには、サンプルを対象とした調査が有効だからである。

ＤＨＳは、途上国が人口・保健・栄養のプログラムの進捗を監視できるようにＵＳＡＩＤがデータ収集を支援するものである。包括的な世帯調査で、費用もかなりかかる。また、ＵＳＡＩＤが人口・保健・栄養のプログラムを大規模に実施している途上国に限られるので、これだけで世界規模または地域ごとの進捗を国際比較はできない。

これに対してＭＩＣＳは、一九九〇年に開催された「子どものための世界サミット」を契機に構想され、ＤＨＳを補完するために実施される世帯調査である。ＤＨＳと共通する指標については、担当者との協議を経て、データの互換性を確保しており、調査の重複が避けられている。また、測定する指標の数を絞った結果、必要とされるサンプル規模がＤＨＳよりも小さいため、低コストで実施できる。調査実施国の選択においては、ＤＨＳ対象国と重複しないよう、調整されている。(12)

もちろん、多くの途上国では、ＤＨＳやＭＩＣＳといった調査以外にもデータ源が存在する。国勢調査が一〇年に一度ほど定期的に実施される国もあるし、人口動態統計の確度が相対的に高いとされる場合もある。それら既存のデータを有効に活用することも重要である。しかし、かりに存在していても、そのデータが一般に公開されるようなかたちで管理されていないなど、入手が実際には難しい場合も多い。また、既存のデータの存在を知らないまま、同じような調査が繰り返されるという無駄も報告されている。したがって、データを一カ所にまとめるデータベースが必要となってくる。

データベースの構築においても、ユニセフが先駆的な作業を手掛けた。一九九〇年代中頃、ユニセフの南アジア地域事務所が中心となって、"ChildInfo"と呼ばれるデータベースを開発した。その後、ユニセフの組織全体においても採用されるにいたった。そして、九〇年代後半からは、「子どものための世界サミット」をフォローアップするためのChildInfoから、国連開発計画（ＵＮＤＰ）のほか、ユニセフ、世界保健機関（ＷＨＯ）、国連教育文化科学機関（ユネスコ）などで構成される国連開発グループ（ＵＮＤＧ）が各途上国において共通国別アセスメント（ＣＣＡ）を実施するために不可欠な"DevInfo"へと模様替えしていくことになる。(13)

さらに、二〇〇七年、国連は、グーグル（Google）やシスコ・システムズ（Cisco Systems）といった民間企業からの技術協力を得て、「ミレニアム開発目標モニター（MDG Monitor）」というウェブサイトを構築し、ミレニアム開発目標へ向けた進捗についての情報を誰でもインターネットを通して見られるようにしている[14]。

こうした最新のデータを用いて、毎年、国連総会の前に『国連ミレニアム開発目標報告』が出版される。また、UNDP、ユニセフ、WHO、ユネスコなどの国連機関も、それぞれ、ミレニアム開発目標全般にわたる報告書や、子ども、保健、教育といった関連した分野に焦点を絞った報告書や提言書を刊行している。国連総会に参加する加盟国は、これらの報告や提言を受けて、ミレニアム開発目標という国際規範へ向けた自国における活動の軌道修正を迫られることになる。

四　国際社会における行為主体

これまでみたように、子どものための国際レジームを構成する国際的な規範については、国家の主導により合意が形成されてきた。他方、こうした国際規範の実施を監視および促進するための手続きにおいては、国際機関などの非国家的な行為主体が重要な役割を果たしている。まず、子どものための国際機関の筆頭としてあげられるユニセフからみていこう。

1　国連児童基金（ユニセフ）

ユニセフは、一九四六年、ヨーロッパの戦災児への緊急人道支援を目的として、国連総会が創設した。つまり、もともとは国際的な人道支援が活動の中心であった。その後、一九五〇年、途上国の子どもを支援対象に加え、開発協力も実施するようになった。日本も一九四九―六二年までは支援対象国で、約一五〇万人の子どもが恩恵を受けた。一九八九年の『子どもの権利条約』採択を受けて、九〇年代、ユニセフは、その使命を子どもの権利の実現であると捉え直した。従来、子どもは援助の対象だと考えられてきたが、しだいに、子どもは権利の主体であり、剝奪されている生存・発達・保護・参加の権利を取り戻すための人権アプローチが重要だと発想が転換された[15]。

『子どもの権利条約』の締約国は、まず二年後に、その後は五年ごとに、政府報告書を子どもの権利委員会へ提出する義務がある。締約国によっては、政府報告書の作成をユニセフが支援する場合がある。その際、ユニセフは、政府とその国のNGOを含む市民社会組織とのあいだの建設的な対話を促進しようとする。また、子どもの権利委員会による政府報告書の審査の結果、採択された「最終所見」で示された懸念事項や勧告について、締約国がフォローアップしようとする際には、ユニセフが協力している。

子どもの権利の実現へ向けて、ユニセフは、中期戦略計画を策定し、優先的に取り組むべき課題を決めている。その優先課題は、国連が国際社会のために貢献しようとするなかで、ユニセフが比較優位をもつ分野における役割分担を果たすために設定される。具体的には、『国連ミレニアム宣言』とそれに関連したミレニアム開発目標のほか、二〇〇二年の国連子ども特別総会で採択された「子どもにふさわしい世界」という文書が参照される。

ユニセフは、子どもの権利の実現へ向けて、ミレニアム開発目標に貢献するために、①幼い子どもの生存と発展、②基礎教育とジェンダー平等、③HIV／エイズと子ども、④脆弱な子どもの保護、⑤子どもの権利のためのアドボカシー（政策提言）とパートナーシップの五つの優先課題を設定している。その他、⑥人道支援の分野でも具体的な活動を実施している。

ユニセフの方針は、経済社会理事会で選ばれた三六カ国の代表から構成されるユニセフ執行理事会で決められる。それにもとづいた活動を展開するため、ユニセフ事務局は、ニューヨークに本部を置き、七つの地域事務所を持っている。その下部組織として、途上国でプログラムを実施する現地事務所と、先進国で政策アドボカシーや民間からの資金調達を担当する国内委員会があり、合計して一九〇カ国に窓口を持つ[16]。活動資金は、二〇一三年に約四八億米ドルであったが、政府からの拠出は六割にとどまり、それ以外は国際機関、NGO、企業、個人からの協力による。

2 『子どもの権利条約』に関するNGOグループ――「子どもの権利コネクト」

つぎに、非国家的な行為主体として影響力を強めているNGOをみてみよう。子どもの権利の実現へ向けて活動するNGOを含めた市民社会組織は、先に述べたECPATを含めて、世界に数多くある。ここでは、『子どもの権利条約』を中心とした子どもの権利レジームの全般に強い影響力をもつグローバルなNGOコンソーシアムである、「子どもの権利条約NGOグループ」に注目する。

「子どもの権利条約NGOグループ」は、一九八三年に創立された。つまり、『子どもの権利条約』が国連総会で採択された一九八九年より前から活動を始めており、その草案の段階から影響を及ぼしてきたことが注目される。また、『子どもの権利条約』の三つの選択議定書の草案段階においても、活発に提言した。

国連の経済社会理事会の特殊協議資格をもつNGOとして、「子どもの権利条約NGOグループ」は、経済社会理事会とその補助機関の活動のなかで、とくに子どもの権利と関連のあるものに参加している。

「子どもの権利条約NGOグループ」は、ジュネーブに事務局をもっており、その執行委員会によって運営されている。執行委員会のメンバーは、加盟するNGOのなかから互選によって選ばれている。加盟している国際NGOおよび国内NGOは、八二団体ある。テーマや課題ごとに、「子どもと暴力」、「親によるケアがない子ども」、「通報手続」、「人権理事会」、「先住民族の子ども」、「出生登録」、「収監された親の子ども」といった作業部会が活動している。

なお、二〇一三年に「子どもの権利条約NGOグループ」は、「子どもの権利コネクト（Child Rights Connect）」に名称を変更した[17]。

3　国連における専門家によるリーダーシップ

子どもの権利の実現と、子どものための国際レジームの構築において、特定分野の専門家が国連で果たす役割も見逃せない。国連事務総長の特別代表や特別顧問のほか、国連人権理事会による特別手続きとして任命される国連特別報告者のなかで、とくに子どもに関連した専門家に注目しよう。子どもの権利レジームとの関連で三人、「ミレニアム開発目標」レジームとの関連で一人をあげる。

第一に、子どもの権利レジームとの関連で、子どもに対する暴力に関する国連事務総長特別代表をみよう。国連事務総長によって刊行された『子どもに対する暴力』研究を踏まえ、国連総会決議（六二／一四一）は、そのフォローアップのため、特別代表の任命を国連事務総長に促した。その結果、マルタ・サントス・パイスが二〇〇九年に着任した。特別代表の活動のための事務的支援は、ユニセフが提供することになっている。

第二に、子どもと武力紛争に関する国連事務総長特別代表がいる。第二節第二項で触れた『武力紛争における子どもの関与に関する子どもの権利条約の選択議定書』と関連が深いので、ここで少し詳しくみておく。

一九九三年に国連総会は、国連事務総長に対して、子どもと武力紛争に関する独立専門家の任命を求める決議を採択した。この総会決議を受けて、グラサ・マシェルが独立専門家として任命された。その後、『武力紛争が子どもに与える影響』報告書が作成された[18]。この報告書は、二五万人以上と推定される多くの子どもが武装集団または軍隊に関わっていると指摘し、世界の人々に驚きを与えた。

『武力紛争が子どもに与える影響』報告書が公表された翌年の一九九七年、「子どもと武力紛争に関する国連事務総長特別代表」のポストが設置された。初代の特別代表としては、オララ・オトゥヌが任命され、武力紛争下にある子どもの保護へ向けた活動が継続されることになった。

特別代表は、ユニセフや国連ミッションと協力しながら、武力紛争の当事者と交渉し、子どもの保護についての具体的な約束を取り付けようと努力してきた。こうした活動は、子ども兵士の徴用が国内紛争の蔓延化をもたらしているとの認識を高めることになった。そして、安全保障理事会での議論にも影響を及ぼし、一九九九年には子ども兵士に関する決議一二六一が採択されるにいたった。

マシェルによる一九九六年の『武力紛争が子どもに与える影響』報告書で提起された問題を再検討するため、二〇〇〇年には、カナダのウイニペグにおいて「戦争の影響を受けた子どもに関する国際会議」が開催された。こうした潮流のなかで、『武力紛争における子どもの関与に関する子どもの権利条約の選択議定書』が採択された。

オララ・オトゥヌの任期終了後、二〇〇六年よりラディカ・クマラスワミが二代目として、一二年よりレイラ・ゼルギーが三代目として着任している。

第三に、子どもの売買・買春・ポルノに関する国連特別報告者がいる。これは、国連事務総長室ではなく、国連人権理事会に設置されているものである。第二節第三項で触れた『子どもの売買・買春・ポルノに関する子どもの権利条約の選択議定書』と関連が深いので、こちらも少し詳しくみておこう。

一九九〇年の子どものための世界サミットと九三年の世界人権会議では、とくに困難な状況におかれた子どもの保護の緊急性が再確認された。当時の国連人権委員会は、一九九〇年に「子どもの売買・買春・ポルノに関する国連特別報告者」を設置した。ウィティット・ムンタボーンが初代の特別報告者として着任し、九四年まで在職した。そして、二代目のオフェリア・カルセタ＝サントスが在職中の九六年に、ストックホルムにおいて、子どもの商業的性的搾取に反対する世界会議が、国際ＥＣＰＡＴ、ユニセフ、「子どもの権利条約ＮＧＯグループ」の三者によって共催された。三代目のファン・ミゲル・プティットが着任した二〇〇一年には、第二回子どもの商業的性的搾取に反対する世界会議が横浜で開催された。日本が開催国となり、日本の外務省、国際ECPAT、ユニセフ、「子どもの権利条約NGOグループ」の四者によって共催された。

国連人権委員会に代わって国連人権理事会が創設されてからは、現在の特別報告者であるナジャ・マーラが着任した二〇〇八年に、第三回子どもと若者への商業的な性的搾取に反対する世界会議がブラジルで開催され、子どもポルノの問題の深刻化がとくに議論された。

第四に、「ミレニアム開発目標」レジームとの関連で、ミレニアム開発目標に関する国連事務総長特別顧問をみよう。二〇〇二年、国連事務総長は、ジェフリー・サックスをミレニアム開発目標に関する国連事務総長特別顧問に任命した。国連ミレニアム・プロジェクトを指揮し、ミレニアム開発目標を達成するための具体的な計画づくりに着手した。二〇〇五年、『開発への投資――ミレニアム開発目標を達成するための実践的な計画』を国連事務総長へ提出した。[19]この報告書の作成にあたっては、一〇のタスクフォースによるテーマ別報告書で詳細に記述された提案が用いられた。これらのテーマ別報告書の基礎となる調査・研究には、世界中からの二五〇〇人以上の専門家が参加した。[20]

4　行為主体としての子ども

『子どもの権利条約』によって、子どもは、保護されるべき客体から、権利をもつ主体へと転換した。それでは、子どもを、国際社会における行為主体として捉えることは可能だろうか。

この問いについては、第二節第四項で触れた、第三の選択議定書が重要な意味をもっていると思われる。この二〇一一年の国連総会で採択された『通報手続に関する子どもの権利条約の選択議定書』は、その締約国の領域内にいる子どもに対して、国際機関へ直接的に通報できる可能性を開くことによって、国際社会における行為主体性を与えた。つまり、『子どもの権利条約』、『武力紛争における子どもの関与に関する子どもの権利条約の選択議定書』、『子どもの売買・買春・ポルノに関する子どもの権利条約の選択議定書』で保障されている権利の侵害があった場合、締約国の子どもを含めた個人または集団は、子どもの権利委員会へ通報できるようになったのである。[21]

おわりに、本章の議論をまとめておこう。まず、第一に、子どもの権利レジーム、第二に、「ミレニアム開発目標」レジームをみた。こうした子どものための国際レジームについて、とくに国家に注目し、国際的な規範の形成と、その実施を監視および促進することを含めた意思決定手続きを中心に考察した。それらを踏まえて、こうした国際レジームの構築とその実施を促すための活動を展開するうえで重要な役割を果たす、国家以外の非国家的な行為主体についてみた。国連機関では、『子どもの権利条約』の実現を使命とするようになったユニセフに注目した。市民社会では、八二のNGOが加盟するコンソーシアムである「子どもの権利コネクト」(旧名称は「子どもの権利条約NGOグループ」) を取り上げた。最後に、専門家が国連において発揮するリーダーシップの可能性をみた。

国連機関、NGO、専門家グループといった非国家的な行為主体は、世界政府が存在しない国際社会のなかで国家によって構築される国際レジームについて、それが実際に子どものために役立つように、さまざまな活動を展開できる可能性がある。とくに新しい非国家的行為主体として、当事者である子どもが注目される。『通報手続に関する子どもの権利条約の選択議定書』の締約国にいる子どもは、その行為主体性を国際社会において発揮する道が拓かれたことにより、子どものための国際レジームを強化するうえでみずから役割を果たせる能力をもつようになる。このことは、国家を筆頭とした既存の行為主体に対して、子どもという新しい行為主体の存在を示すことにつながるため、国際関係における行為主体の再検討を迫ることになるであろう。[22]

付記

本研究はＪＳＰＳ科研費２５５６０３８９の助成を受けたものである。

（1）　Stephen D. Krasner, "Structural Causes and Regime Consequences: Regimes as Intervening Variables," Stephen D. Krasner, ed., *International Regimes* (Ithaca: Cornell University Press, 1983), pp. 1–22.

（2）　赤根谷達雄「国際レジーム」、猪口孝・田中明彦・恒川惠市・薬師寺泰蔵・山内昌之編『国際政治事典』（弘文堂、二〇〇五年）、三五二頁。

（3）　山本吉宣『国際レジームとガバナンス』（有斐閣、二〇〇八年）、三四―三六頁。

（4）　勝間靖「国際人権レジーム」、齋藤純一編『人権の実現』（法律文化社、二〇一一年）、二一六―二三八頁。勝間靖「人権ガヴァナンス」、吉川元・首藤もと子・六鹿茂夫・望月康恵編『グローバル・ガヴァナンス論』（法律文化社、二〇一四年）、二二六―二二九頁。

（5）　子どもの権利レジームについては以下を参照。勝間靖「子どもを守る国際レジーム」、初瀬龍平・松田哲・戸田真紀子編『国際関係のなかの子ども』（御茶の水書房、二〇〇九年）、一九四―一九五頁。

（6）　『子どもの権利条約』については以下を参照。米田眞澄「子どもの権利条約と子どもの笑顔」、初瀬・松田・戸田編『国際関係のなかの子ども』、一九六―二〇八頁、森田明彦「地域的子どもの権利保障メカニズムの実現に向けて――北東アジア子どもの権利革命宣言」、勝間靖編『アジアの人権ガバナンス』（勁草書房、二〇一一年）、四六―六八頁。

（7）　エンパワーメントについては以下を参照。勝間靖「人権アプローチの視点からみた『子どものエンパワーメント』」、佐藤寛編『援助とエンパワーメント――能力開発と社会環境変化の組み合わせ』（アジア経済研究所、二〇〇五年）、一五七―一八〇頁。

（8）　子ども兵士については以下を参照。杉木明子「シエラレオネ内戦と子ども兵士問題」、初瀬・松田・戸田編『国際関係のなかの子ども』、九四―一〇六頁、勝間靖「子ども兵士をなくすためには？――武力紛争下の子どもを考える」、戸田真紀子・三上貴教・勝間靖編『国際社会を学ぶ』（晃洋書房、二〇一二年）、一七〇―一八三頁。

（9）　その後、二〇一一年に「子ども兵士インターナショナル（Child Soldiers International）」という名称で独自のＮＧＯ

として設立された。

（10）子どもの商業的性的搾取については以下を参照。勝間靖「子どもの性的搾取に反対する国際ネットワークの形成——当事者を中心とした「子どもの権利」ガバナンスの模索」、勝間編『アジアの人権ガバナンス』、一一二—一三二頁。

（11）勝間靖編『テキスト国際開発論——貧困をなくすミレニアム開発目標へのアプローチ』（ミネルヴァ書房、二〇一二年）、一—二二頁。

（12）http://www.childinfo.org を参照。

（13）http://www.devinfo.org を参照。

（14）http://www.mdgmonitor.org を参照。

（15）人権アプローチについては以下を参照。アジア・太平洋人権情報センター編『新たな国際開発の潮流——人権基盤型開発の射程』（(アジア・太平洋人権レビュー二〇〇八）現代人文社、二〇〇八年）、勝間靖「開発における人権の主流化——国連開発援助枠組の形成を中心として」、広島大学平和科学研究センター編『人間の安全保障論の再検討』（(ＩＰＳＨＵ研究報告シリーズ第三一号）、広島大学平和科学研究センター、二〇〇三年）、八五—一一一頁。

（16）勝間靖「国連児童基金（ユニセフ）」、日本比較教育学会編『比較教育学事典』（東信堂、二〇一二年）、一七八頁。UNICEF, *Annual Report 2013* (New York: UNICEF, 2014).

（17）http://www.childrightsconnect.org を参照。

（18）United Nations, *Impact of Armed Conflict on Children: Report of the Expert of the Secretary-General, Ms. Graça Machel* (A/51/306), (New York: United Nations, 1996).

（19）UN Millennium Project, *Investing in Development: A Practical Plan to Achieve the Millennium Development Goals* (London: Earthscan, 2005).

（20）http://www.unmillenniumproject.org/ を参照。

（21）『通報手続に関する子どもの権利条約の選択議定書』については以下の文献が参考になる。森田明彦&セーブ・ザ・チルドレン・ジャパン『子どもの権利条約新議定書（個人通報制度）——子どもには世界に助けを求める権利がある！』（萌文社、二〇一三年）。

(22)　国際関係における新たな行為主体を論じるものとして以下を参照。日本国際政治学会編『国際政治』第一一九号「国際的行為主体の再検討」（有斐閣、一九九八年）、日本国際政治学会編『国際政治』第一四九号「周縁からの国際政治」（有斐閣、二〇〇七年）。

10 インターネットの国際的な管理

筒井洋一

一　はじめに

一九六〇年代末から開発されてきたインターネットは、これまでの通信技術（テレビ、ラジオ、電話、電信、ファックスなど）のなかでもっとも早く、安価に地球全体に波及した技術である。それは、「自律・分散・協調」という技術原理にもとづいたポリシーによって運営され、政府の規制をできるだけ排除して運営されていた。技術者、企業関係者、研究者、市民が個人の資格で参加し、それぞれの自由な発想と互いの信頼関係に依拠することで、大きな発展をしてきた。すでに二〇〇〇年代頃からインターネットは、先進国はもとより、途上国においても社会のインフラとしての影響力を持ちはじめている。そのため、それ以前のようなユーザ＝管理者という管理・運用体制は、現状の少数の管理者と大多数のユーザという実態とかなりギャップが生じてきている。

インターネットのユーザが拡大するなかで、どのように運営体制を再構築するのかというガバナンスをめぐる議論が行なわれている。本章では、インターネットを取り巻くさまざまな環境変化におけるインターネットのガバナンスに関するケーススタディを提示して、人間存在にどのような変化をもたらすのかについて論じる。

二　サイバー時代の幕開け

一九六九年一〇月二九日、インターネット回線上で初めて情報が交換された。アメリカ国防総省の高等研究計画局が開発したARPANETは、当初カリフォルニア州とユタ州の大学と研究所に設置されたわずか四台のコンピュータ端末を結ぶネットワークに過ぎなかった。それが、現在では二〇億以上のユーザが利用するまでに広がっている。いまやインターネットは、人類の生存に不可欠な食料や水にかなり近いといわれるほど欠かせない存在となっている。インターネットは、世界中の人々を双方向で結ぶ、人類史上もっともグローバルなメディアである。郵便、電話、FAXなどの通信手段もあるが、それらは、海外との接続には高額の料金がかかるため、国内利用が主である。また、テレビ、新聞、ラジオといったマスメディアも、国内利用が一般的である。インターネットの先駆ともいえるパソコン通信も、海外との交流はできても、異なるネットワーク同士の接続は難しかったため、メールのやりとりなどの限定的なかたちでしか実現しなかった。

ところが、「ネットワークのネットワーク」であるインターネットの普及によって、これまでの障害を簡単に越えることが可能になった。すなわち、国内であれ、国外であれ、どことのやりとりであっても料金は変わらず、インターネットで相互につながっている世界中のネットワーク同士が、ほぼリアルタイムに接続されることとなった。インターネット登場前に障害であったすべてのことが、インターネットによって克服され、実現されたのである。

こうしたインターネットという技術の背景には、大きく分けて二つの側面がある。ひとつは、インターネットは軍事研究の産物であった。米ソ超大国による核戦争が勃発したときには、たとえ核攻撃を受けても軍事的指揮命令体系を維持する必要があると考えられている。従来のような中央司令部がすべてを統括する中央集権的なネットワーク体制では、司令部が破壊されれば、敵の攻撃に対して無力となる。そこで、核攻撃を受けても指示命令系統が生き残るために、明確な中央を持たない、自律分散的なインターネットの技術が採用されたのである。

第二次世界大戦後、ソ連との冷戦状態に入った米国では、地政学的な観点から南西部に軍の基地を増設し、航空宇宙産業の主要企業や研究機関をつぎつぎに太平洋岸地域に設けた。その時期に西部へ投入された大量の軍事予算によって、メインフレームのコンピュータ開発が始動したのである。つまりコンピュータ技術の振興には、軍事的なバックグラウンドがあったのである。

もうひとつは、一九七〇年代当時の米国西海岸における若者文化の影響を受けていたことである。スティーヴ・ジョブズが二〇〇五年にスタンフォード大学卒業式のスピーチで引用したのが、雑誌『ホール・アース・カタログ』最終号の一節であった。創刊者であったスチュアート・ブランドは九五年、『タイム』誌に「サイバースペースへようこそ――俺たちが今あるのはすべてヒッピーのおかげ」と題したエッセイを寄稿した。そこでは、パーソナル・コンピュータもインターネットもすべてカウンター・カルチャーが生み出したものと説明している。個人のかぎりなき自由と民主主義を旗印にしたこの動きは、いまでもソーシャル・メディアのなかに残っているし、最近のいわゆる「アラブの春」でフェイスブックやツイッターが活躍したが、ここに西海岸カウンター・カルチャー運動から連綿と続く、民主主義を推進するインターネットという伝統的な見方が表現されている。

インターネットは、軍事戦略とカウンター・カルチャーという二つの側面を抱えながら発展してきたのである。インターネットの理念である「自律・分散・協調」において、両者は意外に近い関係にある。軍事戦略の側からは、核戦争に耐えうる軍事的指揮命令系統を構築するには、「自律・分散・協調」という理念にもとづいて全国のコンピュータ・ネットワークを整備する必要があった。一方、カウンター・カルチャーの側からは、個々人の創造性を引き出すことによって、中央制御型の権力機構に対抗するツールとしてコンピュータやインターネットを捉えたのであった。このようにユートピア的な流れからネット・コミュニティを創造しようという流れの一方で、これを可能にしている現実空間における国民国家の影響も無視できないのである。インターネットの技術者達は、「互いに協力して案を練り、共同作業を行ない、仲間の評判を頼りにして、インターネットを育てた。彼らは、自律、言論の自由、無償であること、合意、寛容などの価値を、高く評価する職業倫理を打ち立てた[1]」のである。

三　インターネット・ガバナンスの変遷

本章では、インターネットの管理のあり方をインターネット・ガバナンスと呼ぶことにする。インターネットは、誰にでも開かれたオープンで、階層を持たないフラットなネットワークである。誰もが自由に参加でき、接続している相手ならば誰とでも自由に相互接続できる。ネットワークに関する技術がすべての人に公開され、原理的にはすべてのユーザが詳細な構造技術を知ることが可能であり、その対価としてユーザに利用上のあらゆる自己責任が課せられるシステムとなっている。つまり、ユーザ＝管理者という技術者や研究者のネットワークとしてインターネットが運営されてきた。

このことを端的に語っているのは、インターネットの技術標準化を扱うＩＥＴＦ（Internet Engineering Task Force）のモットー「われわれは王様も大統領も票決も拒否する。われわれが信じるのはラフ・コンセンサスとランニング・コードだ」というＭＩＴのデヴィッド・クラークが提唱した精神である。

それは、国家や企業の組織による強制力に依存するのではなく、組織から離れた個人として議論に参加し、そのなかでおおよその合意が得られた技術を、実際に動かしてみて、そのなかで技術標準を作っていく。このように、完璧さや正確さから出発するのではなく、トライアルをしながら徐々に完成度を上げていくなかで、結果的にユーザ・フレンドリーで持続可能なシステムが構築されてきたのである。

インターネットが爆発的な発展をした最大の要因は、自律分散システムにある。自律分散システムとは、全体を統合する中枢機能を持たず、自律的に行動する各要素の相互作用によって全体として機能するシステムのことである。各ネットワーク内での管理を行なえば、外部ネットワークにつなげるだけで利用可能となるため、外部ネットワークに接続しやすくなる。そのことによって、同時に、中央の管理業務も最低限に抑えられるのである。その結果、爆発的にネットワークが広がってきた。

インターネットのガバナンスは、「自律・分散・協調」型のネットワークとして発展してきた。ここでいわれる「自律」とは、他のネットワークと切り離されていても、個別ネットワーク内で交信可能となる自己完結的なネットワークのことである。「自律」したネットワークのなかでは、ユーザもネットワーク構成員としての義務を求められる。ただし、当初のインターネット時代は、ユーザ＝管理者の時代であったので、まさに「自律」的なユーザによるネットワークであった。しかし、現在は、ユーザと管理者が完全に分離しているので、伝統的な意味での「自律」は部分的な修正が求められている。

「分散」とは、技術的に、管理の中心を置かずに、ネットワークのそれぞれが機能分担して、全体として稼働するということである。いずれの国、企業、市民社会、個人であっても、対等の立場でネットワークの機能を担うのである。もし中央制御による指揮命令系統を作ると、核攻撃の対象となる。そこで、中央をたくさん作ることで、多くのネットワークがそれぞれ自律的に管理できた結果、核攻撃にも強く、強靱なネットワークが存続しうるのである。

最後に「協調」である。ＴＣＰ／ＩＰやＤＮＳという通信ルールを遵守するという技術的な標準化を進めてきている。協調は今日もなお有効であり、全体システムの機能は、サブシステム間の協調作業によって遂行されている。

こうした技術的特徴を持っているインターネットの世界では、上からの中央集権的な秩序をイメージさせるガバメントは採用されなかった。むしろ、ネットワーキングによる緩やかで、主体的な成員の参加による、ボトムアップ的な合意形成・秩序形成といったガバナンスの方が浸透しやすかった。前者は、意思決定システムとしては効率的だが、強権的になるおそれがある。それに対して、後者は、非効率的だが、広い合意を得やすくなるメリットがある。インターネットの世界では、ユーザのラフ・コンセンサスを重視する立場から、後者を選択したのだった。

インターネット・ガバナンスは、歴史的には二つの時代に区分できる。一九七〇年代初めから九〇年代前半までの第一期と、それ以後の第二期である。[2] 第一期は、インターネットの黎明期であり、インターネット・ユーザ自身がプログラムを開発し、具合が悪ければ自ら直すという、ユーザ＝開発者＝管理者という自助努力的・相互扶助的な仕組みが形成されていた。つまり、技術者や専門家だけの小さなコミュニティで成り立っており、ネットワークのルールは自分たちで作る習慣が一般的であった。

この時期には、後にインターネット・ガバナンスをめぐる激しい論点となるドメインネームやＩＰアドレスの管理もボランティア的に行なわれていた。このようなセルフガバナンス（自己統治）的な管理に対して、誰も異議を唱えることはなかったし、それで何ら支障はなかったのである。

第二期には、それ以前の時期とは以下の点において大きな違いがある。先進国では、あらゆる人々がインターネットを利用し、社会活動を営み、社会を形成している。発展途上国でも、急速な拡大をしており、社会生活において無視できない存在となっている。このようにいまやインターネットは、社会のインフラストラクチャーになり、人類の共有財産となった。つまり、「作る」人、「動かす」人だけのインターネットから、「みんなが使う」社会資本としてのインターネットへと変貌しつつあるのである。

これほどまでに成長し多大な影響力をもつネットワークを、誰がどのように管理するかという方法と仕組みの問題に、国家自身も強い関心を持つことになった。

四　ガバナンス組織と国際的な広がり

一九九〇年代半ばまで、インターネット・コミュニティは、中央集権的な統制とは無関係に発展してきたが、根幹の部分であるドメインネーム、IPアドレスだけは集中管理していた。南カリフォルニア大学情報科学研究所のジョン・ポステルが当初からボランティア的に管理していたのである。彼への信頼感が絶大であったため、以前は何の不都合もなかったが、九〇年代後半から商業主義的な関心が高まってきて、ドメインネームの価値が一気に高まった。ドメインネームが企業の商標的性格を持ちはじめたために、よりわかりやすく、より簡単なドメインネームに向けて当事者間の紛争が頻発したのである。ポステルは、増大する業務をさばくために、研究所内にIANA（Internet Assigned Numbers Authority）という組織を創設した。これは、インターネット協会（Internet Society: ISOC）などのインターネット・コミュニティの支持を得ていた。

米国政府は、米国抜きの動きに対して危機感を感じていたが、一九九八年六月五日、「ホワイト・ペーパー」[3]を発表した。多方面からの批判を踏まえて、民間によるボトムアップ的な運営というインターネットの原理を維持しながら、新法人の機能、組織形態などの具体的な内容はすべて民間に委ねるとした。これにもとづき、九八年秋にICANN（Internet Corporation for Assigned Names and Numbers）が創設された。ICANNは、米国で法人登記した民間の非営利法人であり、その主たる業務は、ドメインネーム、IPアドレス、プロトコル、ルートサーバなどのインターネットの基盤資源を、民間主導でグローバルに調整することである。[4]これによって、セルフガバナンスに則ったかたちでの新しい管理運営機構が誕生したのであった。

このようにICANNという組織の存在そのものがインターネットのセルフガバナンスの象徴であると同時に、矛盾の妥協点であった。つまり、インターネットは中央集権的な管理組織を持たないと言いつつも、IPアドレスとドメインネームはインターネット上で一義的に決めなくてはならないため中央集権的組織を必要としているのである。インターネットを誰がどのように管理すべきなのかについては、不明確なままである。

また、二〇〇三年から〇五年にかけて国連で開催された世界情報社会サミット（World Summit on the Information Society: WSIS）に対する関心も次第に高まっていった。経済発展のめざましい途上国政府による、インターネットの管理権限を国際電気通信連合（International Telecommunication Union: ITU）などの政府主体の国際機関に移管せよという主張も強まってきていた。

発展途上国からの批判の多くは米国政府の対応がより国益重視に変わったことに起因する。とくに、九・一一事件以後、二〇〇六年九月に米国政府は、今後三年間は、同省がＩＣＡＮＮの監督を続け、ＩＣＡＮＮの組織としての安定性、透明性、信頼性に関する審査を一八カ月ごとに行なうという方針[5]に転換したのだった。

ＩＣＡＮＮによるインターネット・ガバナンスの議論は、インターネット・コミュニティにとどまるものではなく、国連を中心にした世界情報社会サミットへとつながっていった。当時、インターネット・ガバナンス問題は、発展途上国が情報化の恩恵にあずかれないとすれば、南北格差が情報イシューにも広がり、デジタル・デバイド問題が深刻化するおそれがあった。

二〇〇〇年七月に沖縄サミットのなかで、「沖縄ＩＴ憲章」が発表され、ＩＴの可能性とデジタル・デバイド問題について「Ｇ８デジタル・オポチュニティ・タスクフォース」（ドット・フォース）を設置した。二〇〇一年の国連総会でＩＴＵがＷＳＩＳの事務局を担当することが決議された。

国連は、二〇〇三年一二月にジュネーブ（第一フェーズ）で、さらに二〇〇五年一一月にチュニス（第二フェーズ）で世界情報社会サミットの開催を決めた。情報社会についての共通ビジョンの確立および理解の促進を図り、このビジョンの実現に向けて協調的に発展を遂げるための宣言および戦略的な行動計画を策定するため、各国政府首脳、国連専門機関、民間部門、市民社会、NGO等広範な分野からの参加を得て、国連行事として開催することになった。二〇〇三年一二月、一七六カ国政府代表および国際機関、産業界、市民社会などの代表合計一万人以上がジュネーブ会議に参加した。議題には、インターネット・ガバナンスの問題が含まれており、これがICANNからの参加者やインターネットの発展に関わってきた人々にとって大きな関心事となっていた。

中国は、アメリカ商務省が管理するドメインネームに関する政策問題は、ITUなどの国際機関が決定すべきだと主張した。中国の問題提起に途上国が呼応し、米国によるインターネット支配という南北問題のイシューとなった。会議の結果、原則宣言(6)(Declaration of Principles)が採択されたが、インターネット・ガバナンスについては、第二フェーズに結論が先送りされた。

第一フェーズにもとづいて設置されたインターネット・ガバナンス作業部会(Working Group on Internet Governance: WGIG)が二〇〇五年六月に報告書(7)(*Report of the Working Group on Internet Governance*)を提出した。しかし、そこでは、インターネットの課題(接続・資源問題、サイバーセキュリティ、ICANN、知的財産権、電子商取引、競争政策など)を包括的に取り上げることで、ガバナンスをICANN問題に限定することではなく、むしろより広い問題へと拡散させた。

世界情報社会サミット第二フェーズのチュニジア会議(二〇〇五年一一月)においても、従来どおりICANNを中心とした民間主導による管理を主張する米国や日本らと、国連やITUなどを中心とした政府主導による管理を主張する中国やブラジルなど、そしてそのあいだにいるEUや途上国などがそれぞれ独自の主張を行なった。

本会議で採択された基本合意(「チュニス・コミットメント」、「チュニス・アジェンダ(8)」)の主要な論点は三つである。まずインターネット・ガバナンスは、ドメインの管理以外にも、スパムやセキュリティ問題などの幅広い問題を含んでいることを再確認した。つぎに、ICANNを含むこれまでの管理体制は維持しつつ、継続して検討すること。そして三つ目に、この問題について「マルチステークホルダー」方式による「インターネット・ガバナンス・フォーラム（IGF）」の設立を国連事務総長に要請し、第一回会合はギリシャのアテネで二〇〇六年第2四半期までに開催することを決定した。結果的には、管理問題は決着せず、IGFに先送りすることになったのである。

IGFの第一回総会は二〇〇六年一〇月二九日から一一月二日まで、アテネで開かれた。すでにIGFの議題として、総会の全体テーマである「発展のためのインターネット・ガバナンス（Internet Governance for Development）」のもとに、スパム、多言語主義、サイバー犯罪、国際接続料金、デジタル・デバイドなどが上がっている。それらについて「開放性」、「多様性」、「セキュリティ」、「アクセス」の四つの視点で議論することなどで合意した。

会議の特徴の第一は、インターネットの国内利用や表現の自由を制限している国々に対する批判である。中国政府が一部のサイトや単語を制限しようとして、グーグル、ヤフーなどがそれに応じたシステムを提供していることへの批判が論議された。

もうひとつは、IGFでは拘束力のある結論は出さず、政府や市民社会、ビジネス界、学術界の代表者に公平な立場から未解決の問題を議論するチャンスが与えられた。

さらに、インターネットの管理問題の焦点が、ドメインネームやIPアドレスの管理を担当するICANNの問題から、より広いインターネットの制度全般の検討に移ってきた。

このようにIGFでは多様なテーマがマルチセクターで議論され、ガバナンス問題の包括的な議論の場としては意味があったが、ガバナンス問題の根幹であるICANN問題については、何らかの決定をする場ではなく、討論の場として位置づけられたことで、管理問題自体への関心が急速に薄れることになった。

こうした動きを促進することに貢献したのが、IGF第五回会議直前の二〇〇九年九月に、米国とICANNとのあいだで締結されたDNSに関する「責務の確認[9]（Affirmation of Commitments: AoC）」であった。そこには、ICAN

Nの諮問機関として、「政府諮問委員会（Governmental Advisory Comitee: GAC）」を設置することが盛り込まれていた。WSISやIGFの議論を経て、米国から完全に独立した国際管理機関の設置でなくとも、途上国の主張もかなり盛り込まれる形態での妥協が成立したことで、ICANNの管理問題は一段落したのである。これは、ICANNの管理体制がそれなりに順調に進行しているために、新たにITUによる国家的な管理体制に移行しなくてもよいという認識も生まれてきたからである。

五　伝統的ネットワークと商業主義の相克

二〇一二年の世界のインターネットユーザ数は約二四億人で、総人口の三〇パーセント以上がユーザになっている。[10]地域的には、アジアが四四・八パーセント、欧州が二一・五パーセント、北米が一一・四パーセントなどでアジア地域の割合が非常に多くなっているし、今後の成長も見込まれている。第一位の中国のユーザ数は約五億三八〇〇万人、第二位の米国が二億四五〇〇万人、第三位のインドは一億三七〇〇万人、日本は約一億人で現在四位である。中国もインドも日本の一〇倍以上の人口なので、今後、こうした国々の利用者数はさらに増加するであろう。[11]また、iPhoneなどのスマートフォンの普及によって、PCベースの利用以外に、モバイル端末の利用も急増している。

米国の通信大手企業シスコ（Cisco Systems）社の報告によれば、世界のIPトラフィック量は、二〇一六年には年間一・三ゼタバイト（一ゼタバイトは一〇の二一乗バイト＝一兆ギガバイト）に達する。二〇一五年から一六年までの一年間だけで、世界のIPトラフィック増加量は三三〇エクサバイトを超え、その量は二〇一一年の世界のIPトラフィック総量（三六九エクサバイト）にほぼ匹敵すると予測されている。[12]また、米連邦通信委員会（FCC）が試算した、基地局あたりのトラフィック予測[13]でも急拡大を指摘している。それによれば、二〇〇九年を一〇〇パーセントとした場合、二〇一二年時点で六一二パーセントに拡大し、一三年には同九二五パーセント、一四年には一二五〇パーセントへと伸びる。

このような利用者数やデータ量の急激な増加は、インターネットの将来的な有用性を物語っているが、同時に、これまでのインターネットを支えてきた構成員の自覚、責任、自発性、善意をよりどころとする自己統治型のシステムが果たしていつまで通用するのだろうか、という疑問が生じる。まさにこうした「ガバナンス」の内実が問われているのである。

伝統的なインターネットのガバナンスは、「自律・分散・協調」原則で運営されている。この原則は、当初は、技術原理として語られていたが、やがてインターネット・ガバナンスの原理へと拡大されていったのである。

「自律・分散・協調型」ネットワークは、すべてに開かれたオープンなネットワークである。技術的には当初の設計思想にもとづいて安定稼働しているが、インターネットの有用性が飛躍的に高まった結果、もはや当初想定していた伝統型のネットワークだけで支えることが難しくなっている。

その一方で、商業主義的なネットワークも飛躍的に広がっている。これは、新しい顧客を確保して、企業の経済的な利益を確保しようという流れである。もちろん、この流れは一概に否定すべきではない。彼らが新しいサービスやビジネス展開を行なっていき、ユーザにその利益が還元される限りは大いに歓迎すべきことである。しかし、「自律・分散・協調」を堅持するなかで、商業主義の流れをどれだけ取り込んで、どのように制度化するのかについては、依然課題のままとなっている。まさに純粋なネットワークと商業主義のネットワークの相克である。

商業主義のネットワークがリアルの世界と連動しながらますます拡大していくなかで、「自律・分散・協調型」ネットワークシステムに対する負担は過重になってくる。しかし、商業主義の流れは、他企業との競合のなかで、顧客を囲い込み、独自サービスを提供する以上、閉鎖的な側面が避けられない。ネット回線がより高速になるペース以上の勢いで、魅力的なサービスやアプリケーションが拡大してきた。一般ユーザにとっては、ネットワークは手段であって、サービスやコンテンツ自体に興味があるのである。そのような一般ユーザが増加するにつれて、回線上でのデータ量も飛躍的に増加したことで、通信インフラにかかる負担も飛躍的に増大してきた。こうしたなかで、ネットワークの負担を誰がどのように担うのかについてのルールづくりが望まれているのである。こうした議論が本格的に始まったのが二〇〇五年頃からで、いわゆるネットワークの中立性問題という新たな問題が米国を中心に議論されるようになった。

この問題は、主として電話会社、ケーブルテレビ会社、インターネット接続事業者（ＩＳＰ）などのネットワーク事業者と、グーグル、アマゾンなどのコンテンツ・アプリケーション事業者とのあいだでの争いとなっている。しかし、この問題は、直接的には企業間での利害対立として顕在化しているが、むしろ回線上を流れるデータ通信に対してどのように対応するのかというのは、「自律・分散・協調」のインターネットの基本原則と大きく関わるのである。

ネット上に魅力的なサービスやコンテンツが広がる一方で、特定のアプリケーションなどが帯域を混雑させる事例が生じてきた。そうしたなかで、二〇〇五年三月、ノースカロライナ州のネットワーク事業者であるマディソン社が自社のＩＰ電話サービスを有利にするために、競合他社ボネージ社のＩＰ電話サービスを利用できないようにアクセス制限をかけた。マディソン社のように、自社の中核事業やコンテンツが、他社との競争にさらされた場合、プロバイダーは優越的な地位を使って、競合事業者に不利な対策を取りたいという誘惑にかられる。

ネット利用の急速な拡大は、サービスやアプリケーションを展開するコンテンツ・アプリケーション事業者に莫大な利益をもたらす一方で、ネットワーク事業者は帯域混雑のコスト負担をするうえに、そのサービスから直接利益を得ることができないという利益の相反性が生じる。(14) 後者は、前者に対してただ乗りという批判をし、前者は、後者に対してすでに回線使用料を支払っており、追加のコスト負担は二重払いになり不当だという反論をする。こうした政府やプロバイダーはネット上のすべてのデータを平等に扱うべきだという立場をコロンビア大学大学院のティム・ウーは「ネットワークの中立性[15]（Network Neutrality）」と名づけた。

たしかに中立性といっても、立場や視点の違いによっても論点は多様である。[16]たとえば、企業同士の関係から見た場合には、競合企業のサービスやコンテンツを正当な理由なく制限しないことを意味するが、ユーザの立場からすると、ほんのわずかのユーザが帯域の大半を占有している事態に対して、どのようにユーザを公平に扱うのかということになる。このように中立性概念は非常に多様で、一律に限定するのが難しい。けれども、回線使用量の飛躍的増大の一方で、ネットワーク容量のキャパシティが不十分である事実に変わりはない。ネットワークの混雑問題は、ネットワーク事業者が利用者の需要に対して十分な容量を確保するための投資をしていないことから生じている。もちろん、投資に見合うだけの収益を得られるのであれば、自発的に投資をするであろう。そのような収入を得るにはどのようなメカニズムが必要なのだろうか。こうした事実に対して、政府、業界団体、企業がどのような対応を取り、合意のもとでのルールづくりを行なうのかが問われているのである。

米国でネットワークの中立性が問題となった背景としては、共和党政権の規制緩和策により、連邦通信委員会（Federal Communications Commission: FCC）が電気通信事業者の事業展開に対するコントロール権限を喪失してきたことがある。それによって、垂直統合型ビジネスモデルを通じたブロードバンド市場の寡占化という事態がもたらされた。その結果、ユーザにとって、ネットワーク事業者の選択肢はほぼ二つ（ケーブルテレビか、電話会社か）に限られており、ネットワーク事業者の影響力がきわめて大きくなった。ただ、そうしたなかでもコンテンツ・アプリケーション事業者が急激に収益を上げていることから、ネットワーク事業者からの反発が激しいのである。

二〇〇五年九月にＦＣＣが「ブロードバンドに関する指針（Broadband Policy Statement）」という異例のステートメント（行政指導）を発表して、中立性堅持の姿勢を見せた。これは、インターネットのユーザが、㈠どのようなコンテンツやサービスにも、㈡どのような機器からでも、㈢適切な手段によって、アクセスできることを保証すべきである、という内容で、後にFCC中立性ガイドラインと呼ばれるようになる。[17]

二〇〇七年、米国大手ケーブルテレビ会社コムキャスト社がファイル交換ソフト Bit Torrent のトラフィックだけを制限する事件が発覚した。FCCは、二〇〇八年八月、コムキャストに対して、「ネットワークの中立性」に反するとして、ネットワーク管理手法の改善を求める命令を出した。それに対して、コムキャストは、この決定を不服として裁判所に提訴し、二〇一〇年四月、裁判所はFCCの決定を無効とした。

もちろん、その後も中立性問題は継続したが、この問題は米国では共和党と民主党のイデオロギー的な対立とも重なってきた。ネットワークの中立性推進を公約に掲げたオバマ候補が、二〇〇八年一一月に大統領に就任した。オバマの通信政策ブレーンであるジュリアス・ジェナコウスキーがFCC委員長となり、二〇〇九年九月に中立性推進を方針化した。コムキャスト判決を考慮して、ネットワーク事業者の反対を最小限にしつつ、中立性を推進する方針を二〇一〇年五月、「第三の道[18]（The Third Way）」として提案した。それは、規制内容を最小限にしながらも、あくまでもFCCの規制権限を維持することを意図したものであった。

しかし、ネットワーク事業者としては、判決によってFCCに規制権限がないことが明確になったにもかかわらず、FCCが基本的な枠組みを変更しない提案には強く反発した。妥協点が見いだせないなかで、二〇一〇年一〇月中間選挙で民主党が歴史的な敗北をしたことで、事態は混沌としてきた。これを受けて、FCCは、同年一二月に、新たな規則を決定した。それは、以前の方針とは異なり、あくまでも原則論を述べ、個別事例ごとに判断するという、より穏健な内容であった。

ただし、コムキャスト判決では、FCCは規制権限を有しないという判決が下ったのであり、こうした妥協案に対しても、こんどは、米国第二位の通信企業ベライゾンが、二〇一一年一月、FCCを訴えることとなった。しかし予想に反して、同年四月、裁判所はFCCに有利な判決を出し、事態はさらに複雑になっていった。二〇一二年一一月にはオバマ大統領の再選が決定したが、その一方で、議会は中間選挙で圧勝した共和党が多数を占め、大統領と議会のあいだでのねじれ現象が生じている。そのため、中立性問題がどのような進展を見せるのかについてはもう少し時間が必要である。

六　ネット空間の変容

学術目的のネットワークとして誕生したインターネットは、「自律・分散・協調」にもとづく伝統的なネットワークとして広がっていったが、二〇〇〇年代になってこれまでとは異なる三つの流れが大きくなってきた。

第一は、インターネットが途上国などに地理的に拡大したことである。WSISやIGFでは、米国中心のドメイン管理方針に途上国から異議が唱えられ、当初は、技術問題であった議論が南北問題という政治問題化していった。しかし、現状では米国側がかなりの歩み寄りを見せたことで、ICANNを中心としたドメインネームの管理体制を維持することでとどまっている。

ただし、現状は政治的妥協の産物であり、本質的な解決策を提示しているわけではない。インターネット・ガバナンスが取り扱う範囲はかなり広い。何を規制対象にすべきかという社会的合意形成、善悪やマナーについての社会的な基準の確立、治安維持、プライバシー保護のルール、知的財産保護のルール、ネットのオープンさの確保、ネット接続の自由の確保など、多岐にわたる側面で合意形成が必要である。

かといって、ネット空間のルールは、ネット空間のみで適用されるものではなく、むしろ、逆に、現実空間のルールを適用できるものが多い。たとえば貿易問題であれば世界貿易機関（WTO）、知的財産の取り扱いは世界知的所有権機関（WIPO）で決めればよい。サイバーセキュリティに関しても、INTERPOL（国際刑事警察機構）がある。ネット特有の現象として、有害行為の加害者と被害者が別々の国や地域に分かれることがあるが、警察権の行使や裁判管轄をどの国に置くべきかについて国際ルールが必要である。

このようにガバナンス問題は、単純に南北問題という政治問題でとらえるべきではなく、むしろ途上国へもインターネットの利用が拡大するなかで、「自律・分散・協調」原則についての検討が必要である。

第二は、サイバーセキュリティの重視である。インターネットは、ユーザの端末間で情報を制御できるシステムである。そのため、ユーザは、自らプログラムを操作して、悪意ある行為を行なうことが可能となる。伝統的なネットワークの時代であっても、悪意を持った行動はたびたび行なわれていたが、たとえそうした行動があったとしても、それを自律的に制御してきたのである。けれども、商業主義が本格的に波及し、また、ネットを利用した悪意ある行動が大量に生み出されてきた現在においては、インターネットの脆弱性に対して、どのような対抗が可能かということが注目を浴びている。

二〇〇三年WSISジュネーブ会議後に発表されたWGIG報告書には、ICANN管理問題と並んでインターネットの諸課題が列挙された。そのなかで、システムの信頼性や安全性を高めるサイバーセキュリティが強調された。当初のハッキングは、技術力を誇示するためにハッカーが企業や政府サイトに侵入するというものであったが、コンピュータ・ウイルスの登場によって、個々のコンピュータのセキュリティないし、コンピュータに保存されているデータや情報のセキュリティが問題となった。今日では不法な経済的利益を意図した組織的な犯行が横行し、サイバーテロも行なわれている。さらには、主権国家やその周辺組織が相手国への諜報活動や敵対的行動として実行することも行なわれている。

また、サイバー・ウォーが大規模に行なわれた例は少ないものの、常にその危険性は指摘され続けている。ウェブ・サーバーの中身が書き換えられたり、「ＤＯＳ攻撃（Denial of Service Attack）」といわれる手法で一時的に通信が遮断されたりすることはすでに日常茶飯事といっていいだろう。さらに、二〇〇一年の対米同時多発テロ（九・一一事件）以後、通信傍受など政府によるインターネットへの介入の度合いが高まっている。

サイバースペースを防衛することは一国だけの問題ではない。サイバー攻撃はどこから侵入してきて、自国のサイバースペースから情報窃取やシステム破壊を行なうかわからない。二〇一三年二月七日、欧州委員会は、欧州連合外務と安全保障政策上級代表と共同で、ネットワーク・情報セキュリティ（Network and Information Security: NIS）関連の指令提案を盛り込んだサイバーセキュリティ戦略を公表した[19]。二〇一三年二月一二日の一般教書演説[20]において、再選されたオバマ大統領は、サイバーセキュリティに関する大統領令に署名したと述べている。

より巧妙になり、より過激になる危険をはらみつつも、サイバーセキュリティ問題への対処は、インターネット・コミュニティのなかでも検討されている。インターネットの中核的な組織であるＩＳＯＣ、それに技術標準化を志向するＩＥＴＦ（Internet Engineering Task Force）、ＩＧＦなどの議論と国家間での議論が連携しながら対処する必要がある。

第三は、商業主義の流れである。ユーザのネット利用率が上がり、ブロードバンドにとどまらず、モバイル通信やスマートフォンによるトラフィックデータの加速度的な増加によって、それを解消するために、ネットワーク事業者による帯域制御事例が頻繁に起こりはじめた（ネットワークの中立性問題）。米国では政争となり、わが国でも業界団体による自主規制で対処している。しかし、これはあくまでも暫定的な措置であり、トラフィックがさらに逼迫するとどうなるかは未知数である。

トラフィックの混雑解消には、ネットワーク事業者が設備増強の投資意欲を高めることが必要である。しかし、インターネットの性質上、どのネットワーク事業者がどれだけの回線容量を維持しているかという正確な分析ができない。むしろ、正確な配分が明確になれば、配分まで達するとそれ以上の投資意欲がわかない恐れがあり、かえって混雑することになる。

そこで、こうした緻密なデータ分析に進むよりも、むしろネットワークサービスの提供方法を変えることも検討すべきである。一般に、ＩＳＰとネット接続契約をする際には、ベストエフォート方式と定額料金制が含まれている場合が多い。これらの契約形態を変えることにも検討の余地がある。ベストエフォート方式は、ネット接続状態に関して「性能や品質は保証しないけれど、可能な範囲で最善を尽くす」という、互いに信頼しながら支え合う伝統的なインターネットの理念にもとづいている。しかし、いくつかのネットワークを経由したトラフィックのどこかで混雑が生じても、どのネットワークに原因があるのかを技術的に突き止めることができない。とすれば、投資意欲を減退させたネットワーク事業者がいても、目立たないことになり、事業者には混雑回避という積極的なインセンティブが生じない可能性もある。それが連鎖的に広がっていくことでネットワーク全体のパフォーマンスが減退するとすれば、ユーザに甚大な被害が及ぶ。

そこで、アイデアとして、ベストエフォート方式を見直す（何らかの従量制か、段階料金制）のか、それとも、ベストエフォートを厳格化するのかのいずれかの方向性が考えられる。ただ、ベストエフォートの見直しは、ユーザに負担を転化するだけでは、競合他社に利用者が逃げるリスクを覚悟しないといけない。むしろ、何らかのメリットを重ねながら見直しを行なうことでリスクヘッジとなるであろう。

前記とは逆に、ベストエフォートの厳格化というアイデアもある。現在のベストエフォート方式では、事業者によってその回線品質にかなりの差があるが、回線品質の低さ自体を改善する意欲を誘発する仕組みがない。そこで、むしろ、ネットワーク事業者が提供すべきネット接続の最低品質を制度的に決める道もある。ＥＵでは、二〇〇七年から議論され、〇九年一一月に「電子通信規制パッケージ[21]（Regulatory Framework for Electronic Communications in the European Union）」（テレコム・パッケージ）が可決された。ベストエフォートの最低限の品質を各国規制機関が決定するというものである。最低品質をどのように決めるのかについては、今後の議論を待つ必要がある。けれども、規制機関が政府なのか、業界団体なのかは別にしても、何らかの規制によって、ネットワーク事業者の投資意欲を引き出す仕組みは必要である。

また、ユーザの利用時間や利用量の上限を設けない定額料金制は、ユーザが料金を気にせず利用できるという大きなメリットがあるが、同時に、その安心感から過剰利用に駆られやすいデメリットもある。これまでこの制度に長く慣れ親しんできた利用者に、現状からの転換を求めることは困難をともなうが、長期的な安定性を考えれば、ベストエフォート方式と並んで検討が必要である。二〇一二年一一月一三日、カンザス州において、グーグルが超高速インターネットサービス“Google Fiber”を開始したことは、従来のネットワーク事業者とコンテンツ・アプリケーション事業者との関係を転換させるインパクトがある。その後、テキサス州やユタ州などへも拡大しており、こうした動向の展開が注目される。

いずれにせよ、ネットワーク事業者の投資意欲を刺激し、特定ユーザの帯域混雑行動を押さえながら、通信環境の安定を図ることが重要である。ただ、その際には、ユーザの表現の自由を守ることや、制限するにあたっての情報開示と明確なルールづくりが不可欠である。そのためにも、企業の自由な行動に委ねるのではなく、国家による規制も含めて、ユーザや技術者の意向を踏まえながら進める必要がある。

以上のように、インターネットユーザが途上国など地理的に拡大したこと、サイバーセキュリティの必要性が高まったこと、商業主義の流れなどの動きが連動しながら、拡大し続けているのがインターネットの現状である。こうした動きは、今後、広がりこそすれ、留まることはない。これらがネット社会とどのような折り合いをつけるのかが今後の課題となる。ただし、ネット世界のなかで起きている問題は、ネット固有の問題というよりも、むしろ現実空間における国民国家同士の協議や連携が不充分であるがゆえにネット世界のなかで集中的に表われていることも事実である。ネット規制がすべての解決策ではなく、むしろ現実空間での議論と重ね合わせながら前進すべきである。

七　インターネットと人間存在

第六節までは、主として、伝統的なインターネットの原則に現実空間の国民国家からの影響がどのように波及してきたのかについて記述してきた。しかし、インターネットが及ぼす変化はこうした国家的な枠組みにとどまらず、人間の社会生活のより広い分野にも及んでいる。

日常生活において、人々は、現実空間での活動とともに、ますますネット空間で活動する時間が増大してきている。隣にいる人とも、直接話すのではなく、コンピュータ越しのやりとりで済ますこともあながち珍しくなくなった。こうしてネット空間で活動する時間が長くなった結果、時間や空間の拘束から極端に自由となったコミュニケーションを行なう人間が増えている。世界がますます狭くなり、個人はますます広がっているのである。

その変化は、第一に「時空間のコンバージェンス」と呼ばれる。かつて、交通技術の発達によって地域から地域へと移動する時間が歴史とともに短くなっていく状態を「時空間のコンバージェンス」[22]と呼んだ。しかし、近年では、この概念がインターネットによる、時間や空間の壁を超えた世界規模での交流にも使われるようになった。このままインターネットの発達と普及が進めば、仕事や日常生活のなかでネット空間の占める割合がさらに高まっていく。それにつれて、場所や距離の持つ意義はしだいに弱まっていき、限りなく距離が無視されるような、距離の死（death of distance）へと近づいていくのである[23]。

「時空間のコンバージェンス」のもうひとつの現象として、インターネットのコミュニケーションは、そのコストが限りなくゼロに近くなるということがあげられる。ユーザがどれだけ長時間大量にインターネットを利用していても、ほとんど追加コストはかからない。このようにインターネットでは、物理的な距離やコストはほぼゼロに近づくのである。

ここでいう距離とは、物理的な距離だけでなく、社会的な距離も意味する。海を越え、言葉や民族が変わるという物理的な意味での周囲の世界とのギャップ＝距離は、インターネットによって瞬間的にグローバルにつながり、しかもコストがゼロというメカニズム（距離の死）によって、根本的に変化せざるをえない。それによって、従来、現実空間のなかで成立してきた、物理的な領土に区切られ、その領内の人々が主体であり、対象でもある法治制度による国民国家という社会・文化の基本的枠組みまでもが、インターネットの潜在的な破壊力の前に揺らいでいるのである。たとえば、サイバーセキュリティ問題において、事件の被害者がある国に住み、加害者が別の国に所属している事例が多発しているが、これは、時空間のコンバージェンスから生じる典型的な事例である。

時空間のコンバージェンスという現象は、距離を限りなく無視できることから、現実空間の世界が狭くなっていることを表現している。それを個人の側から見ると、逆の現象が見える。つまり、人間を取り巻く世界が収斂してきた結果、人間の活動の余地は相対的に大きくなっていく。これは、輸送手段や通信メディアによって、距離の拘束を超える人間の能力が拡大しているのであり、それをマーシャル・マクルーハンは、「人間の拡張（human extensibility）[24]」と呼んだ。メディアを使うことによって、組織や国境を越えて、個人が自由に情報発信することが容易になり、個人の活動が与えるインパクトも大きくなったのである。

もちろん、電子メディアやインターネットの発達によって、ネット空間のなかに、身体をともなわないネット・コミュニティが形成されることで、民主主義が促進されるという伝統的な主張[25]もあるが、その実現には課題もある。現実には、むしろネット空間のなかに、現実空間の影響が浸透してきており、本章のケースのようにネット空間において国民国家の影響力が強まっている。そのため、ネット空間での民主主義的な動きが現実空間にそのまま転化されるというのは無理がある。かといって、逆に、ネット空間の原則をすべて現実空間に合わせようとすれば、「自律・分散・協調」という技術基盤とコミュニケーション手法で運営されているネット空間自体が機能しなくなる。インターネットが広がってきた最大の理由は、利用が簡便でユーザの自由度が大きいからだ。この特徴をなくすことなく、どのようにネット空間を活かしていくのかが問われているのである。

では、ネット空間の伝統や原則を完全に否定するアプローチと、現実空間の拘束から完全に自由なネット空間を求めるアプローチのいずれをも採らないとすれば、ネット空間と現実空間の両方を生きているわれわれは、日常生活にとどまらず、インターネット・ガバナンスや国際関係分野においてどのような視点を保持すればいいのだろうか。

インターネットは一九九〇年代半ばから本格的に世界に広がりはじめ、二〇〇〇年代に入って発展途上国まで広がり、今後さらに広がることになる。現在は、インターネットが伝統的な研究者のコミュニティであった時代から脱して、世界の一般市民にまで広がりを迎えた時代である。この時代には、国境を一瞬にして越えることが可能なメディア（インターネット）が、まだそれに慣れ親しんでいない人類全体に対して、新しい挑戦を突きつけているのである。グローバルに広がって利用されるインターネットには、同時に、グローバルに実効力をもつルールの存在が求められる。ビジネスから日常生活に至るあらゆる場面を想定し、ユーザの数も範囲も大幅に拡大された現在のすべてのステークホルダーに共通に受け入れられるルールを制定し、確実に実施されるようにすることは容易ではない。けれども、インターネットの運用・利用についてのルールづくりとその実施は避けて通ることができない[26]。

こうしたルールづくりを考える際に必要なのは、ステークホルダーの狭い利害に終始するのではなく、インターネットが依拠する「自律・分散・協調」原則を前提にすることである。インターネットの世界では、商業主義やサイバー犯罪の弊害がありつつも、その一方で、世界の災害、貧困、病気、差別、人権などを取り上げるＮＧＯ／ＮＰＯや市民の動きも急速に伸びている。「自律・分散・協調」原則は、こうした活動と非常に親和性がある。

近代社会は、資本主義経済を促進させた利己的な個人を前提としてきたが、同時に、グローバルな問題群への関心も高い。一九九五年阪神・淡路大震災では、国内外から二〇〇万人以上のボランティアが駆けつけてきたし、二〇一〇年から始まったアラブ諸国の民主化に向けた国際的な支援活動も行なわれてきた。こうした支援の動きは、近代社会で想定された、個人の自由の最大化を表現する利己的な個人と同時に、連帯、支援、公益などの意識を持つ個人が担ってきたのである。たとえば、先進国には企業家として企業経営に邁進しながら、同時に公益的な関心を持っている個人も多数存在する。こうした個人のことを、ヘルムート・バーキングは、「自己実現という意図を持ちながら、社会を変えていくことを目指して行動する」[27]市民と表現している。

インターネットによってわれわれはより広い世界との接点を持つことができるし、その可能性はますます広がってきている。それと、自分自身の利益とをどのように結びつけるのか。これらを関連づけることはたやすいことではないが、両者を結びつけることは、近代社会に生きるわれわれにとって、決して未知の領域ではない。それは個人の狭義の利害を重視しながらも、同時に、よりメタの視点で公益的な視点を持つという近代社会における市民の原点をどのように広げていくのかを考えることである。そのように考えると、インターネットの今後の推移は、ネット空間にとどまるものではなく、ネット空間と現実空間の両方に広がった市民社会そのものがどのように展開されていくのかが問われている。その意味では、まさに現在、古い時代から新しい時代への移行期を迎えているのである。

（1）　ドミニク・カルドン『インターネット・デモクラシー』（林昌宏・林香里訳、トランスビュー、二〇一二年）、一九―二〇頁。
（2）　http://www.soi.wide.ad.jp/class/20050011/slides/07/index_2.html
（3）　http://www.nic.ad.jp/ja/translation/icann/bunsho-white.html

（4）伊藤博文「インターネットのセルフガバナンスについて」、『豊橋創造大学短期大学部研究紀要』第一八号（二〇〇一年三月）、三一―三三頁。
（5）http://www.ntia.doc.gov/ntiahome/domainname/USDNSprinciples_06302005.htm
（6）http://www.itu.int/wsis/docs/geneva/official/dop.html
（7）http://www.wgig.org/WGIG-Report.html
（8）http://www.itu.int/wsis/docs2/tunis/off/7.html
（9）http://www.icann.org/en/about/agreements/aoc/affirmation-of-commitments-30sep09-en.htm
（10）http://www.internetworldstats.com/stats.htm
（11）http://www.infonet.co.jp/ueyama/ip/internet/inet_dif_trns.html
（12）http://www.cisco.com/web/solutions/sp/vni/vni_forecast_highlights/index.html
（13）FCC Spectrum Report 2010. See https://apps.fcc.gov/edocs_public/attachmatch/DOC-228542A1.pdf.
（14）ただし、コンテンツ・アプリケーション事業者が急速に利益を得る一方で、ネットワーク事業者もそうしたサービスを提供することで、利益を得ていることを忘れてはならない。
（15）Tim Wu, "Network Neutrality, Broadband Discrimination," *Journal on Telecommunications and High Technology Law*, vol. 2 (2003), pp. 141–175.
（16）実積寿也「ネットワーク中立性「問題」とは何か？」、『ＫＤＤＩ総研Ｒ＆Ａ』二〇〇八年一二月号、三頁参照のこと。
（17）http://www.publicknowledge.org/pdf/FCC-05-151A1.pdf
（18）https://apps.fcc.gov/edocs_public/attachmatch/DOC-297944A1.pdf
（19）European Commission, "EU Cybersecurity Plan to Protect Open Internet and Online Freedom and Opportunity," *EUROPA* (February 7, 2013).
（20）http://www.whitehouse.gov/blog/2013/02/13/president-obamas-2013-state-union

（21）　European Commission, Information Society and Media, "Regulatory Framework for Electronic Communications in the European Union," European Union 2010, https://ec.europa.eu/digital-agenda/sites/digital-agenda/files/Copy of Regulatory Framework for Electonic Communications 2013 NO CROPS.pdf.

（22）　Donald G. Janelle, "Central Place Development in a Time-Space Framework," *The Professional Geographer*, vol. 20, no. 1 (1968), pp. 8–9.

（23）　H. Couclelis, "The Death of Distance," *Environment and Planning B*, vol. 23, no. 4 (1996), p. 388.

（24）　マーシャル・マクルーハン『メディア論――人間の拡張の諸相』（栗原裕・河本仲聖訳、みすず書房、一九八七年）、八二―八四頁。

（25）　ハワード・ラインゴールド『バーチャルコミュニティ――コンピューター・ネットワークが創る新しい社会』（会津泉訳、三田出版会、一九九五年）、第九章参照のこと。

（26）　安田浩・情報処理学会編『爆発するインターネット』（オーム社、二〇〇〇年）、七七―八一頁。

（27）　Helmuth Berking, "Solidary Individualism: The Moral Impact of Cultural Modernization in Late Modernity," in Scott Lash, Bronislaw Szerszynski, and Brian Wynne, eds., *Risk, Environment and Modernity* (London: Sage, 1996), pp. 189–202.

11　旧ユーゴスラヴィアの終焉と人間存在の変容

定形　衛

一　はじめに

「人間存在」は、国家の政治経済体制や国際環境、地政学的位置や民族の文化・歴史によって大きく規定され、人々は国家の内外政策のもとで、日々自らの生活を築き、社会生活をおくっている。どのような国家の成員か、いかなる民族の構成員か、さらに当該社会のいかなる社会的階層に位置するかなどによって、人間は、その意志やイデオロギーにかかわらず、社会的権利や経済生活、平均余命や健康状態、学校教育や情報伝達、さらには、自らの身体的安全や戦争への動員など生死に関わる問題に至るまで決定されている。

そこで本章では「人間存在」の意味を、大ざっぱではあるが「人間の安全保障」[1]や「人間の自己認識」（アイデンティティ）の内実が、国際関係の変動、国家・地域の制度や政策、文化や歴史などといかに結びついているかといった視角から理解しておこう。また、検討対象としては、一九九〇年以降、体制の転換と内戦、国家の解体と民族の分断、国際社会による紛争への介入、紛争後の平和構築などを経験してきた旧ユーゴスラヴィアを事例に、人間存在の変容の側面を照射していきたいと考えている。

旧ユーゴスラヴィアは第二次世界大戦期における内戦を克服して民族解放を成し遂げ、戦後は社会主義国家として再出発したが、一九四八年のコミンフォルムからの追放後は、独自の自主管理社会主義の建設、非同盟外交の展開など、国際社会のなかで特筆すべき役割を果たしてきた。しかし、一九八〇年代の経済危機とコソヴォ危機は、ユーゴスラヴィアの国際的地位を大きく低下させ、スロボダン・ミロシェヴィッチによるセルビア民族主義の高揚などを経て、九〇年代には共産党の瓦解と連邦の崩壊、さらに内戦の勃発と国際社会の介入によって現在七つの独立国家に分解している。

以下では、社会主義ユーゴスラヴィアの独自の道の崩壊（第二節）、体制転換と連邦解体（第三節）、旧ユーゴスラヴィア内戦（第四節）、国際社会の介入と平和構築（第五節）、の側面から旧ユーゴスラヴィアにおける人間存在の変容を検討することにしたい。

二　旧ユーゴスラヴィアの独自の道と人間存在

1　民族の友好と統一と人間存在

社会主義ユーゴスラヴィアの独自の道は、分権的な連邦体制のもと、自主管理社会主義、非同盟外交を内外政策の基本にすえ、五つのスラヴ系民族を中心に六つの共和国からなる分権的な連邦国家を形成した。スロヴェニア、クロアチア、セルビア、モンテネグロ、マケドニアの五共和国と、ボスニア・ヘルツェゴヴィナ共和国（以下、ボスニア）である。ボスニア地域は民族構成が複雑で、また内戦が激しかった地域としてセルビア人とクロアチア人の対立を引きずっていたため境界線の線引きが困難なこと、さらにイスラーム教徒の民族的アイデンティティが希薄であったことなどを配慮し、一つの共和国として新設された。

第二次世界大戦中、ユーゴスラヴィアは枢軸国に分断占領され、さらにナチス傀儡政権としてクロアチア独立国（一九四一―四五年）が建設され、抵抗組織との内戦は熾烈をきわめた。共産党政権は、多民族国家の結束を確保することを最優先し「民族の友好と統一（brotherhood and unity）」を国是として掲げた。[2] セルビア人とクロアチア人の反目やイスラーム教徒やユダヤ人の迫害に終止符をうち、民族の平等を保障し、それぞれの民族文化を尊重しつつも「ユーゴスラヴィア人」としての国民意識、愛国心の高揚が期待された。民族の文化的権利が認められ、援助もなされたが、民族主義は社会主義的国際主義と相いれないイデオロギーとして否定された。

しかし、この「民族の友好と統一」は、第二次世界大戦中に内戦に至った民族間関係を歴史的事実にもとづいて清算したものではなかった。[3] それは、社会主義革命は民族問題を克服したとされる理論を優先させたもので、国家の統合と国民の結束を維持するための統治術の域を出なかった。民族の内発的な和解の機会はなく、すべての民族がひとしく社会主義革命の達成に貢献したとの「パルチザン神話」が正統性をもつなかで、民族問題は社会主義の歴史の内に封印され、その結果、解決されずに温存されていったのである。

旧ユーゴスラヴィアにおいては、すべての民族は一人称複数である「われわれ」意識のもとで存在すること、その正史はパルチザン闘争に始まり、またこの正統性に担保されることで「人間存在」が保障された。共産主義のもとで成長することは、永遠に現在を生きることであって、最終的社会秩序が確立した以上、後を振り向く必要はないとされたのである。[4]

また、ユーゴスラヴィアの首相となったヨシップ・ブロズ・チトーは、国内で最大多数を占めるセルビア民族がユーゴスラヴィア王国時代のように国内政治で覇権を握ることを警戒し、セルビア民族の分布のままに共和国の線引きを行なわず、その結果セルビア人の約四〇パーセントが、狭義のセルビア共和国（セルビア共和国から自治州を除いた地域）の外、つまり他共和国・自治州に少数派として居住することになった。[5] また、クロアチアのセルビア人居住地区についても自治州としての地位が認められることはなかった。パルチザン闘争においてもっとも多くの犠牲者を出したのはセルビア人であったにもかかわらず、チトーのセルビアに対する戦利品の分配は著しく厳しいものとセルビア人には映った。

他方、「民族の友好と統一」の受益者は、マケドニア人、ハンガリー人、アルバニア人といった小規模の民族であった。彼らは戦間期に経験したセルビア覇権主義からまもられ、政治的には共和国あるいは自治州の地位を獲得し、文化的自治が保障され民族のアイデンティティを獲得した。また、前述のボスニア共和国も創設されたが、いずれの場合もセルビア共和国にとっては領域の喪失であり、セルビアの不満と被害者意識は、のちのミロシェヴィッチによる「すべてのセルビア人の統合」のスローガンを誘導することになる。

2　ユーゴスラヴィア人・ムスリム人と人間存在

民族問題に関連して、旧ユーゴスラヴィアの人口統計においては、「ユーゴスラヴィア人」と「ムスリム人」が民族の帰属カテゴリーとして設けられた。「ユーゴスラヴィア人」カテゴリーは各民族の選択と同列におかれ、各民族のアイデンティティと並んで自由に選択された。調査ではユーゴスラヴィア人よりも、各民族のカテゴリーを多くの人は選択したが、こうした措置は人々の民族生活へ安心感を与え、民族の共存を保障する基盤づくりでもあった。ここでは「ユーゴスラヴィア人」は各民族を架橋するものと考えられたのである。

実際には、連邦軍や共産党の指導者など連邦全体を視野に生活する人たちによって、あるいは民族間の通婚などを理由に「ユーゴスラヴィア人」が選択された。また、チトー亡きあと、一九八一年にはユーゴスラヴィア国家の継続を願って「ユーゴスラヴィア人」の数が全体で一・三パーセントから五パーセントへと上昇したことも指摘しておこう。その数はボスニアでは八パーセントであり、クロアチアのスラヴォニアなど民族混住区ではその比率が急増した。

彼らは民族共存の危機をもっとも強く感じていたからである。[6] ユーゴスラヴィアの連邦維持を最優先させた「ユーゴスラヴィア人」であったが、いったん内戦が始まると彼らは民族の「裏切りもの」として非難され、人間存在の基盤を失いかねない状況に追い込まれ、「民族の友好と統一」の実態の脆弱さを示すことになった。

つぎに、「ムスリム人」についてであるが、ボスニア共和国には、連邦解体時まで二〇〇万を超えるイスラーム教徒が存在していた。彼らは、一五世紀以降のオスマン帝国によるボスニア支配下でイスラーム教徒に改宗したスラヴ系民族の後裔で、改宗前は大半がボスニアの地に住んでいたセルビア人あるいはクロアチア人のいずれかであった。トルコ時代のミッレト制のもとで宗教的共同体を形成してきた彼らにとって、民族に依拠した人間存在としての意識は稀薄であった。そもそもボスニアにおける民族共存、混住といった人間存在のあり方は、諸民族の連帯や共存を規範として受け入れてきたというより、宗教を異にするものが民族という範疇を意識することなく共存してきたというのが実態である。

しかし、ナチスの傀儡として「クロアチア独立国」を設立したクロアチア人と、枢軸国の分断占領に抵抗するセルビア人は、ボスニアの領有をめぐって内戦を繰り広げ、両者ともにボスニアのイスラーム教徒の人間存在そのもの、生存を脅かしたのであった。チトー政権が、内戦の実態を前に、戦後ボスニアの地をセルビアとクロアチアに分割することを嫌って、新たにボスニア共和国を設立したことは前述したとおりである。

共和国の境界線が引かれても、ボスニアのイスラーム教徒の民族としての人間存在は社会主義政権のもとでは未確定で不安定な状況が続いた。人口調査においてもボスニアのイスラーム教徒は、一九四八年には「民族未確定のイスラーム教徒」、五三年には「民族未確定のユーゴスラヴィア人」に分類された。一九六一年になると「民族的概念（エスニック）でのイスラーム教徒」と位置づけられることになり、八五万人が登録した。いってみれば少数民族扱いであったが、民族としての「イスラーム教徒」の語がカテゴリーにはじめてあらわれた。

しかし、ボスニアのイスラーム教徒は、民族としての地位が確定されず、他の民族が享受していた共和国、連邦における権利は制限され続けた。その後旧ユーゴスラヴィアで非同盟外交によってイスラーム諸国との友好関係が進展するとイスラーム教徒の地位も上昇していった。一九六九年一月のボスニア共産党の第五回大会では、ユーゴスラヴィアのひとつの「民族（ナロード）としてのムスリム」が承認され、共和国内のセルビア人、クロアチア人と同列におかれたのである。一九七一年にはボスニアで一四八万人が「ムスリム人」に登録し、共和国の最大民族として四〇パーセントを占めるに至った。[7]

チトーは、イスラーム教徒がセルビアとクロアチアの争いの標的にならないこと、ボスニア政治で民族間の融合が盛んになってセルビアとクロアチアの対立が薄れること、さらに国内問題についてイスラーム教徒に利益を与えて彼らが国際的な冒険主義に走るのを阻止することをねらって「ムスリム人」を創設したが、今次の内戦においてはふたたび凄惨な「民族浄化」の対象になってしまった。ムスリム人／イスラーム教徒に対する民族浄化は、社会主義時代のボスニアの共和国「境界線」と「ムスリム民族」を対象とする二重の浄化の意味をもち、いずれもチトーの構築物に対する浄化となった。独自の社会主義建設の道は、ここでも崩壊したのである。

3　労働者自主管理経済と人間存在

労働者自主管理経済は、ユーゴスラヴィア型社会主義モデルとして象徴的役割を担い、それは旧ユーゴスラヴィアにおいて文化的な意味合いすらもっていた。それは、労働者階級の一員としての自己認識をもたらすとともにソ連型の国権主義的モデルとは異なる社会主義建設、経済、行政、政治の分権化が実践され、一九六〇年代には経済の急成長がみられたが、七〇年代の石油ショック以後の経済危機の深刻化とチトーなき八〇年代の政治指導体制の弱体化のなかで、「独自の道」への信頼性は著しく失われていった。

一九七九年から八五年までに一人あたり社会総生産は二六パーセントも低下して、八二年の対外債務は一八〇億ドルにのぼり、ユーゴスラヴィア全体の社会総生産の半分を占めていた。さらに二桁の失業率、ハイパー・インフレが加わってスロヴェニアやクロアチアの先進共和国も含め深刻な経済危機を招いた。国際通貨基金（IMF）からの融資とコンディショナリティのもとでの債務返済計画は、国民に生活水準の低下と耐乏生活を強い、また、西側経済の後退のなかで出稼ぎ労働者は帰国を余儀なくされたのであった。ユーゴスラヴィア国民は「いかに生き残るか」という生存の問題を突きつけられることになった。

さらに、連邦政府と共和国間には経済資産の分配や債務返済の割り当てをめぐって紛争が頻発し、経済改革以後形成されてきた都市中間層は低開発共和国・自治州を中心に崩壊の一途をたどった。彼らの生活水準は一九六〇年代前半のレベルへと後退し、失業者急増のなかで、自主管理経済のもとで保障された経済的権利、社会保障は一気に失われようとしていた。どの共和国に属しているかで、人間存在のあり方、生活水準が決定されたのである(8)。

経済危機はこうした都市中間層ばかりでなく、自主管理経済システムに組み込まれてなかった農民や職人、日雇い労働者や失業者を襲い、とりわけ南の低開発共和国・自治州に属するこれらの人々の経済困窮度はいやがうえにも増していった。独自の社会主義路線、自主管理社会主義は支持基盤を急速に失っていった。共和国の分権化は分断化の方向へとベクトルが向かいはじめ、労働者階級・農民の意識は民族集団へのアイデンティティを甦らせつつあった。

一九八〇年代後半、セルビア政界に登場したミロシェヴィッチが捉えたのは、こうした自主管理社会主義から外されたセルビア人農民や失業者たちであった。しかも、低開発地域のコソヴォ、ボスニア、モンテネグロといった、セルビア共和国以外のセルビア人農民が民族主義的な気運を高めていた。経済危機と、自主管理経済からはじかれ各共和国の少数派に甘んじていたセルビア人農民と失業者の不満と民族集団へのアイデンティティの回帰は、ミロシェヴィッチのセルビア民族の復権、「すべてのセルビア人の統一」のスローガンと強く共鳴したのであった。

三　体制転換と連邦解体における人間存在

1　スロヴェニアの連邦離脱と人間存在

共産党の解体と連邦崩壊の先鞭をつけたのは一九九〇年一月の第一四回臨時共産党大会であった。スロヴェニアの党が組織のあり方や路線をめぐって連邦共産党に異議申し立てを行ない、スロヴェニア代表は大会途中で議場を退き連邦共産党からの離脱を宣言し、二月四日、スロヴェニア共産党は民主改革党と改称した(9)。共産党の瓦解後も連邦政府は残ったが、司令塔としての共産党を失った政府は機能麻痺に陥り、また、スロヴェニアやクロアチアは連邦軍、連邦機関への財政的拠出を停止し、連邦軍兵士や連邦職員を引き揚げた。

さらに、複数政党による全国統一の総選挙を提起するセルビアに対し、スロヴェニア、クロアチアは共和国選挙を優先させ、一九九〇年四月以後、各共和国で共和国選挙が行なわれることになった。連邦機能が麻痺するなかで、ユーゴスラヴィアの国家形態についての話し合いが一九九一年前半期に行なわれたが、共和国の主権を認める連合国家も集権的な連邦制国家も合意を得ることはできなかった。こうして共産党と連邦国家いずれもが瓦解への道を辿ったのである。

こうした旧ユーゴスラヴィアの政治変動が、一九八九年の東欧革命とソ連からの離脱を掲げるバルト諸国の民主化、経済改革に刺激されたことはいうまでもないが、もっとも敏感に反応したのがスロヴェニアであった。スロヴェニアは社会主義体制が共和国にもたらした経済的、政治的な桎梏を深刻に受け止め、自主管理経済、ユーゴスラヴィアなる枠組み、連邦と共和国の権限の分配などの改革を求め、「今こそ、ヨーロッパへ」を対外的なスローガンとして打ち出した。

歴史的にハプスブルク帝国の版図にあり、中欧意識の強いスロヴェニアの「ユーゴスラヴィアなるもの」への一体感はきわめて希薄であった。「パルチザン闘争」への貢献も少なかったスロヴェニアにとって、ユーゴスラヴィアは、「チトー」、「バルカン」、「自主管理経済」、「アジア・アフリカ外交」と結びつけて捉えられた。また西側諸国に近接するスロヴェニアでは、「新しい社会運動」の影響を受けた知識人や青年が、平和運動、人権擁護、社会保障、良心的兵役拒否など、民主的な市民生活の実現に強い関心を示した[10]。

他方、スロヴェニアは自主管理社会主義の受益者であり、ユーゴスラヴィアは先進共和国スロヴェニア経済の市場としての役割を果たしてきた。しかし、それ以上に経済危機における連邦機関への負担金拠出、低開発地域からの労働者の移入、連邦軍におけるセルボ・クロアチア語の使用は、スロヴェニア人の言語を重視する文化や人間存在に脅威と感じられたことは否定できず、一九八〇年代からのアドリア・アルプス協力や旧ハプスブルクの諸国との経済、文化、観光などにおける越境協力が土台となって、ヨーロッパへの回帰を掲げることが、体制転換期におけるスロヴェニア人の人間存在に安心感と安定感を提供したのである。

2　民族主義政党の勝利と人間存在

一九九〇年四月に始まった各共和国選挙では、クロアチアではクロアチア民主同盟が勝利し、ボスニアでは三つの民族がそれぞれの民族主義政党を支持した。セルビアでは社会党に改称した旧共産党がミロシェヴィッチのもとで勝利をおさめた。その他の共和国でも民族の利益や伝統を擁護した政党が与党を形成し、ユーゴスラヴィア連邦の存続を視野におさめ、都市中間階層に訴えたアンテ・マルコヴィッチの改革勢力同盟やリベラルな政党はいずれの共和国でも少数議席にとどまった。旧ユーゴスラヴィアの民主化の突破口たるべき複数政党自由選挙であったが、リベラルな価値よりも民族主義を前面に掲げる「エスノクラシー」政治への転換点となった[11]。

各共和国では、社会主義の権威失墜にともない政治正統性の源泉として民族の記憶が掘り起こされ、伝統が再発見されていった。社会主義体制のもとで民衆は、常に民族の歴史の一齣を記憶し続けていたのではなく、民衆に歴史的な記憶を共有することを求める政治指導者が現われたということである。たとえば、ミロシェヴィッチは、一三八九年のセルビア正教の聖地コソヴォでの戦いを想起させることによって、セルビア人のコソヴォ支配やセルビア人の統合の正統性を確保しようとした。六世紀前の出来事が真実であろうとなかろうと、それとは無関係に現在の政治状況が正当化され、セルビア人とアルバニア人の共存などの事実は無視され、選ばれた過去の記憶が政治の最前線へと浮上したのである。独立後の初代クロアチア共和国大統領になったフラニョ・トゥジマンの「クロアチア独立国」評価も、クロアチア民衆に内戦の認識の修正をもたらし、ナチスに協力したというクロアチア人の負い目を払拭させ、民族としての誇りを回復させたのである。民衆は歴史を見直すことなく、指導者の記憶の掘り起こしによって、社会主義後のあらたな人間存在のかたちを見いだすことになった。

体制転換後の選挙において、人々はなぜ民族主義政党に投票したのか。ツヴェタン・トドロフはつぎのように述べている。「共産主義のイデオロギーが遠ざけられると、それまで抑圧されていた数々のイデオロギーが、共産主義に反対したイデオロギーであるという後光を帯びて、再び姿を現してきた。たとえばナショナリズムや、ナショナリズムが不可避的に生み出す外国人嫌いがそうである[12]」。また、スラヴェンカ・ドラクリッチも、「人々はひどくおびえていて、民主主義のようなものを自分たちのほうから要求するなどとんでもないことだった。ほかのすべてと同じように民主化も一番上が主導した。共産主義の過去から切り離されると、戦前の過去、共産主義以前の過去との強固なつながりを確立する必要が生じた[13]」と指摘している。

しかし、ここでは経済危機が社会における安心感を奪っていったとの指摘に注目したい。民衆は民族主義に熱狂したというより、前述したように、自主管理経済の破綻から新たな社会的安全感をもとめたという理解である。自主管理経済は、上からの指令型経済ではなく、労働者の自主管理が建前であったから、人々は社会問題、社会主義の悪弊の責任をストレートに共産党の党官僚に向けるわけにはいかなかった。各共和国、各民族が被害者意識をもつなかで、批判の矛先は他共和国、他民族へと向けられていった。民族主義へと変貌した旧共産党が勝利し、民主化が民族主義へとすり替えられたゆえんでもある。

ドイツ人ジャーナリスト、ウルズラ・リュッテンの指摘は説得的である。「ある日突然、こうした暮らしが何もかもだめになったということです。何か信頼できるもの、身を寄せることのできるものが必要となりました。それが集団志向に走らせ、そうすることで安全を図ろうという動きになったのです。もともとこういう人はひとかどの人物になろうとして訓練をつんできた人ではありません。自由な個人として考え、行動する用意が全くなかったのです。民族なるものは格好の材料でした[14]」。

3　クロアチア自由選挙とセルビア人の人間存在

一九九〇年のクロアチア複数自由選挙の結果は、その後のクロアチアのセルビア人の人間存在に多大な影響を与えた。投票結果からみるとクロアチアのセルビア人は決してア・プリオリに反クロアチアの政治姿勢を持っていたのではない。にもかかわらず、選挙勝利後のクロアチア民主同盟（ＨＤＺ）の政策はクロアチアのセルビア人をセルビア民族主義へと追いつめるものであった。ＨＤＺはクロアチア独立国時代の国旗や紋章を復活させて、セルビア人にクロアチア人によるセルビア人迫害の歴史を想起させたが、くわえてトゥジマン政権は、社会主義時代にパルチザン闘争への貢献によって軍部や警察、司法機関で雇用されていたクライナのセルビア人を解雇し、追放したのである[15]。

また、経済の「私有化」というかたちでセルビア人と共産主義者の経営者を追放し、ラジオやテレビ、主要新聞を「民族主義化」してその管理下に置いた。こうしたクロアチアの民族主義的行動をクロアチアのセルビア人は「クロアチア独立国」の復権と捉えたし、事実トゥジマンは「クロアチア独立国」をクロアチア民族の歴史を体現するものと評価したのであった。セルビア人の実存、人間存在の危機は一気に高まり、クロアチア民族主義の急進化に直面したセルビア人は、自らの生存の死守を考えざるをえなくなった。

しかし、クロアチアのセルビア人はその移住の歴史的時期によって、クロアチア人との関係において異なった人間存在のありようを示していたことが、今回の内戦の理解では重要である。クロアチアのクライナ地方（軍政国境地帯）のセルビア人はオスマン帝国からハプスブルク帝国を防衛する任務を担い、数世紀にわたってクロアチアに居住してきたセルビア人の末裔である。[16]

これに対しスラヴォニア地方のセルビア人の多くは、第二次世界大戦の敗北によりドイツ人やオーストリア人入植者が去った後に、代わって入植してきたセルビア人農民である。多くはボスニア・ヘルツェゴヴィナの耕地の少ない貧困地域からの移住で、パルチザン闘争での貢献に対する政権からの配慮であった。さらに一九六〇年代後半から七〇年代にかけては、クロアチアの工業化にともない都市での雇用を求めたセルビア人農民の移動がみられた。これらのセルビア人が都市に流入する経路はクロアチアの党機関、あるいは警察を通じてであったが、セルビア人がこうした機関を手中におさめていたのである。[17]

ところで、数世紀にわたってクロアチア社会に溶け込んでいた、いわゆる「土着」のセルビア人と、戦後移住してきた「新参者」のセルビア人とでは、クロアチア社会における人間存在、とくにクロアチア人との関係が異なっていた。つまり、何世紀にも亘ってクロアチアに居住してきたセルビア人はクロアチア人社会と融合し、クロアチア人も彼らに対しては民族主義の主張を前面に掲げて抑圧するようなことはなかった。

これに対し、新参のセルビア人は、コミューンの構成員として定着しておらず、「二級市民的」扱いを受けてきた。しかも彼らが参入してきた分だけクロアチア人の職が奪われたわけで、失業による被害意識がクロアチア人のあいだに広がったのである。今回激しい内戦が起こったのはこうした新参のセルビア人が居住した東スラヴォニア、とくにヴコバル県であった。また、体制転換後に真っ先にトゥジマンが解雇したのもこの地域のセルビア人であった。

四　旧ユーゴスラヴィア内戦における人間存在

旧ユーゴスラヴィア内戦は、一九九一年六月二五日に独立宣言を発したスロヴェニアとクロアチアに対する、それを認めない連邦軍の両共和国への派遣と戦闘の開始によって始まった。その後、一九九二年四月から九五年一一月までの四三カ月に及ぶボスニア内戦、さらに一九九九年にはコソヴォにおけるセルビア人による人道の破壊と殺害行為からアルバニア人を守るための「人道的介入」、具体的には七八日間に及ぶＮＡＴＯ空爆によるコソヴォ紛争など、一九九〇年代を通して、旧ユーゴスラヴィアでは内戦、国際紛争が繰り広げられた。

1　民族浄化における人間存在

内戦の過程では、「民族浄化」と呼ばれる民族間の激しい相互排斥と混住地域における民族構成の純化をもとめる戦闘行為が展開された。国連の専門機関は、民族浄化を「武力行使あるいは脅迫行為によって一定地域から異なる民族、宗教集団を強制退去させ、その領域を民族的に同質的にすること[18]」と定義している。民族浄化に直面した人々の「人間存在」には、存在のあり方よりも存在そのもの、実存の危機が迫ってきた。

内戦への過程でみられた連邦からの共和国の分離独立、また、共和国内の少数派民族のさらなる分離の動きは、しばしば「民族自決論」というリベラルな価値、民主化実現を支える政治的概念によって正当化されてきた。しかし、社会主義政権崩壊後における民族自決論は多民族社会主義国家の分解、それまでの民族間の共存を否定することになった。ハンス・エンツェンスベルガーがいうように、いまや「民族自決権」は、「あるテリトリーにおいて誰が生き延びてよく、誰が生き延びてはならないかを決定する権利」[19]として短絡的に捉えられるようになった。これは一領域における純粋な民族分布の追求であり、隣人を排除し、社会的共同性、公共性構築の機会を奪っていく過程であった。とりわけ、三民族から構成されたボスニア、セルビア人とクロアチア人が混住するクライナ、東スラヴォニア、などでは、激しい民族浄化が誘導された。しかし注意すべきは、民族浄化は、紛争の過程で選ばれた戦術であり、それを意図する政治指導者、戦争指導者なしには起こりえないものである。それは紛争にともなって付随的に発生した悲劇ではなく、戦争目的にそって採用された戦術そのものであった。クライナのセルビア人は、一九九五年にはアメリカの支援を得た「嵐作戦」によってクロアチアから追放され、さらに移動先のコソヴォではアルバニア人武装組織、コソヴォ解放同盟（ＫＬＡ）による民族浄化の標的となった。なぜセルビア本国に帰還せず、コソヴォに移動したのか。それは、コソヴォにおけるセルビア人の比率を高めようとしたミロシェヴィッチの政策によるものであった。

多民族社会ボスニアでは、民族共存を無意識なまでに当然視し、互いに相手がいなければもっと貧しかったであろうこと、相手から離れて別々には才能も知性も創造性も今ほどもてなかったことを確信していたという。[20]無意識であっただけにいっそう、民族浄化政策のもとで民族は激しく戦うことになったのであろうか。ボスニアの民族浄化について述べたクリストファー・ベネットの指摘は示唆的である。「暴力があれほどの規模になったということ自体は、「恐怖と憎悪」の結果ではなく、むしろ「恐怖と憎悪」を再構築するのがそれだけ困難であったことを示すもの、と解釈できよう。……民族間の絆が非常に強かったからこそ、戦争はあれほど血なまぐさいものにならなければならなかったのだ」[21]、と。

民族浄化を経験した民族は、ボスニア紛争の終結となったデイトン合意から一〇年を経た二〇〇五年の調査において、ボスニア紛争の性格および民族共存の可能性について以下のように答えている。紛争が自民族にとっては民族防衛の戦争であったとするものが、ボスニア人（ムスリム人）九八パーセント、クロアチア人九二パーセント、セルビア人九五パーセントであるのに対し、紛争の性格については、ムスリム人の九四パーセント、クロアチア人の七二パーセントがセルビア人による侵略戦争、セルビア人の八四パーセントが内戦と捉えている。しかし、共存の可能性を問われると、国際監視団なしに民族は共存できると答えたものは、ボスニア人六九パーセント、クロアチア人六九パーセント、セルビア人五五パーセントであり、共存不可能と答えたものは、それぞれ二二パーセント、一五パーセント、三九パーセントとなっている。ここに、私たちが将来においてボスニアの諸民族の共存と和解への道を確信することは、決して誤りではないだろう。(22)

2　内戦とディアスポラに見る人間存在

旧ユーゴスラヴィア内戦における人間存在を考えるとき、政治的、経済的な理由によって本国を後にし、欧米、オーストラリアなどに離散したディアスポラの問題に触れておく必要があろう。ジョシュア・カルドー＝ロビンソンは、ディアスポラを、「時間的、空間的に本国から離れ、他国にあって少数者でありながらも民族意識を維持している民族集団(23)」と定義している。

ディアスポラは、本国への絆や郷愁、あるいは追放などにいたった負い目を感じつつ、他方、現在あるホスト国にあっては定着と帰還のはざまで動揺してきた存在である。こうしたなかで迎えた本国の崩壊と帰属意識をもつ共和国の独立は、離散過程のなかで曖昧となった自らのアイデンティティの再構築の機会と将来への展望をディアスポラに与えた。まさに人間存在のあり方が、現実味を帯びて浮上してきたのである。

内戦との関わりでいえば、ディアスポラは、連邦解体と体制転換、共和国の独立過程での内戦に直面し、資金援助や武器の支援を行ない、時に兵士として戦場にも立った。また、ホスト国では、示威行動や政策担当者へのロビー活動を行ない、独立への支援と国家承認などを要請した。ディアスポラの活動、また彼らのつくりあげてきたネットワークは、情報の交換やロビー活動での動員にとどまらず、武器の調達、資金の供給、兵士の派遣においても大きな役割を果たしてきたのである。

また、現在では情報・通信技術の進歩によって本国との接触、交流は容易になったが、ディアスポラは長年にわたって自身が出国したときの本国の政治的、社会的な実情をそのままに胸に焼きつけ、本国に思いを馳せており、彼らの民族的感情は、本国の政治過程を離れて純粋培養され理念的かつ急進的なものになっていた。ベネディクト・アンダーソンのいう「遠隔地ナショナリズム」[24]が醸成されるゆえんである。

クロアチアの場合、トゥジマンの率いるクロアチア民主同盟が掲げたナチスの傀儡国家「クロアチア独立国」の再評価、当時の通貨単位クーナ、赤と白のチェッカーズを彩った国旗の復活は、ファシスト集団「ウスタシ」の烙印のもと第二次世界大戦後の共産党政権を逃れたクロアチア人ディアスポラをとらえた[25]。また、一九六〇年代から七〇年代初頭の「クロアチアの春」に対するチトーの弾圧のなかで移住した人たちにとっては、「クロアチアの春」の主導者であるトゥジマンへの支持は依然大きなものがあった。ディアスポラに共通していたのは、「共産党支配の排除」と独立国「クロアチア」の達成であり、ユーゴスラヴィアの民主化や連邦国家への帰還の可能性に熱狂することはなかった。こうした背景のもとＨＤＺはディアスポラの広範な政治的、財政的な支援を受け、一九九〇年五月の共和国議会選挙を制したのである。

一九七〇年代以後、クロアチアのディアスポラの多くは、文化の多元性、エスニックの多様性を認め民族の混住、共存を掲げる多文化主義の国家のなかで生活してきた。北米、オーストラリアは多文化主義を国家の基本政策としている。かつてのようなディアスポラへの不信感や同化圧力が希薄化するなかで、ディアスポラは自らを組織化し、積極的にロビー活動を展開しているが、こうしたホスト国による多文化主義の実践を経験しているにもかかわらず、ディアスポラは本国でその経験の実践を促そうとはしなかった[26]。遠隔地ナショナリズムに規定された彼らは、クロアチアにおける他民族との共存にはきわめて否定的であり、またホスト国においても本国の対立を反映してセルビア人ディアスポラとの対立を深めたという。自らの「民族」に資金を提供したのであって、本国のクロアチア人とセルビア人の共存や、市民社会の構築には関心を示さないのが、遠く離れたディアスポラの意識であった。

民族浄化の過程で民族が、日々自らの生き残りをかけた実存主義的なナショナリズムに直面しているのに対し、ディアスポラは、民族浄化の現場から空間的、時間的に離れ、本国における体制転換と独立宣言、国家承認、その後の民族浄化といった現実政治を経験しなかった。遠隔地ナショナリズムは、幾分か浪漫主義的なナショナリズムであったということができよう(27)。

五　国際社会の紛争処理・平和構築と人間存在

旧ユーゴスラヴィア紛争では、紛争当初から国際社会、具体的にはEC（EU）や国連、大国が介入した。それは、武器禁輸、調停、制裁、分割案、和平合意の策定、さらに紛争後の民主化、平和構築にいたるまで、さまざまなかたちをとった。ここでは、国際社会が、紛争時および紛争後の旧ユーゴスラヴィアの人間存在をいかに捉えていたのか考えてみよう。

1　国際社会による紛争処理と人間存在

独自路線を歩むユーゴスラヴィアは、冷戦期にあっては「東欧の異端児」である限り西側にとって有用な存在であり、東欧諸国のどの国よりも「民主的」かつ「親西欧的」であると認識され、援助や投資が行なわれてきたが、冷戦後を迎えると、他の東欧諸国に示したものと同様の支援を表明することはなかった。ユーゴスラヴィアはすでに一九六〇年代後半の経済改革以後、「体制移行しつつある国家」として西側には映じ、そうした意味で社会主義政権の崩壊は、さらに改革を進めるいっそう好ましい国家になったというのが一般的理解であった。また、ソ連・東欧との対比で自らを眺め、その過程でナルシシズム的なアイデンティティを育んできたユーゴスラヴィアにとって、この対立項の消滅はある種の居心地の悪さをともなうものでもあった(28)。

しかし、紛争が始まると、ＥＣ諸国は調停のための和平会議を組織し、国連は武器禁輸や新ユーゴスラヴィア（セルビアとモンテネグロ）に対する制裁措置の決議を打ち出した。このうち一九九一年九月二五日の全ユーゴスラヴィアに対する武器禁輸措置（安保理決議七一三）は、戦闘不拡大を意図したものであったが、すでにスロヴェニアやクロアチアの離脱によって連邦軍はおおむね新ユーゴスラヴィアのもとに継承され、共和国間の軍事力バランスは圧倒的に新ユーゴスラヴィアに有利なものとなっていた。武器禁輸はこうした状況を固定化し、その後の民族浄化が進行するなかでも維持された結果、セルビアの支配地域は大いに拡大していった(29)。当然のことではあるが武器輸出によって軍事的均衡をつくりだせというのではない。紛争の拡大をもたらす武器禁輸ではなく、和平工作が必要とされていたのである。

また、一九九二年五月三〇日の制裁措置（安保理決議七五七）は、新ユーゴスラヴィアの国際的孤立によって和平を誘導しようとしたのだが、経済制裁はミロシェヴィッチ政権ではなく新ユーゴスラヴィアの一般庶民の生活を直撃し、それに耐えるミロシェヴィッチ政権への支持を国民のあいだに生み出し、民族主義ではないリベラルな政権に期待する政治勢力をセルビア社会においてさらなる少数派へと追い込む結果となった(30)。

つぎに、ボスニア分割案について検討してみよう。チトーが分割困難と判断して一つの共和国として設立したボスニアを、なぜ国連・ＥＵを代表する和平仲介者は、分割が可能であるなどと考えたのであろうか。一九九二年以後の和平交渉においては、分割案が常に出発点にあり、決して交渉の結果もたらされたものではなかった。和平仲介者によれば民族浄化は紛争が生んだ副産物であり、彼らの主要な関心事は、紛争当事者すべてが受け入れ可能な軍事的支配地域をめぐる分割線の画定にあったのである。ボスニア紛争は西側にとって自然災害のごときものであって、勝者も敗者もなく、また正義も大義もなく、バルカン独自の「恐怖と憎悪」の犠牲者だけが残されたとの認識のなかで早急な諸民族の引き離しを急いだのである。

バンス・オーエンによる一〇分割（一九九三年一月）、オーエン・シュトルテンブルグ（一九九三年八月）の三分割、コンタクト・グループによるスルプスカ共和国とボスニア・クロアチア連邦からなる二エンティティ（構成体）への分割（一九九四年五月）などにあらわれた分割線は、三民族間の和解とは逆の政治力学を導く相互の分断と隔離を帰結させた面が強く、紛争解決どころか新たな紛争の種をつくりだすことになった[31]。現地の戦闘状況と民族の支配領域は、これら分割線と常にずれるものであったから、この分割線に沿ってさらなる戦闘が繰り広げられ、却って民族の浄化を完成させる方向へとボスニア社会を導く役割を果たすことになった。プレドラグ・マトヴェイェーヴィチは、「ボスニアの公平な分割などありえない。なぜなら、唯一公平な判断とはボスニアを分割しないことだからだ[32]」と述べているが、重要な指摘である。

また、こうした分割案が受け入れられず、紛争が長引くと、国際社会によって、民族浄化はこれらバルカンの民族間に歴史的に胚胎されてきた「恐怖と憎悪」の発露であるという言説が流布するようになった。しかし、「恐怖と憎悪」は歴史的に旧ユーゴスラヴィアの諸民族に内在的なものとして刷り込まれていたわけではない。彼らは憎しみ合うほどには、互いのことを知らなかったのであり、ハプスブルクとオスマンの二つの帝国に数世紀にわたって分断されていたのである。

民族浄化は二〇世紀になって民族の共存のあり方を見つけられなかったことによるもので、恐怖を生む憎しみの根は歴史のなかではなく、過去の今日的解釈に起因するものであって、きわめて現代的な現象といったほうがよい[33]。国際社会の和平仲介者たちは、「恐怖と憎悪」はボスニア社会に根づいた現象であり、民族主義者のみがボスニア社会を代表していると思いこんでいたために、ボスニア分割という妥協案以外に解決策を提示できなかったのである。

休戦協定や和平合意は、紛争後に個人や共同体が「正常な」生き生きとした活力ある生活を甦らせ、築いていけることを保障するべきであり、またそうでなければならないものである。(34) しかし、ボスニア紛争の和平合意を導いたデイトン合意は、ボスニアの「マルチ・エスニシティ」を強調し、多極共存型デモクラシーに範をとった三民族間の権力分有（power sharing）方式を採用したのだが、実際には三つの民族の融和と和解に道を開くというより相互間の牽制と住み分けによる紛争の停止に主眼をおいたもので、民族分断による現状凍結の意味合いが強かった。こうして紛争がつくりあげた「分断の人間存在」は、国際社会の紛争介入によって喧伝された「恐怖と憎悪の人間存在」によって却って強化されたといえよう。

2　国際社会による平和構築と人間存在

冷戦後の国際社会では、紛争処理とともに紛争後社会の国家再建、平和構築、民主化過程においても国際機関や大国が大きな役割を果たすことになった。紛争後にあってガバナンスが脆弱な国家の再建には国際社会の関与が不可欠であったが、平和構築のプロセスでは、さまざまな国際機関が軍事部門、民政部門を掌握し、「委任統治」の出現とまで揶揄される状況が呈されていった。

国際機関の多くは、冷戦の東西対立のなかで経済協力、安全保障協力、開発援助、人道支援といった文脈で設立されたが、冷戦の終結はこれらの国際機関、とくに対抗勢力である東側諸国を失った西側主導の国際機関はその凝集力の強化と存在理由をあらためて問われた。社会主義崩壊によって、東側のワルシャワ条約機構やコメコンなどは解体していたからである。こうしたなかで平和構築、民主化支援、人間の安全保障、市民社会の建設といった冷戦後の国際社会の使命感と責任感を表わす概念が国際機関を捉えることになった。

平和構築や民主化はあくまでも紛争後社会の再建を目的とするものであり、国際機関の存続のためではないのだが、国際機関の活動にはしばしば大国の利益が絡み、現地の実態と遊離した政治力学がはたらいた。そこでは、使命の実現をめぐって国際機関相互の競合や「縄張り争い」、また機関同士の任務の重複や調整の欠如から効率性を欠いた支援がみられた。(35) ボスニアの平和構築過程では、NATOが軍事部門を排他的に所轄し地域安定のための平和履行部隊や安定化部隊を提供した。民政部門は、EUなど多様な機関が分担することになったが、特徴的なのはアメリカ主導によるボスニアのセルビア人地域へのNATO空爆を躊躇した国連への位置づけの低下とアメリカとEUの任務をめぐる確執であった。国連がボスニアの警察監視という任務にとどまったのに対し、OSCE（欧州安全保障協力機構）は選挙実施、地域の安定化のための軍備管理と信頼醸成措置、人権などの任務に当たることになった。さらに民政部門を指揮する国連高級代表はアメリカの主張をかわしてEU諸国から元スウェーデン首相のカール・ビルトが選出された。

多角的、効率的な分業体制によって担われるべき平和構築、民主化支援が、国際機関の横の連携や調整、縦の統括もなく個別的に進められていった。たとえば、人権の領域では、UN人権センター、国連人権高級委員、国連ボスニア暫定使節、国連難民高等弁務官事務所（UNHCR）、OSCE、旧ユーゴ国際戦犯法廷、赤十字国際委員会（ICRC）など多くの機関がかかわったが、これらの活動を調整、統括する機関がないなかで非効率的な活動となった。とりわけ現地にカウンターパートが存在しない場合には、国際機関の調整が必要であったが、国際機関は、村、カントン（県）、エンティティのレベルでの民族別の権力に直接依存することを余儀なくされ、現地の実力者、民族指導者と直接交渉するなかで、目指していた多極共存型社会ではない民族ごとの分断体制が強化されていった。皮肉にも民族浄化はここでも完成への歩みを示すことになった。

さらに深刻なのは、軍事、民政両部門とも現地ボスニア社会への説明責任を負わず、現地にカウンターパートを養成することもなかった点である。軍事部門の平和履行部隊、安定化部隊の司令官が責任を負うのはブリュッセルのNATO評議会に対してであり、民政部門のトップである国連高級代表が責任を負うのは、平和履行委員会（PIC）を構成するドナー国など五五の国家と国際機関に対してであった[36]。これはボスニア議会やボスニアの住民との協働なき平和構築であり、ボスニアの歴史や政治文化、社会構造が考慮されないまま、治安の安定化や民主化の定着、さらには民族和解への道も閉ざされていった。ディヴィッド・チャンドラーは、平和構築の過程は「白人の負担」を復活させ、民主主義、和解、平和構築など程遠く、民主的権利と自由を制限し、民族的分断と地域的分断を固定してきたと指摘する[37]。

平和構築に携わる国際社会のピースビルダーは、ボスニアの地が「バルカンの亡霊[38]」の地であり、民族間の憎悪に満たされているという理解を持ってボスニアに赴任し、民族浄化の惨状と瓦礫の山を目の当たりにして、暫定統治の業務に携わるのである。他方、ボスニアの人々は、多民族性や多文化性を歴史のなかで経験してきたが、それを支える近代的な政治制度や価値観を養う機会を逸してきたという背景がある。

体制転換期において、民族主義政党が跋扈し、民族浄化の応酬を許したのは、民主主義の未成熟と彼ら自身が公共性を育む機会を見いだせなかったことに起因するが、国際機関による平和構築や安定化構想がプロジェクトとして遂行され、それが大国のパワー・ポリティクスに翻弄されるとき、ボスニアの自治や自立など覚束ないものであり、多民族社会ボスニアに真の平和が訪れるのはまだまだ先のことのように思われる。国際社会の介入のなかで、紛争後社会においては「分断の人間存在」は克服されることなく、和解を見据え、市民的価値を身につけた人間存在、「共存の人間存在」は、遠のいたといってよいだろう。

六　おわりに

以上述べてきたように、本章では、旧ユーゴスラヴィアというソ連とは距離をおいた社会主義国家を取り上げ、独自の自主管理社会と連邦維持の危機、その後の共和国による分離運動と内戦の開始、さらに国際社会の紛争介入と紛争後の平和構築の歩みのなかで、人間存在のありようとその変容について検討を加えてきた。この間の人間存在は、社会主義時代の民族の平等を保障するための「分権と均衡」、体制転換期の「対立と分断」、内戦と民族浄化期の「排除と分割」、さらに国際社会の介入による和平調停、平和構築の過程では「新たな境界線」による「分断の固定化」という道を辿った。

旧ユーゴスラヴィアの社会主義体制下における人間存在の特徴は、それが民族存在のありようと密接に結びついていた点にあり、必ずしも階級的存在とは結びついていなかった。一九七四年憲法体制に集約される共和国間の「均衡と抑制」システムのもと、共和国を構成する民族間関係にはいずれの民族も不満と被害者意識をもっていた。つまり、連邦中央政府よりも共和国に権限が大きく委譲されている状況は、共和国相互間に不満と不信を生みだすことになった。社会発展の指標が平均値以上の共和国は発展が抑制されていることに不満を感じ、平均値以下の共和国は共和国平等の「タテマエ」が実現されていないことに不満をもったのである。こうして均衡と分権システムは、分断から分離へ、さらに分裂へと旧ユーゴスラヴィアを導いていった。

また、このシステムのもとでは国家全体に及ぶ「公共性」を上からも、下からも築くことが困難であったし、また「階級的利益」が「民族的利益」を抑制する余地はそこにはなかった。こうして党の解体は連邦機能の麻痺を生み、内戦が惹起されたのである。内戦は国家が「公共性」を築けず、また共和国内部でも伝統的な民族間の「社会的な絆」を近代的な市民関係に転換できなかったゆえの帰結であり、人間存在が民族存在に代わっていくなかで、民族自決権は民族浄化のかたちをとっていった。民族存在に規定された人間存在は内戦の帰趨によって、生存と死のあいだを彷徨し続けるしかない存在へと矮小化され、自由と平等、人権といったリベラルな価値を主張することは困難になっていった。

つぎに外的な国際関係の次元においては、冷戦期のソ連脅威論のもとで東西間のバランス外交を採り、非同盟運動の創始者として国際的地位を築いてきたが、冷戦の終結とリベラル国際主義、グローバル化時代の到来といった変動のなかで、「国際的地位の喪失」を余儀なくされた。冷戦後になると、西側諸国は東欧を中東欧とバルカンへと二分する文化的断層線を想定し、それが旧ユーゴスラヴィアを真っ二つに引き裂くことになった。旧ユーゴスラヴィアの人間存在はこの断層線のどちらに属するかでその内容を大きく規定されることになった。中東欧は「寛容と文化」の地、バルカンは「恐怖と憎悪」の逆巻く地と捉える国際社会は、この分断線にそって「支援と排除」の論理を露わにしたのである。

国家承認、経済援助、民主化支援、EU加盟交渉、ハーグの戦争犯罪人法廷への召喚と判決、NATO空爆などさまざまな点でこの分断線がその人間存在を決定した。旧ユーゴスラヴィアの人間存在はヨーロッパ意識とバルカン意識のせめぎ合いのなかで、個として、集団として日々自覚的に捉えられることになった。

人間存在はこのように内的、外的な要因に規定されつつ、また他者と自己の相互規定によって日々確認され、構築されているのである。日常性の継続と生活様式の維持の一方で、非日常性の到来と生存の危機への緊張感が襲いかかるのが今日の国際関係、グローバル化時代の人間存在である。個としての尊厳性の獲得と権利の保障、集団としての歴史認識にもとづく誇りのなかで、人間存在は人格として形づくられていくのではないか。その構図は国家についても同様であろう。国家の尊厳性と権利の保障、世界史にたいする国家の歴史認識にもとづいて形成される国家の品位、そうした国家からなる国際関係においてのみ、人間存在が生き生きとした活力ある生活を築けるものになるのではないだろうか。

（1）一九九四年の国連開発計画（ＵＮＤＰ）は「人間の安全保障」として、経済、食糧、健康、環境、個人、地域社会、政治の七つの安全保障を挙げている。国連開発計画『人間開発報告書一九九四』（国際協力出版会、一九九四年）。
（2）Christopher Bennett, *Yugoslavia's Bloody Collapse: Causes, Course and Consequences* (London: Hurst & Company, 1995), p. 64.
（3）*Ibid.*, p. 54.
（4）スラヴェンカ・ドラクリッチ『カフェ・ヨーロッパ』（長場真砂子訳、恒文社、一九九八年）、一六一頁。
（5）Alex Dragnich, *Yugoslavia's Disintegration and Struggle for Truth* (New York: Columbia University Press, 1995), p. 122.
（6）Republika Hrvatska, Republicki Zavod za Statistiku, *Popis Stanovnistva 1991* (Zagreb, 1992), str. 206–207.
（7）Savezni Zavod za Statistiku, *Jugoslavija 1918-1988, statistički godišnjak* (Beograd, 1989), str. 48.
（8）Susan Woodward, *Balkan Tragedy: Chaos and Dissolution after the Cold War* (Washington, D.C.: The Brookings Institution, 1995), p. 15.
（9）Lenard Cohen, *Broken Bonds: The Disintegration of Yugoslavia* (Boulder: Westview Press, 1993), pp. 62–64.
（10）Mojmir Križan, "Of 'Civil Society' and Socialism in Yugoslavia," *Studies in Soviet Thought*, vol. 37, no. 4 (1989), pp. 287–306.
（11）Aleksandar Pavković, *The Fragmentation of Yugoslavia* (New York: St. Martin's Press, 1997), pp. 106–121.
（12）ツヴェタン・トドロフ『異郷に生きる者』（小野潮訳、法政大学出版局、二〇〇八年）、八七頁。
（13）ドラクリッチ『カフェ・ヨーロッパ』、一二三頁。
（14）Ｎ・ステファノフ＆Ｍ・ヴェルツ編『ボスニア戦争とヨーロッパ』（佐久間穆訳、朝日新聞社、一九九七年）、四九頁。
（15）Cohen, *Broken Bonds*, pp. 132–135.
（16）Tim Judah, *The Serbs: History, Myth and the Destruction of Yugoslavia* (New Haven: Yale University Press, 2000), pp. 10–16.
（17）Susan Woodward, *Socialist Unemployment: The Political Economy of Yugoslavia 1945–90* (Princeton: Princeton University Press,

1995), p. 44.

(18) Mary Kaldor, *New & Old Wars*, 2nd edition, (Stanford: Stanford University Press, 2007), p. 35〔メアリー・カルドー『新戦争論』山本武彦・渡部正樹訳、岩波書店、二〇〇三年、五二頁〕.

(19) ハンス・エンツェンスベルガー『冷戦から内戦へ』(野村修訳、晶文社、一九九四年)、三〇頁。

(20) プレドラグ・マトヴェイェーヴィチ『旧東欧世界』(土屋良二訳、未來社、二〇〇〇年)、二三〇頁。

(21) Bennett, *Yugoslavia's Bloody Collapse*, p. 66.

(22) Roland Kostic, "Nationbuilding as an Instrument of Peace? Exploring Local Attitudes towards International Nationbuilding and Reconciliation in Bosnia and Herzegovina," *Civil Wars*, vol. 10, no. 4 (2008), pp. 394–395.

(23) Joshua Kaldor-Robinson, "The Virtual and Imaginary: The Role of Diasphoric New Media in the Construction of a National Identity during the Break-up of Yugoslavia," *Oxford Development Studies*, vol. 30, no. 2 (2002), p. 178.

(24) Benedict Anderson, "Exodus," *Critical Inquiry*, 20 (Winter 1994), pp. 326–327.

(25) Pavkovic, *The Fragmentation of Yugoslavia*, p. 111.

(26) Yossi Shain, "Ethnic Diaspora and U. S. Foreign Policy," *Political Science Quarterly*, vol. 109, no. 5 (1994–95), p. 822.

(27) この二つのナショナリズムについては、岩田昌征『ユーゴスラヴィア——衝突する歴史と抗争する文明』(NTT出版、一九九四年)参照。

(28) ドゥラブスカ・ウグレシッチ『バルカン・ブルース』(岩崎稔訳、未來社、一九九七年)、二二九頁。

(29) Bennett, *Yugoslavia's Bloody Collapse*, pp. 176–177.

(30) Mihailo Crnobrnja, *The Yugoslav Drama* (London: McGill-Queen's University Press), 1994, p. 232.

(31) Woodward, *Socialist Unemployment*, pp. 305–316.

(32) マトヴェイェーヴィチ『旧東欧世界』、一〇七頁。

(33) Bennett, *Yugoslavia's Bloody Collapse*, p. 241.

(34) トドロフ『異郷に生きる者』、四〇頁。

（35） Ivo H. Daalder, *Getting to Dayton: The Making of America's Bosnia Policy* (Washington, D. C.: Brookings Institution Press, 2000), pp. 155–156.

（36） Sumantra Bose, *Bosnia after Dayton: Nationalist Partition and International Intervention* (London: Hurst & Company, 2002), p. 275.

（37） David Chandler, *Bosnia: Faking Democracy after Dayton* (London: Pluto Press, 1999), p. 200.

（38） Robert Kaplan, *Balkan Ghosts: A Journey through History* (New York: St. Martin's Press, 1993).

あとがき

本書は、私たちの共同研究「グローバル時代における人間存在と国際関係論の再構築——実在変容の認識論と実践論」（二〇〇四—〇六年度科学研究費補助金・基盤研究B・研究代表者：初瀬龍平）（研究課題番号16330032）の成果を発展させたものである。

この研究で目指したのは、グローバル化という現象が、政治・経済・文化・情報といった多様な領域において世界の人々の存在様式（生命・生存・生活）に大きな変容をもたらしていることに着目したうえで、グローバル化による人間存在の変容の実相を明らかにすること、変容の影響を受けている人々がグローバル化の圧力に抗して国際関係の再構築に取り組んでいることを明らかにすることであった。

私たちはこの研究の後を追う形で、事例研究として共同研究「「子どもの安全保障」の国際学的研究——子どもの日常性回復をめざして」（二〇〇七—〇九年度科学研究費補助金・基盤研究B・研究代表者：初瀬龍平）（研究課題番号19330038）をスタートさせた。その研究成果の一部は『国際関係のなかの子ども』（初瀬龍平・松田哲・戸田真紀子編、御茶の水書房、二〇〇九年）としてすでに公刊されているが、現在、その内容をブラッシュアップさせたものを新たに刊行する準備を進めている。

共同研究の開始から今回の出版にいたるまでを振り返ってみると、その一〇年ほどの間に、グローバル化に対する認識に以下のような変化が生じていたように感じられる。研究開始当初には、グローバル化という言葉自体がまだ新鮮な響きを有しており、グローバル化に対する素朴な期待のようなものが存在していたように思う。ところが現在では、そのような期待は既になりを潜め、グローバル化の負の影響こそが強く意識されるようになっているのではないだろうか。とりわけ、本書の編集に携わっていた直近の数年間は、そのような負の影響が以前にも増して露わなものとなり、人間存在の在り方が急激に悪化していった期間であったように思われてならない。それゆえ本書が、グローバル化による負の影響を解明し、それによる人間存在状況の悪化を解消することに貢献できるものになっていたとしたら、実に喜ばしいことである。とはいえ、そのような試みが成功しているかどうかについては、読者諸氏の判断を仰がねばならないだろう。

最後ではあるが、出版事情の厳しいなか、本共同研究の成果を評価して出版を快諾してくださった法政大学出版局、出版までの具体的な行程を粘り強く整えてくださった編集部の勝康裕氏、ならびに、勝氏の退職後に編集作業を引き継ぎ、それを驚くべき丁寧さで推進してくださった岡林彩子氏に、心からの感謝を申し上げたい。両氏の配慮の行き届いた編集作業なくしては、本書の完成は絶対にあり得なかったであろう。ここに改めて、心からの御礼を申しあげる次第である。

二〇一四年一二月　師走の京都にて

編者一同

マ　行

ラ　行

ワ　行

略語一覧

APEC	アジア太平洋経済協力会議
ASEAN	東南アジア諸国連合
AU	アフリカ連合
BHNs	基本的人間ニーズ
CIA	アメリカ中央情報局
CSCE	欧州安全保障協力会議
DDR	武装解除・動員解除・社会統合
EU	欧州連合
GATT	関税と貿易に関する一般協定
HDI	人間開発指数
HICP	重債務貧困国
IBRD	国際復興開発銀行・世界銀行
ILO	国際労働機関
IMF	国際通貨基金
ITU	国際電気通信連合
JICA	国際協力機構
MDGs	ミレニアム開発目標
MTBI	軽度外傷性脳損傷
NAFTA	北米自由貿易協定
NATO	北大西洋条約機構
NED	全米民主主義基金
NGO	非政府組織
OIC	イスラーム諸国会議機構
OSCE	欧州安全保障協力機構
PKO	国連平和維持活動
PLO	パレスチナ解放機構
PTSD	心的外傷後ストレス障害
SSR	治安部門改革
UNDP	国連開発計画
UNESCO	国連教育文化科学機関
UNHCR	国連難民高等弁務官事務所
UNICEF	国連児童基金
USAID	アメリカ国際開発庁
WHO	世界保健機関
WTO	世界貿易機関

II 人　名

ア 行

カ 行

サ 行

タ 行

ナ 行

ハ 行

ヤ　行

ラ　行

ワ　行

タ 行

ナ 行

ハ 行

マ 行

サ　行

索　引

I 事　項

ア 行

カ 行

著者紹介（執筆順）

菅　英輝（かん ひでき）
1942年生．コネチカット大学大学院史学科博士課程単位取得後退学．京都外国語大学客員教授．アメリカ政治外交史，国際政治史．『アメリカの世界戦略』（中公新書，2008年）．

市川ひろみ（いちかわ ひろみ）
1964年生．神戸大学大学院法学研究科博士課程後期単位取得退学．京都女子大学教授．国際関係論，平和研究．『兵役拒否の思想』（明石書店，2007年）．

森田豊子（もりた とよこ）
1965年生．神戸大学大学院法学研究科博士後期課程単位取得退学．鹿児島大学および大阪大学非常勤講師．イラン地域研究．「現代イランにおける家族保護法の展開」（日本比較政治学会編『ジェンダーと比較政治学』（日本比較政治学会年報第13号），ミネルヴァ書房，2011年）．

戸田真紀子（とだ まきこ）
1963年生．大阪大学大学院法学研究科博士課程後期単位取得退学．京都女子大学教授．比較政治学（アフリカ地域研究）．『アフリカと政治　紛争と貧困とジェンダー』（改訂版，御茶の水書房，2013年）．

土佐弘之（とさ ひろゆき）
1959年生．東京大学大学院総合文化研究科修士課程修了．神戸大学大学院教授．政治社会学，国際関係論．『野生のデモクラシー』（青土社，2012年）．

吉川　元（きっかわ げん）
1951年生．一橋大学大学院法学研究科博士後期課程単位取得退学．広島市立大学広島平和研究所教授．国際関係論．『国際安全保障論』（有斐閣，2007年）．

山田　満（やまだ みつる）
1955年生．東京都立大学大学院社会科学研究科博士課程単位取得退学．早稲田大学教授．国際関係論，平和構築論．『新しい国際協力論』（編著，明石書店，2010年）．

勝間　靖（かつま やすし）
1963年生．ウィスコンシン大学マディソン校開発研究博士プログラム修了（Ph. D.）．早稲田大学教授．国際人権論，開発研究，人間の安全保障．『テキスト国際開発論』（ミネルヴァ書房，2012年）．

筒井洋一（つつい よういち）
1955年生．神戸大学大学院法学研究科博士課程後期課程修了．京都精華大学教授．メディア論，組織開発．『自己表現力の教室』（共著，情報センター出版局，2000年）．

定形　衛（さだかた まもる）
1953年生．神戸大学大学院法学研究科博士後期課程単位取得退学．名古屋大学教授．バルカン政治外交史．『非同盟外交とユーゴスラヴィアの終焉』（風行社，1994年）．

編者紹介

初瀬龍平（はつせ りゅうへい）

1937年生．東京大学大学院社会学研究科博士課程単位取得退学．神戸大学名誉教授，京都女子大学客員教授．国際関係論．『国際関係論』（法律文化社，2011年）．

松田　哲（まつだ さとる）

1968年生．神戸大学大学院法学研究科博士課程後期課程単位取得退学．京都学園大学教授．国際関係論．「言語と民族紛争――スリランカの事例」（月村太郎編『地域紛争の構図』晃洋書房，2013年）．

人間存在の国際関係論　グローバル化のなかで考える

2015年3月30日　初版第1刷発行

編　者　初瀬龍平・松田哲

発行所　一般財団法人 法政大学出版局
〒102-0071 東京都千代田区富士見2-17-1
電話 03(5214)5540　振替 00160-6-95814

印刷 平文社　製本 積信堂
装幀 奥定泰之

ISBN978-4-588-62528-2　　Printed in Japan

メアリー・カルドー／山本武彦・宮脇昇・野崎孝弘訳
「人間の安全保障」論――グローバル化と介入に関する考察
三六〇〇円

メアリー・カルドー／山本武彦・宮脇昇・木村真紀・大西崇介訳
グローバル市民社会論――戦争へのひとつの回答
二八〇〇円

ジグムント・バウマン／澤田眞治・中井愛子訳
グローバリゼーション――人間への影響
二六〇〇円

菅 英輝編
アメリカの戦争と世界秩序
三八〇〇円

菅 英輝編
冷戦史の再検討――変容する秩序と冷戦の終焉
三八〇〇円

上村英明・木村真希子・塩原良和編／市民外交センター監修
市民の外交――先住民族と歩んだ30年
二三〇〇円